CHRÉTIENS
ET
HOMMES CÉLÈBRES
AU XIXme SIÈCLE

PAR

L'ABBÉ A. BARAUD

Ouvrage honoré des encouragements
de plusieurs évêques et littérateurs distingués.

PREMIÈRE SÉRIE

PARIS
TÉQUI, LIBRAIRE-ÉDITEUR
85, RUE DE RENNES, 85

1890

CHRÉTIENS

ET

HOMMES CÉLÈBRES

Paris. — Imprimerie Téqui, 92, rue de Vaugirard.

CHRÉTIENS
ET
HOMMES CÉLÈBRES

AU XIXᵐᵉ SIÈCLE

PAR

L'ABBÉ A. BARAUD

Ouvrage honoré des encouragements
de plusieurs évêques et littérateurs distingués.

PREMIÈRE SÉRIE

TÉQUI, LIBRAIRE-ÉDITEUR

85, RUE DE RENNES, 85

1890

APPROBATIONS ET APPRÉCIATIONS

Évêché
de
Luçon.

Monsieur et cher curé,

Votre ouvrage : *Chrétiens et hommes célèbres au XIXe siècle* est une œuvre d'apologiste dont je vous félicite.

En vous lisant, les chétiens convaincus verront avec une sainte joie des cœurs d'élite, des esprits supérieurs apporter à nos croyances l'hommage de la science et de la vertu, et ceux que l'incrédulité a plus ou moins atteints reconnaîtront combien est absurde le préjugé, toujours si répandu, que la *foi* et la *raison* sont incompatibles ; ils apprendront que, si les âmes médiocres refusent de soumettre à l'enseignement divin leur intelligence orgueilleuse, les âmes les plus nobles prouvent, au contraire, par leurs convictions et par leur vie, qu'il est souverainement raisonnable de croire.

Veuillez agréer...

† Clovis Jh. *Ev. de Luçon.*

Évêché de
Nantes.

Monsieur le Curé,

Je suis heureux de vous dire, après votre vénérable évêque, combien votre livre intitulé : *Chrétiens et hommes célèbres*, m'a paru intéressant et opportun.

On a dit très haut dans une certaine école, et l'on ne cesse de le répéter de nos jours : la Foi, avec ses dogmes inflexibles et immuables est par nature hostile à tout progrès ; elle captive l'esprit et redoute le mouvement des idées ; elle voudrait emprisonner la science et couper les ailes du génie lui-même. Quant aux pratiques religieuses que le christianisme préconise ou impose, ce ne sont que de mystiques puérilités, sans aucune influence sérieuse sur la direction de la vie, bonnes tout au plus à servir d'aliment à l'imagination naïve des enfants ou à la sensibilité maladive d'un certain nombre de femmes plus ou moins exaltées.

A ces indignes calomnies et à ces blasphèmes, votre livre, monsieur le Curé, répond non par de longues discussions ni par de longs raisonnements, mais, ce qui vaut beaucoup mieux, par des faits empruntés à l'histoire contemporaine, faits notoires et incontestables.

Ce genre d'apologie simple et lumineux est parfaitement approprié aux besoins de l'heure présente.

Vous avez donc lieu d'espérer, monsieur le curé, que votre travail fera du bien. Puisse-t-il contribuer, pour une large part, à dissiper tant de funestes préjugés, à fortifier dans leurs convictions ceux qui ont le bonheur de croire, et à préserver d'une chute définitive ceux qui, trop nombreux, hélas! parmi nous, ont déjà senti passer sur leur âme le souffle mauvais du scepticisme et de l'incrédulité.

Agréez, avec mes félicitations, l'assurance...

† Jules, *Ev. de Nantes.*

Évêché de
Luçon.

Cher monsieur le curé,
Les premières pages de votre ouvrage que j'ai lues avec une sérieuse attention m'ont vivement impressionné, j'aurais voulu avoir le loisir de le lire d'un seul trait, tant elles ont captivé mon esprit et mon cœur.

J'ose espérer qu'elles feront du bien à tous vos lecteurs, comme elles m'en ont fait à moi-même...

Bien respectueusement tout vôtre...

M. Garreau,
vic. gén.

INSTITUTION RICHELIEU.
Luçon, (*Vendée*)

Monsieur le Curé et cher ami,
Vos notices m'ont, en général, vivement impressioné, surtout celles dont des héros sont des personnages

tout à fait historiques, comme Alexandre Ier, Ampère, Bautin, etc.

C'est d'ailleurs une excellente pensée de présenter l'influence et l'action du catholicisme dans la vie et la mort des hommes célèbres, grands par l'intelligence, par le cœur et par la situation. Sur un grand nombre d'âmes, ce sera la meilleure des instructions et l'excitation la plus puissante à la pratique des devoirs religieux.

La veine que vous exploitez est d'ailleurs très riche et presque inépuisable.

P. Prunier, *supérieur*.

Paris, 18 Janvier.

Monsieur le curé,

Je ne saurais trop vous féliciter de travailler d'une façon si utile pour l'Eglise. Les apologistes nous font défaut. Vos biographies des *Hommes célèbres du XIXe siècle* seront les bienvenues.

Très rares sont les personnages de marque qui, de nos jours, ont mal fini. Au milieu de nos tristesses, c'est pourtant une bien grande joie pour moi de savoir que des prêtres comme vous travaillent en ce sens. De tels exemples nous consolent et nous fortifient.

Veuillez...

Oscar Havard,
rédacteur au *Monde*.

Paris ..

Cher Monsieur le Curé,

A peine arrivé au terme des pages de votre manuscrit : « *Chrétiens et hommes célèbres* » que vous avez bien voulu me confier, encore sous le charme du puissant intérêt qui se dégage d'entre ces feuilles pleines de cœur et de raison, d'humilité et de grandeur, de vaillance et de simplicité, d'ardente foi, de sublime patriotisme, je me permets de venir joindre ma modeste obole de félicitation et d'admiration à celles que d'autres, mieux placés sur le chemin du paradis ou des grandeurs humaines, vous ont déjà apportées.

— IV —

Combien je vous admire d'avoir entrepris ce travail gigantesque, monument plus difficile à ériger que la tour Eiffel, mais aussi mille fois plus durable, puisqu'il sort de votre plume, cette fidèle chose, et a pour point d'appui les pages de l'histoire, tandis que l'autre, colosse de fer, a ses pieds dans l'argile.

Les choses meurent, non l'histoire.

On a dit, — mais que ne dit-on pas, — on a dit que dans notre siècle athée, les femmes suivant le mouvement donné par l'orgueil de l'époux, avaient déjà remplacé leur confesseur par leur médecin. Quelle erreur! et combien peu connaissent le monde ceux qui parlent ainsi.

Certes, dans les grands centres, au milieu des grosses agglomérations, à Paris surtout, ces choses-là peuvent être… mais dans quel milieu, Seigneur! et combien de larmes de sang seront versées par ces dévoyées! — Madeleine n'est-elle pas la vivante image de l'erreur d'un moment et du repentir éternel?

Je suis beaucoup de l'avis de ceux qui n'ont pas foi en ce qu'on appelle l'athéisme pur et simple. Quelque féroce, quelque révoltée qu'elle soit la faible humanité a toujours eu une croyance quelconque. A mon avis, l'athée étant un mythe, il ne reste en présence, aujourd'hui sur la terre de France que des bons et des mauvais, c'est-à-dire deux grandes familles, personnifiées par le Catholicisme et la franc-maçonnerie.

Pardon de cette longue parenthèse, cher Monsieur le curé, et veuillez ne pas m'en vouloir trop fort de l'avoir ouverte, elle me semblait nécessaire, non pour verser un trop-plein de fiel, que personne, j'en suis certain, n'y découvrira, mais pour faire œuvre de peintre, embrassant un fond obscur sur lequel votre puissant et charmant livre « *Chrétiens et hommes célèbres* » doit se détacher lumineux.

Vous avez fait là, cher Monsieur le curé, la construction du plus merveilleux *Panthéon* qu'un catholique puisse rêver. Panthéon sur le fronton duquel peut se lire, sans y être inscrit, ce seul mot : *Devoir!* Parce qu'à lui seul il réunit tous les autres mots : croyance, espérance, famille, patrie, orgueil bien placé, humilité saine, soif du bien, horreur du mal, amour pour Dieu et pour nos semblables, charité. — C'est de la fatuité, je le veux bien, mais en conscience, croyez-vous qu'il soit une autre seule terre au monde, en dehors de notre beau pays de France, qui puisse fournir à vos souvenirs et à vos recherches une telle somme de héros chrétiens?

Ni l'auteur du *Génie du Christianisme* Chateaubriand, ni M. de Lescure qui a fait le *Panthéon des grands hommes* n'ont eu la simple, mais sublime idée comme vous, d'exhumer les portraits de ceux qui, dans leur siècle, s'étaient fait un nom, tout en gardant l'amour du divin Maître.

« Très rares sont les personnages de marque, qui de nos jours, ont mal fini, » vous disait dans sa lettre M. Oscar Havard. C'est vrai, très vrai, et cependant cette pensée me semble restreinte. Il est plus consolant et plus juste de dire : « Très rares sont les personnages de marque qui, de tout temps, ont mal fini. » Constantin fut vaincu par la Croix, Witikind par le roi très chrétien Charlemagne, Clovis, par la prière d'une pauvre petite reine... Pas une seule des pages de l'histoire ne manque d'un de ces exemples.

Pourtant, pour entreprendre l'édification de cette œuvre de vérité, il vous fallait la ténacité des forts, et aussi, — ne prenez pas cela pour une raillerie, — la patience d'un pêcheur à la ligne.

Comment, tout au fin fond de votre Vendée, avez-vous réussi à rassembler la montagne de documents-matériaux qu'il vous fallait? Je l'ignore. Par quel prodige de patiente constance, vous, modeste architecte de ce beau temple de mémoire, avez-vous réussi ce qu'à Paris un autre n'eût pu faire?

Je ne sais encore combien cela vous demanda-t-il de temps, de labeurs pénibles, de longues veilles? Je ne sais toujours pas, et vous seul pouvez le dire.

Mais le temple est fait.

Humble serviteur de Jésus, ce livre est destiné à faire, dans la moyenne de vos forces débiles, ce que le Sauveur fit dans toute la splendeur de son abnégation divine...

Le résumé de ces réflexions est celui-ci : « *Chrétiens et hommes célèbres* » est un ouvrage de haute portée et d'une valeur sincère; il est destiné à émotionner, à raffermir les bons, à étonner et peut-être même à ramener beaucoup de mauvais. En tous cas, il sera le salut certain des pauvres esprits qui hésitent, leur vie durant, sur la voie qu'ils auront à choisir. — C'est là tout le mal que je leur souhaite.

— VI —

Pour vous, cher Monsieur le Curé, veuillez agréer l'hommage de ma sincère et respectueuse admiration

PAUL FÉVAL.

Dimanche de la Passion, 23 mars 1890.

AU LECTEUR

« La nature ne suffit pas aux grands esprits, a dit Ozanam, ils s'y trouvent trop à l'étroit » il leur faut la religion avec ses horizons infinis.

Cette pensée résume l'œuvre que nous venons offrir aux croyants et aux incroyants. On y trouvera le récit des faits intimes et des magnifiques affirmations de la vérité, que la science et la foi ont produits dans la vie et la mort des plus beaux esprits, la gloire de ce dix-neuvième siècle.

Cherchant la vérité ou le bonheur par l'étude et le travail, ces hommes distingués sont arrivés, tôt ou tard, à connaître l'une et l'autre, et à proclamer l'heureux résultat de leurs recherches dans les belles paroles qui sont souvent les épigraphes de ces notices, et où ils ont, en quelque sorte, condensé leurs convictions religieuses et la joie si profonde de les posséder.

C'est ce qu'exprimait si bien, sur la fin de sa vie, un savant jurisconsulte, M. Troplong :

— II —

« *Après avoir beaucoup lu, beaucoup étudié et beaucoup vécu, quand approche le moment de la mort on reconnaît que c'est la seule chose vraie.* »

Si le spectacle de l'Eglise a frappé à ce point, même les hommes parfois les plus mal disposés envers elle, c'est qu'ils ont reconnu que dans notre société tourmentée, elle seule inspire le respect de l'autorité et le devoir de l'obéissance, seule elle possède la vérité, but suprême des aspirations de l'âme. Ils ont compris que l'heure de prendre un parti est venue, que Dieu a de nouveau prévenu Noé. Il va falloir être avec les hommes dans le déluge, ou avec l'Homme-Dieu dans l'arche (1). »

Aussi ces pages seront-elles, nous l'espérons, une force et une consolation pour les âmes croyantes.

En ce temps où le matérialisme s'est réfugié dans la science, où l'on ne cesse de répéter dans un certain monde que la foi est l'apanage des ignorants, les catholiques sont fiers de se retrouver dans la société des esprits intelligents et savants de leur époque,

(1) Alex. Dumas.

et de marcher avec eux vers les destinées éternelles.

Quelle joie profonde, pour le chrétien qui aime vraiment sa religion et la pratique fidèlement, de la voir également aimée et pratiquée par ces savants dont l'orgueilleux dix-neuvième siècle cherche à s'entourer lorsqu'il les soupçonne incrédules ou indifférents, et que trop souvent il se hâte de répudier quand il les sait croyants et religieux ! Quel bonheur enfin d'admirer dans ces illustres convertis l'accord parfait de la raison et de la foi que l'impiété a longtemps regardé comme impossible !

C'est la démonstration vivante et pratique de cette doctrine qu'a définie le Concile du Vatican.

« Il ne peut jamais y avoir de véritable désaccord entre la foi et la raison, car c'est le même Dieu, qui révèle les mystères et communique la foi, qui a répandu dans l'esprit humain la lumière de la raison, et Dieu ne peut se nier lui-même, ni le vrai contredire jamais. » *Constitutio de fide catholicâ.*
C'est ce qu'affirmait un illustre philosophe du siècle dernier :

« Comme la raison est un don de Dieu

aussi bien que la foi, leur combat ferait combattre Dieu contre Dieu (1). »

S'il est vrai que la religion catholique doit s'attrister de l'apostasie officielle de tous les gouvernements qui prétendent vivre en dehors de son influence, elle éprouve de vives consolations en voyant que, chaque jour, de nombreuses et éclatantes conversions viennent attester la puissance de sa divinité.

A aucune époque peut-être le mouvement religieux au sein des nations hérétiques ne fut plus actif et plus sincère que de nos jours; et chez les peuples catholiques tout ce qui est grand et noble participe de la religion de Jésus-Christ, selon cette parole de Joseph de Maistre : Mère immortelle de la science et de la sainteté, les grands hommes t'appartiennent : *magna virum*.

Elle est le centre commun où se réunissent au-dessus des agitations de la politique et des affaires, toutes les idées de justice, de charité, de liberté, qui dans ce monde composent la dignité de l'homme et la vie des sociétés. « Elle est la tradition de tout ce qui est beau, grand et bon à travers l'avilissement et l'iniquité des siècles, la voix éter-

---

(1) Leibnitz. *Théodicée.*

nelle qui répond à la vertu dans sa langue, l'appel du présent à l'avenir, et de la terre au ciel (1). »

Ces pages seront également une lumière et un encouragement pour les âmes victimes de l'indifférence et du doute.

Quand on aura lu cet ouvrage, on aura entendu tous les principaux oracles de la science moderne; on saura ce qu'ils pensaient et ce qu'ils croyaient de la religion de Jésus-Christ.

Et comme les malades pour lesquels nous avons écrit ces pages le sont à divers degrés, chacun d'eux trouvera dans la vie de quelques-uns de ces hommes éminents une situation d'esprit analogue à la sienne; il comprendra comment telle ou telle objection est tombée devant telle vérité, saisie par des intelligences d'un génie souvent fort différent, et il sera facile à chacun de trouver ici le remède approprié à ses besoins

Et si, après cette lecture attentive, après quelques réflexions sur les faits qui l'ont frappé davantage, le lecteur demeure indifférent ou incrédule, il sera nécessaire d'avouer qu'on ferme volontairement les yeux à la lumière. Car rien n'a jamais été dit d'aussi

---

(2) Benjamin Constant.

concluant et d'aussi persuasif par des hommes d'une telle autorité au regard de la science et du monde, demeurés quelquefois eux-mêmes indifférents toute ou une partie de leur vie.

A tel point qu'un grand nombre a pu dire comme St Augustin après sa conversion : « O beauté ancienne et toujours nouvelle, c'est bien tard que je vous ai connue, bien tard que je vous ai aimée! »

Nous sommes convaincus que le lecteur n'achèvera pas la lecture de ces récits sans admirer l'étonnant travail de Dieu dans ces esprits d'élite, et sans comprendre qu'à leur exemple il doit à Dieu sa vie tout entière; la vie de son esprit, de son cœur, de sa conscience consacrée au service du vrai et du bien par la pratique du culte catholique, car selon la remarque du chancelier d'Aguesseau :

« Quiconque aura bien médité toutes ces preuves trouvera qu'il est non seulement plus sûr mais plus facile de croire que de ne croire pas; et je rends grâce à Dieu d'avoir bien voulu que la plus importante de toutes les vérités fût aussi la plus certaine, et qu'il ne fût pas plus possible de douter de la vérité de la religion chrétienne qu'il l'est de douter s'il y a eu un César ou un Alexandre (1) »

A. BARAUD.

(1) *Etudes propres à former un magistrat.*

CHRÉTIENS
ET
HOMMES CÉLÈBRES

ALEXANDRE Ier

EMPEREUR DE RUSSIE

(1777-1825)

> « Si cela est nécessaire, je serai martyr. »
> (ALEXANDRE Ier.)

L'Eglise catholique a le droit d'inscrire le nom de ce prince au catalogue des hommes illustres de cette époque qui ont embrassé ses croyances, car des travaux récents ont prouvé qu'il est mort catholique (1).

Alexandre Ier, né à Saint-Pétersbourg en 1777, fils de Paul Ier et de Marie Fédorowa, princesse de Wurtemberg, reçut de son aïeule Catherine II un gouverneur, le comte Nicolas Soltikoff, lequel

---

(1) Voir *Les nationalités slaves*, par le comte Xavier Braniki, les *Archives russes et la conversion d'Alexandre Ier*, et une excellente *Etude du R. P. Gagarin*, dans les *Études religieuses*, 1877.

confia au colonel César de Laharpe, du pays de Vaud, le soin de son instruction. A 24 ans, il devait prendre la couronne après la catastrophe qui précipita son père du trône. Elevé dans les idées philosophiques du dix-huitième siècle par le suisse Laharpe, qui occupait un grade élevé dans les sociétés secrètes, Alexandre, jusqu'en 1812, était plutôt un incrédule qu'un croyant.

Les idées en vogue à la cour de Russie tendaient à anéantir toute religion : « Jusque-là, dit J. de Maistre, on avait prêché à la cour. Bientôt les sermons furent supprimés. Les prélats étaient invités à la cour, ils ne le sont plus. En un mot, il y a une tendance universelle pour anéantir l'empire de la religion (1803). »

Ce n'est pas là ce que voulait Alexandre.

A dater de cette époque (1812), les événements et le travail de son esprit semblent concourir à l'amener au catholicisme.

Ecoutons-le dans ses entretiens avec Eylert en 1818.

« Je sentais le vide dans mon âme et un vague pressentiment m'accompagnait. J'allais, je venais, je me donnais des distractions. A la fin l'incendie de Moscou a éclairé mon âme, et le jugement de Dieu qui s'est manifesté si terrible sur les champs de bataille a rempli mon cœur de la foi la plus vive et d'une ferveur plus grande que jamais. Ce n'est qu'alors que j'ai appris à connaître Dieu tel que l'Ecriture sainte nous l'a révélé, à écouter sa volonté et sa loi; et dès ce moment, la résolution de ne consacrer qu'à lui, à sa gloire, ma personne et mon règne, mûrit et se fortifia en moi... Ce n'est que depuis que le christianisme est devenu pour moi important par-dessus toutes choses, depuis que la foi dans le Rédempteur a manifesté en moi sa force, que sa paix — et j'en rends grâces à Dieu — est rentrée dans mon âme.. Ah! je n'en suis pas arrivé là d'un trait, croyez-moi : le chemin qui m'y a conduit allait à travers bien des luttes, bien des doutes. »

*
* *

Ce qui semble avoir tourné d'abord son âme vers Dieu fut l'anéantissement de l'immense **armée de Napoléon I**[er] en Russie : « Après avoir vu la grande armée de Bonaparte, dit le P. Gagarin, se fondre au milieu des neiges d'un hiver exceptionnel, et le Titan du siècle vaincu non pas par ses adversaires, mais par la température et des fautes que le grand guerrier devait commettre moins que tout autre; après être entré triomphalement dans Paris à la tête des rois coalisés; après avoir vu la Russie parvenue subitement au sommet d'une gloire inattendue, Alexandre reconnut dans tous ces événements extraordinaires la volonté d'une providence, dont les hommes si grands qu'ils soient, ne sont que les jouets impuissants. »

On retrouve les premiers pas de l'Empereur vers

Dieu dans ces paroles que la princesse Mertchersky, confidente d'Alexandre, attribue à ce prince comme l'expression de ses nouveaux sentiments.

« Je me regardai moi-même, dit-il, comme un enfant. Chaque fois que j'étais appelé à surmonter une nouvelle difficulté, à prendre une décision, à résoudre une question embarrassante, je saisissais le premier moment favorable pour me jeter aux pieds de mon Père qui est dans les cieux, et après m'être recueilli quelques instants, je l'invoquais du fond de mon cœur ; puis tout se calmait, se décidait, s'exécutait merveilleusement ; toutes les difficultés fuyaient devant le Seigneur qui marchait devant moi.

« Je lisais sans cesse et relisais sa parole.

« Un jour, je m'en souviens, comme j'étais entré dans une petite ville sur les frontières de la France, je m'étais mis à lire dans le *Nouveau Testament* ce qui est dit sur l'eunuque de la reine Candace et sur la lecture qu'il fit du prophète Isaïe, et je désirais, comme lui, de trouver quelqu'un qui m'expliquât ce que je lisais. Je pensais en moi-même : « Oh ! si Dieu m'envoyait maintenant l'un de ses serviteurs pour m'enseigner à bien comprendre sa sainte volonté ! »

Telles sont les propres paroles de l'empereur Alexandre.

Nous admirerons, dit le P. Gagarin, comment l'Empereur a su trouver dans l'Ecriture la preuve de son insuffisance et la nécessité d'un interprète parlant au nom de Dieu. Il n'a pas cessé de chercher cet interprète et il a fini par le trouver. Si l'on y regarde de près, on voit, dans cette nécessité reconnue d'un interprète expliquant la Bible avec autorité, la condamnation de l'hérésie protestante ou autre, et le germe de la foi catholique.

.*.

En 1822, l'empereur Alexandre part pour Vérone. En passant par Vienne, il voulut y voir l'abbé prince de Hohenlohe, curé et chanoine de Grandvardin, qui raconte en ces termes leur entrevue :

« Au mois de septembre 1822, S. M. l'Empereur Alexandre arriva de Russie à Vienne. Ce fut le 21 septembre, à 7 heures et demie du soir, que je devais me trouver dans le palais impérial, pour être admis à l'audience de sa majesté. Ce jour restera pour moi un des plus mémorables de ma vie. Je lui parlai en français, ainsi qu'il suit : « Sire, la Providence divine ayant placé votre majesté au poste le plus éminent, en exigera aussi beaucoup, la responsabilité des princes étant grande devant Dieu. Il a choisi votre majesté comme un instrument pour donner le repos et la paix aux peuples de l'Europe ; votre majesté a répondu de même aux desseins de la Providence, d'exalter le triomphe de la croix, et de relever, par une volonté efficace, la religion de l'humiliation où elle gémissait. Je compte ce jour, où j'ai le bonheur de témoigner ma profonde vénération pour votre majesté, entre les jours les plus heureux de ma vie. Que Dieu vous fortifie de sa grâce et que son saint ange vous protège! voilà ce qui sera dorénavant le sujet de mon humble prière. »

« Après une pause pendant laquelle ce souverain me regarda fixement, se mit à genoux, me *demandant ma bénédiction sacerdotale.* Il me serait impossible d'exprimer les sentiments dont mon cœur fut pénétré pour lors ; tout ce que je pouvais proférer dans ce moment, de la plénitude d'un cœur rempli de foi, furent ces paroles : « Je souffre, sire, qu'un si grand monarque s'humilie jusqu'à ce point, car ce n'est pas à moi, sire, que votre Majesté témoigne sa vénération, c'est au Seigneur tout-puissant que je sers et qui vous a sauvé, sire, ainsi que nous tous par son sang précieux. Que Dieu vous bénisse de la rosée de la grâce céleste ; qu'il soit votre bouclier contre tous vos ennemis, votre force dans tous les combats, qu'il répande son amour dans votre cœur et que la paix de Notre-Seigneur Jésus-Christ soit à jamais avec vous. »

« Je ne pouvais en dire davantage, sentant couler mes larmes. Alors sa Majesté me serra contre son cœur, et moi-même je serrai ce monarque contre mon cœur palpitant. Le cœur me saigna en apprenant, quelques jours après, la nouvelle de sa mort. Non, aucun jour ne passe, que je ne me le rappelle dans mes prières devant l'Eternel. »

C'est la première fois que nous voyons l'Empereur s'entretenir longuement avec **un prêtre catholique.**

Ce témoignage du Cardinal est d'une grande importance, et on est forcé d'avouer, à la vue de ce grand monarque schismatique à genoux devant un prêtre catholique, que ce monarque ne peut être éloigné d'être catholique s'il ne l'est déjà dans son âme.

* *
*

Mais nous avons d'autres preuves de son estime pour la vraie foi.

En juin 1825, M. Sverbéief, attaché à la légation de Russie en Suisse fut chargé par Alexandre Ier de remettre de sa part à l'abbé Vuarin, curé catholique de Genève, cinq mille francs, destinés à l'entretien des sœurs de charité dans cette ville.

Au mois suivant de la même année, il fait poser à Tsarskoselo, son séjour favori, la première pierre d'une église catholique. L'empereur avait donné le terrain et ajouté de sa cassette une somme de trente mille roubles.

Le comte de Lescarène qui avait reçu les confidences du général Michaud, aide-de-camp de l'empereur Alexandre, rapporte dans sa correspondance, qu'à cette époque, Alexandre, se préparant à se rendre en Italie au congrès de Vienne, manifesta le désir d'aller jusqu'à Rome; mais comme ses tendances vers le catholicisme étaient soupçonnées de la famille impériale, l'impératrice sa mère, craignant qu'un entretien avec le Pape ne déterminât son fils à rentrer dans le sein de l'Eglise, le supplia de ne pas aller dans la Ville Eternelle. Celui-ci, toujours plein de déférence envers sa mère le promit et tint parole.

Livré à ces grands projets d'avenir spirituel, Alexandre n'oubliait pas le bien de ses sujets, et son règne fit faire à la Russie d'immenses progrès dans la civilisation moderne.

L'Empereur s'appliqua à réparer les injustices du règne précédent; il rappela les exilés, abolit la censure et le tribunal secret institué par Paul Ier, rétablit le comité des lois, créé sous Catherine II, fit disparaître des institutions judiciaires la torture et la confiscation des biens héréditaires, interdit la vente des serfs, et donna à la noblesse moscovite l'exemple de mœurs simples et aimables. Protecteur du commerce et de l'industrie, il rendit plus libre l'exercice des diverses professions, conclut des traités avec les puissances voisines, et non seulement les manufactures prirent un grand essor, mais le pays put fournir d'abondants produits aux marchés de l'Europe.

Alexandre fut un des plus distingués de son temps, et le premier sans aucun doute après Napoléon par ses qualités intellectuelles; maniant habilement les hommes, d'un caractère ferme mais doux, élevé quoique un peu dissimulé, affable sans familiarité, il possédait une élocution facile, avait beaucoup de grâce dans l'esprit et de séduction dans les manières. Les malheurs momentanés de son règne, noblement supportés, ont fini par tourner au profit de la puissance de son pays, et jamais, avant Alexandre, la Russie n'avait exercé une telle prépondérance en Europe.

En 1825, il était revenu à ses anciens projets d'abdication et s'en entretint plusieurs fois avec son beau-frère, le prince d'Orange. Il est permis de croire que ces projets se rattachaient à la pensée de sa conversion.

.*.

Nous arrivons à la fin de sa vie et au fait qui est le principal objet de ce travail.

Parmi ses aides-de-camp généraux, il y avait un officier de la Savoie, nommé Michaud, formé à l'école de J. de Maistre. Au moment où l'Empereur partait lui-même pour un voyage à Taganrog, à l'extrémité de son empire, Alexandre l'envoya en mission à Rome, porteur d'une lettre pour le pape Léon XII, dans laquelle il disait que, décidé à embrasser la religion catholique, il sollicitait de sa Sainteté l'envoi d'un prêtre pour recevoir son abjuration des erreurs de Photius (1). En confiant cette lettre au général, Alexandre ne se faisait aucune illusion sur les difficultés de l'entreprise, et en le congédiant, il dit à Michaud : « Eh bien ! si cela est nécessaire, je serai martyr (2). »

(1) De Witt et le Comte X. Braniki, cités par le P. Gagarin.
(2) Paroles rapportées par Michaud et citées dans la

1.

En novembre 1825, le confident de l'empereur, le général Michaud fut admis en présence de Léon XII. Il dit au pape qu'Alexandre étant résolu à se faire catholique, il priait le successeur de saint Pierre de lui envoyer secrètement un simple prêtre, investi de la confiance du chef de l'Eglise, et muni de ses pleins pouvoirs, entre les mains duquel il pût faire sa profession de foi.

Le choix de Léon XII tomba d'abord sur Maur Capellari, camaldule, qui, plus tard, fut pape sous le nom de Grégoire XVI. Celui-ci théologien, hébraïsant de premier ordre et timide par caractère, conjura le souverain pontife de le dispenser de cette grave mission. Le pape y consentit en lui imposant le silence le plus rigoureux, et choisit le P. Origli, religieux franciscain, qui peu après fut créé cardinal.

Ce dernier se disposait à partir en Russie avec le général Michaud qui l'avait attendu à Rome, lorsqu'on y apprit la mort de l'empereur Alexandre, décédé à Taganrog le 1er décembre 1825.

Ces faits si importants reposent sur le témoignage du comte de Lescarène, ami intime du général Michaud, et sur celui de Maur Capellari, chargé d'abord de recevoir l'empereur de Russie dans l'Eglise catholique. Devenu pape et délié de son secret, il raconta toute cette affaire à Gaëtan

lettre du comte de Lescarène. Cette lettre, écrite en français, est restée longtemps secrète; ce n'est qu'à la fin de 1876 qu'elle a été publiée par la *Civilta Cattolica*.

Moroni, qui écrivit au moment même ce que le Pape lui avait dit, et ne le publia que longtemps après dans le 50ᵉ volume de son *Dicionario de Historia ecclesiastica*.

Le comte de Witt affirme positivement qu'Alexandre est mort dans la foi romaine.

Au dernier moment, assure-t-il, il a fait venir le prêtre de la chapelle catholique de Taganrog, auquel il se confessa et qui lui administra l'Extrême-Onction. Il avait perdu connaissance quand un pope, appelé à la hâte par quelques personnes de l'entourage du prince, remplit alors son ministère, ce qui a pu donner le change aux historiens sur les vrais sentiments de l'Empereur.

Du reste, comme le remarque le P. Gagarin, lors même que l'auguste malade se serait adressé au confesseur de l'impératrice, appelé Fédotof, comme le porte la relation officielle, « ceci ne prouverait pas que ses sentiments catholiques aient changé et l'absolution que ce prêtre lui a donnée à l'article de la mort était valide (1). »

．．．

Un dernier épisode de ce voyage dans les provinces polonaises, admirable de foi, raconté par le P. Gagarin.

En passant par une ville où il y avait une maison

---

(1) *Etudes religieuses*. loc. cit.

de Dominicains, il admit le prieur en sa présence et lui commanda de l'attendre à minuit à la petite porte de son couvent. L'heure venue, l'empereur se présenta seul dans l'obscurité de la nuit; il se fit conduire à l'église et demanda que le saint sacrement fût exposé. Le prieur obéit. A genoux, au pied de l'autel, Alexandre pria pendant quelque temps et voulut recevoir la bénédiction. Le prieur la donna et en se retournant, après avoir remis le saint sacrement dans le tabernacle, il vit l'Empereur prosterné la face contre terre, et les degrés de l'autel baignés de ses larmes. Puis Alexandre se releva, remercia le prieur, et se retira aussi secrètement qu'il était venu.

Ce fait, ajoute le même auteur, rapporté par le général Michaud, est connu depuis longtemps de beaucoup de catholiques en Pologne et en Russie.

Et maintenant, il nous semble que pour tout homme impartial, la résolution de l'empereur Alexandre Ier d'embrasser la foi catholique apparaîtra comme la conséquence d'un travail intérieur qui s'est prolongé au milieu du tracas des plus grandes affaires. Dieu n'a pas permis qu'il eût la joie et le temps de professer publiquement cette foi. Il avait à peine quarante-huit ans.

« Sans doute le salut de son âme est arrivé, mais l'heure de la miséricorde n'avait pas encore sonné pour la Russie. Suivant la prédiction de J. de Maistre, il faut qu'elle épuise toutes les erreurs pour arriver à la vérité. L'œuvre est en bon train. Les classes de la société qui passent par les écoles en sortent incrédules, nihilistes, matérialistes et athées. Celles qui échappent à cette dangereuse éducation se réfugient dans les sectes qui se multiplient de plus en plus. La foi s'éteint dans le clergé. La tutelle que le gouvernement exerce sur cette Eglise lui ôte la vie. On peut prévoir le jour où elle tombera en ruines... La mort est inévitable et prochaine. Que deviendront ces millions d'âmes livrées à elles-mêmes? Seront-elles la proie du raskol ou du nihilisme? Ou bien, à l'exemple de l'empereur Alexandre, après avoir parcouru le cercle des erreurs, fatiguées et dégoûtées de tout, se tourneront-elles vers l'Occident, et demanderont-elles au successeur de S. Pierre de leur envoyer des prêtres pour les instruire et les recevoir dans le sein de l'Eglise, une, sainte, catholique et apostolique, dont le centre est à Rome?

« Fiat, fiat (1)! »

On peut se demander si Alexandre devenu catholique se serait contenté d'une conversion intime et personnelle, ou s'il se serait efforcé d'imposer sa foi aux peuples de son vaste empire en réunissant les Eglises d'Orient et d'Occident. Et dans cette hypothèse la Russie serait-elle catholique aujourd'hui?

Autant de graves questions que sa mort précipitée empêche de résoudre.

(1) *Etudes religieuses.*

AMPÈRE

MATHÉMATICIEN, MEMBRE DE L'INSTITUT
(1775-1836)

> Il faut devenir calme, recueilli et point raisonneur avec Dieu.
> (AMPÈRE.)

« Une vie illustre vient de s'éteindre, disait Ozanam en 1836. M. Ampère, membre de l'Institut, professeur au Collège de France, inspecteur général de l'Université, est mort le 10 juin à Marseille, laissant un grand vide dans la société des intelligences d'élite, parmi lesquelles il marchait au premier rang, laissant un grand deuil dans le cœur de tous ceux qui avaient pu l'approcher de près, et jouir de la familiarité de ses vertus. »

Ampère (André-Marie) est né le 20 janvier 1775 à Polémieux, près de Lyon. Dès son enfance, il était tellement porté aux mathématiques qu'on le surprenait souvent faisant des opérations avec de petits cailloux. A onze ans, il était déjà fort en algèbre et en géométrie, et à dix-huit ans, il étudiait la mécanique analytique de Lagrange dont il refaisait presque tous les calculs. Jusque-là il avait vécu dans l'obscurité. Il n'en sortit, dit Ozanam, que pour occuper l'humble place de professeur de physique. Peu de temps après, ses *Considérations sur la théorie mathématique du jeu* lui attirèrent les éloges de l'Institut et l'attention bienveillante du gouvernement. Dès lors, Ampère porta ses investigations dans les parties les plus inexplorées des mathématiques, de la mécanique, de la physique, de la chimie, aborda les problèmes les plus ardus, et en résolut un grand nombre avec bonheur.

Mais ce qui devait environner son nom de plus de gloire et lui assurer pour toujours une place parmi ceux des grands hommes, c'était ses travaux sur les phénomènes électro-magnétiques. Ampère pressentit, devina comme Kleper et Newton, et après dix années d'expérience, il démontra avec la plus claire évidence l'identité de l'électricité et du magnétisme.

Toutes les sciences étaient pour lui un seul empire, dont aucune partie ne lui restait étrangère. Dieu l'avait doué d'une activité d'esprit que rien ne fatiguait, si ce n'est le repos; d'une mémoire prompte à saisir l'idée ou la parole au passage, et qui retenait pour toujours. Avec de telles facultés, il s'était rendu accessibles toutes les sphères des connaissances humaines, il les parcourait et s'y jouait à son gré. Des hardies spéculations de l'astronomie il savait descendre aux ingénieux aperçus de la philoogie et à la littérature ancienne ou moderne. Toutefois, entre toutes les sciences, celle qui était l'objet de ses plus chères préoccupations, c'était celle qui recherche les principes et forme le couronnement des autres, la philosophie. C'était là le secret de ses méditations prolongées dans lesquelles, depuis sa jeunesse, il aimait à oublier les heures.

*
* *

Mais pour nous, catholiques, ce beau génie a d'autres titres à notre vénération.

Sainte-Beuve a dû avouer que « les idées religieuses avaient été vives chez le jeune Ampère à l'époque de sa première communion (1). Nous ne voyons pas qu'elles aient cessé complètement dans les années qui suivent, mais elles s'étaient certainement affaiblies: le malheur les réveilla avec puissance. On sait, et on l'a dit souvent, que M. Ampère était religieux, qu'il était croyant comme tant d'illustres savants de premier ordre, les Newton, les Leibnitz, les Haller, les Euler, les Jussieu. »

MM. Ballanche, Camille Jordan, de Jussieu, Bergasse, de Gérando, Dugas-Montbel célèbres dans des carrières diverses, mais unis par un es-

---

(1) « Ce grand chrétien disait que trois événements avaient été décisifs dans sa vie: sa première communion, la lecture de l'éloge de Descartes, par Thomas, qui lui avait inspiré l'amour de la science, et enfin la prise de la Bastille, sans doute parce que la révolution avait changé les conditions de sa vie. » Comte *de Champagny* de l'Académie.

prit commun de christianisme furent tous compatriotes et amis d'Ampère. Leur société fut un foyer d'études. « Nous avons entendu parler, dit Ozanam, de ces réunions amicales dans lesquelles chacun apportait son tribut intellectuel, et où M. Ampère aimait à développer les preuves de la divinité des Livres saints. Nous savons des âmes qui lui durent alors les premières lueurs de la foi. A Paris, au milieu du matérialisme de l'Empire, du panthéisme de ces derniers temps, il conserva inébranlable la religion de ses premières années. C'était elle qui présidait à tous les labeurs de sa pensée, qui éclairait toutes ses méditations, c'était de ce point de vue élevé qu'il jugeait toutes choses et la science elle-même. Naguère encore, à son cours au Collège de France, nous l'avons entendu justifier par une brillante théorie géologique l'antique récit de la Genèse. Il n'avait point sacrifié, comme tant d'autres, au génie du rationalisme, l'intégrité de ses convictions, ni déconcerté le légitime orgueil que ses frères avaient mis en lui. Cette tête vénérable, toute chargée de science et d'honneurs, se courbait sans réserve devant les mystères et sous le niveau de l'enseignement sacré. Il s'agenouillait aux mêmes autels de Descartes, à côté de la pauvre veuve et du petit enfant moins humbles que lui... Il était beau surtout de voir ce que le christianisme avait su faire, à l'intérieur de sa grande âme: cette admirable simplicité, pudeur du génie, qui savait tout et s'ignorait soi-même; cette haute probité scientifique qui cherchait la vérité seule et non pas la gloire, et qui maintenant est devenue si rare ; cette bienveillance enfin qui allait au-devant de tous, mais surtout des jeunes gens : nous en connaissons pour lesquels il a eu des complaisances et des sollicitudes qui ressemblaient à celles d'un père. En vérité ceux qui n'ont connu que l'intelligence de cet homme n'ont connu de lui que la moitié la moins parfaite. S'il pensa beaucoup, il aima encore davantage. »

En 1799, Ampère avait épousé mademoiselle Julie Carron de Lyon. Sur le point de la perdre, quelques années après, il écrivit cette prière, où le savant disparait, mais où la foi et la confiance du chrétien apparaissent dans toute leur beauté.

« Mon Dieu, je vous remercie de m'avoir créé, racheté et éclairé de votre divine lumière en me faisant naître dans le sein de l'Eglise catholique. Je vous remercie de m'avoir rappelé à vous après mes égarements ; je vous remercie de me les avoir pardonnés. Je sens que vous voulez que je ne vive plus que pour vous, que tous mes moments vous soient consacrés. M'ôterez-vous tout bonheur sur cette terre ? Vous en êtes le maître, ô mon Dieu ! Mes crimes m'ont mérité ce châtiment. Mais peut-être écouterez-vous encore la voix de vos miséricordes.

« J'espère en vous, ô mon Dieu ! mais je serai

soumis à votre arrêt, quel qu'il soit. Mais je ne méritais pas le ciel et vous n'avez pas voulu me plonger dans l'enfer. Daignez me secourir, pour qu'une vie passée dans la douleur me mérite une bonne mort, dont je me suis rendu indigne.

« O Seigneur! Dieu de miséricorde! daignez me réunir dans le ciel à ce que vous m'aviez permis d'aimer sur la terre. »

La méditation suivante est du mois de septembre 1805, elle montre quels flots de lumière avaient inondé sa belle âme.

« Défie-toi de ton esprit, il t'a souvent trompé! comment pourrais-tu encore compter sur lui? Quand tu t'efforçais de devenir philosophe, tu sentais déjà combien est vain cet esprit qui consiste en une certaine facilité à produire des pensées brillantes. Aujourd'hui que tu aspires à devenir chrétien, ne sens-tu pas qu'il n'y a de bon esprit, que *celui qui vient de Dieu*? L'esprit qui nous éloigne de Dieu, l'esprit qui nous détourne du vrai bien, quelque agréable, quelque habile qu'il soit, pour nous procurer des biens corruptibles, n'est qu'un esprit d'illusion et d'égarement.

« L'esprit n'est fait que pour nous conduire à la vérité et au souverain Bien. Heureux l'homme qui se dépouille pour être revêtu! qui foule aux pieds la vaine sagesse pour posséder celle de Dieu, méprise l'esprit autant que le monde l'estime. Ne conforme pas tes idées à celles du monde, si tu veux qu'elles soient conformes à la vérité.

« La doctrine du monde est une doctrine de perdition. *Il faut devenir simple, humble et entièrement détaché avec les hommes, il faut devenir calme, recueilli et point raisonneur avec Dieu.*

« La figure de ce monde passe. Si tu te nourris de ses vanités, tu passeras comme elle. Mais la vérité de Dieu demeure éternellement; si tu t'en nourris, tu seras permanent comme elle. Mon Dieu! que sont toutes ces science, stous ces raisonnements, toutes ces découvertes de génie, toutes ces vastes conceptions que le monde admire et dont la curiosité se repait si avidement! En vérité rien que de pures vanités.

« Etudie cependant, mais sans aucun empressement. Que la chaleur déjà à demi éteinte de ton âme te serve à des objets moins frivoles. Ne la consume pas à de semblables vanités...

« Etudie les choses de ce monde, c'est le devoir de ton état, mais ne les regarde que d'un œil; que ton autre œil soit constamment fixé sur la lumière éternelle. *Ecoute les savants, mais ne les écoute que d'une oreille,* que l'autre soit toujours prête à recevoir les doux accents de la voix de ton ami céleste; n'écris que d'une main, de l'autre tiens-toi aux vêtements de Dieu, comme un enfant se tient aux vêtements de son père.

« Que mon âme, à partir d'aujourd'hui, reste ainsi unie à Dieu et à Jésus-Christ!

« Bénissez-moi, mon Dieu. »

* *

A mesure qu'Ampère s'élevait ainsi dans les régions de la foi, il s'élevait aussi dans la science; et les honneurs qu'il ne recherchait point, comme nous venons de le constater dans les lignes précédentes, vinrent à lui et augmentèrent sa gloire. Déjà inspecteur de l'Université on 1808, puis professeur à l'école polytechnique en 1809, il est nommé chevalier de la légion d'honneur et membre de l'Académie royale des sciences en 1815. Plus tard, il échangea sa chaire de l'école polytechnique, contre celle de physique générale et expérimentale au Collège de France. Dans ces dernières années, depuis 1830, il entreprit un vaste travail : c'était de résumer l'œuvre de toute sa vie dans une classification générale des sciences, tableau encyclopédique, où toutes les connaissances humaines devaient avoir une place marquée, non par le caprice, mais par la nature, inventaire immense des richesses et des misères de l'intelligence de l'homme. Dans son cours du Collège de France, il développa ce magnifique programme, et voulut lui donner une forme plus rigoureuse en en faisant un livre qui a été publié: c'est la *Philosophie des sciences*.

Terminons ces lignes consacrées à sa mémoire par deux traits qui nous montrent le grand chrétien alimentant sa ferveur par les pratiques de la piété.

« **Frédéric Ozanam avait dix-huit ans. Il arrivait**

à Paris, non point incrédule, mais l'âme plus ou moins atteinte de ce que le P. Gratry appelait la *crise* de la foi. Un jour, le jeune homme, entre dans une église de Paris, et il aperçoit agenouillé dans un coin, près du sanctuaire, un homme, un veillard qui récitait son chapelet.

« Il s'approche et reconnaît Ampère, son idéal, la science et le génie vivants. Cette vision l'émeut jusqu'au fond de l'âme; il s'agenouille doucement derrière le maître, la prière et les larmes jaillissent de son cœur. C'était la pleine victoire de la foi et de l'amour de Dieu, et Ozanan se plaisait à redire ensuite : « Le chapelet d'Ampère a plus fait sur moi que tous les livres et même tous les sermons. »

« Ampère accepta Ozanan comme son commensal, et le grand mathématicien aimait à s'entretenir avec son jeune ami : « Leurs entretiens, dit le P. Lacordaire, amenaient dans l'âme du savant, à propos des merveilles de la nature, des élans d'admiration pour leur tuteur. Quelquefois, mettant sa tête entre ses deux mains, il s'écriait tout transporté : « Que Dieu est grand, Ozanam, que Dieu est grand ! »

Pendant sa dernière maladie, la religieuse qui le veillait, voulut lui lire quelques passages de l'*Imitation de Jésus-Christ* : « N'en prenez pas la peine, ma sœur, lui dit-il, *je la sais par cœur.* » Merveilleuse et touchante union du génie et de la foi, comme tu condamnes cette prétendue science athée ou sceptique qui dessèche le cœur, lui enlevant les **vraies joies de la vie et les espérances éternelles !** »

ANDIGNÉ (Comte d')

GÉNÉRAL, PAIR DE FRANCE.
(1765-1857)

> « Camarades, je vous livre sur l'heure ces vivres, s'il en est un seul parmi vous, qui se refuse à jeûner le jour sacré où le Christ mourut pour nous. »
> (D'ANDIGNÉ à ses soldats, le Vendredi-Saint).

Il est des existences que le triple éclat de l'origine, de l'héroïsme et de la foi couronne d'une si glorieuse auréole que c'est un devoir pour un auteur chrétien d'en perpétuer le souvenir. Telle fut la vie du général comte d'*Andigné*, pair héréditaire de France, commandeur de S-Louis, officier de la Légion d'honneur.

Il naquit à Angers le 12 janvier 1765, et mourut à Fontainebleau en 1857, après avoir pendant près d'un siècle, rempli le monde de son épopée royaliste et chrétienne.

Comme ses aïeux, dont l'écu et le nom brillent dans la salle des Croisades, il entendit, dès l'enfance, la belliqueuse vocation qui l'appelait dans la carrière maritime, et obtint dès l'âge de quatorze ans, d'être nommé garde de la marine. En cette qualité ayant eu l'heureuse fortune de canonner et de capturer une frégate anglaise, il mérita le grade d'enseigne de vaisseau, et peu après ceux de lieutenant et de major. Il arrivait à peine à l'âge d'homme que la Révolution française, déjà victorieuse menaçait de faire régner l'athéisme et d'anéantir e double objet de son amour, le trône et l'autel, le roi et le prêtre, auxquels il avait voué son sang et sa vie.

Aussi n'hésita-t-il point à la combattre de toutes ses forces, d'abord dans l'armée des princes, où il servit comme volontaire jusqu'au licenciement, puis en Vendée, où promu général, il livra plus de cent combats, dans lesquels il eut toujours l'avantage. Interrogé un jour, sur le pacte qu'il semblait avoir conclu avec la victoire, il répondit modestement : « Je n'accepte ou n'ordonne jamais la lutte qu'à mon heure, sur le terrain de mon choix, et lorsque, à la fois, j'ai la certitude d'emporter l'avantage et de n'avoir, grâce à Dieu, que le moins possible à le payer du sang de mes braves. »

Nous ne suivrons pas le général d'Andigné dans ses glorieux combats, nous rappellerons seulement les principales circonstances où il se dévoua pour la cause religieuse surtout.

Ce fut d'abord à cette attaque de Nantes, où ayant contre lui cent mille habitants, 6000 soldats aguerris, une brillante cavalerie, 20 000 gardes nationaux et une solide gendarmerie, il prit la ville avec 1800 paysans Vendéens seulement. Son but était de délivrer les prêtres, les religieux et les royalistes. Aussi, après la victoire, son premier soin fut de courir aux prisons, et d'en arracher tous ceux que leurs convictions religieuses ou politiques y avaient fait incarcérer. Trois Vendéens avaient payé de leur vie cet immortel fait d'armes.

Dans une autre circonstance, harcelé par une division républicaine, il s'était vu enlever ses bestiaux et ses vivres. A peine avait-il du pain pour ses soldats, si durs et si habitués aux privations.

On se trouvait au Vendredi-Saint, le général se flattait qu'en un tel jour le ciel récompenserait sa foi et celle de ses braves. Il les harangue, et de sa voix stridente : « Camarades, s'écrie-t-il, on vous trompe, quand on prétend que les vivres vous manquent : je vous les livre sur l'heure, s'il en est un seul parmi vous qui refuse à jeûner, au jour sacré où le Christ mourut pour nous. Laissons donc là nos vivres et sus à l'ennemi ! »

Ranimés par de tels accents, les Vendéens oublient leurs souffrances, et dévorant l'espace, fondent, leur chef en tête, sur les campements ennemis. Ils les culbutent, les écrasent, et pour longtemps en délivrent la contrée. — D'Andigné n'avait pas mis inutilement sa confiance en Dieu.

.*.

Cependant tout avait plié sous l'épée de Bonaparte, tout, excepté les indomptables de la Vendée.

Voici à ce sujet un trait de grandeur d'âme bien digne de ce soldat chrétien, d'Andigné.

Le chef le plus intrépide, l'âme militante de l'Ouest, dit un écrivain, était alors le général d'Andigné, âgé de trente-quatre ans, comme le futur empereur. Après s'être combattus à distance, ces deux hommes cherchaient à se voir de près. Bonaparte aimait ces hommes d'enthousiasme et de foi; il saisissait tous les moyens de les attacher à sa cause. Il donna rendez-vous à d'Andigné pour le 27 décembre 1799 au palais du Luxembourg.

D'un côté, Talleyrand en habit de ville, de l'autre d'Andigné calme et digne dans son uniforme de Vendéen. Au milieu d'eux le consul, cachant en vain son émotion. Ces hommes sont la Monarchie chrétienne et la Révolution, le passé et l'avenir prêts à se livrer leur dernier combat, ou à se donner la main pour la paix.

Ils tombent d'accord sur la plupart des conditions de la paix. *La question religieuse les divisant* un instant, Talleyrand plaide pour le Vendéen et Bonaparte cède; mais arrivés à la véritable pensée de chacun, ils se regardent mutuellement dans les yeux, le Consul avoue le premier son but.

« — Que voulez-vous donc être, monsieur d'Andigné? ministre? divisionnaire? ambassadeur? Vous et les vôtres vous aurez tout !

« — Moi et les miens, nous ne voulons, nous ne pouvons rien accepter qu'autour du trône de Louis XVIII.

« — Rougiriez-vous de porter l'habit que porte Bonaparte?

« — Nullement; mais nous ne saurions combattre demain les puissances dont nous étions hier les alliés. »

C'était la guerre qui retombait du manteau des négociateurs, et l'entretien finit par ce *duo* terrible que les Plutarque de la « guerre des géants » graveront sur l'airain de l'histoire.

« — Si vous refusez la paix, la République lancera contre vous cent mille hommes.

« — Si c'est vous qui les commandez, nous tâcherons de nous montrer dignes de vous combattre.

« — La République incendiera vos chaumières.

« — Nous nous retirerons dans nos bois.

« — La République mettra le feu à vos bois.

« — Nous attendrons la République en rase campagne et quand elle aura détruit la cabane du paysan et le manoir du gentilhomme, elle ne nous trouvera que quand et où nous le voudrons bien, et avec l'aide de Dieu, nous exterminerons ses colonnes en détail.

« — C'est une menace! s'écria le premier Consul d'une voix formidable.

« — Non ; c'est une réponse ! répliqua froidement d'Andigné.

Est-il dans l'histoire moderne ou antique, un dialogue de cette hauteur, et ne croirait-on pas qu'on assiste à une tragédie de Corneille?

Le Consul et le Vendéen se quittèrent sans avoir fléchi ni l'un ni l'autre.

C'est ainsi que pour conserver à la Vendée sa religion, le héros chrétien sut résister en face au conquérant de l'Europe. Bonaparte n'ayant pu le vaincre le fit incarcérer jusqu'à quatorze fois dans ses forteresses les plus imprenables, mais d'Andigné réussissait souvent à s'évader : il se réfugia enfin en Allemagne, et ne rentra en France qu'à la chute de son cruel ennemi en 1814. Il reçut alors du roi le commandement en chef de quatre départements et fut nommé pair de France, puis exerça diverses fonctions importantes jusqu'à l'avénement de Louis-Philippe.

Ce nouveau gouvernement était loin de satisfaire ses convictions religieuses et sa foi politique; aussi désespérant de voir une nouvelle restauration de son vivant, il se retira à Paris, puis à Fontainebleau, où il devait mourir.

Là, comme à Paris, sa maison n'était pas assez spacieuse pour recevoir les nombreuses notabilités du monde politique et religieux qui se pressaient à ses soirées hebdomadaires. En même temps il s'occupa avec plus de soin que jamais de ses devoirs de **chrétien répandant** autour de lui les bienfaits de la charité, souvent d'une manière anonyme par humilité chrétienne; et malgré les précautions qu'il prenait pour en voiler l'auteur, la reconnaissance venait le trouver dans son hôtel.

C'est ainsi que parveuu à sa quatre-vingt-douzième année, ce vaillant soldat de Dieu s'endormit en souriant dans la paix du Seigneur. Il dut s'éveiller aussitôt dans la gloire éternelle que le Ciel réserve aux Macchabées de leur patrie.

AUBRYET (Xavier)

LITTÉRATEUR

(1827-1880)

> « Vous dites que la Religion c'est la servitude : nous vous répondons que la Religion c'est la liberté... Laissez-moi mes croyances d'enfant, les hommes n'ont encore rien trouvé de meilleur. »
>
> (Xavier AUBRYET).

En 1872, Xavier *Aubryet*, disait à propos d'un ouvrage qu'il publiait alors :

« Celui qui écrit ces lignes n'a pas l'honneur d'être un bien strict pratiquant. » Aubryet, il est vrai, ne fut pas toujours chrétien dans le sens exact du mot. Il suffirait de rappeler ce qu'un journal catholique disait de lui lorsque parurent ses *Poètes volontaires et Poètes malheureux* : « S'il n'y avait entre nous que le marbre de l'artiste grec, nous serions, à la vérité, près de nous entendre. Par malheur, il y a autre chose ; le ciseau et ses complaisances ne font pas perdre le souvenir d'une chronique féconde en incidents déplorables (1). » Mais bientôt, il espérait mieux de lui et ajoutait peu après : « M. Aubryet, citoyen honoré de la république des lettres, n'est peut-être pas loin de devenir un publiciste moins attique et très chrétien... Au fond, nous sommes du même camp, et le triomphe de la croix étant l'objet des luttes présentes, nous avons la conviction qu'un de ces jours, nous nous rencontrerons avec M. Aubryet à la même bataille ou aux mêmes avant-postes.

Ces belles espérances devaient se réaliser.

*
* *

Né à Pierry (Marne), et ayant achevé ses études au lycée Charlemagne, X. *Aubryet* se jeta dans la littérature quotidienne. En 1847, nous le trouvons occupé à fonder un journal littéraire, puis il collabore successivement à l'*Artiste*, au *Corsaire*, à l'*Evénement*, à l'*Illustration* et partagea plus tard la direction de l'*Artiste* avec M. Ed. Houssaye. Il a publié plusieurs volumes : *La femme de vingt-cinq ans. Jugements littéraires. Les représailles du sens commun*, et d'autres encore, en dehors de ses articles de revues. Partout, il s'est montré écrivain brillant et aimable, bien que souven comme « l'abeille attique, ardente à produire le miel, il ne néglige pas de faire sentir le dard. »

Esprit droit et indépendant, il a le courage de

---

(1) *Revue littéraire de l'Univers*, 1876.

persifler le mal, partout où il le rencontre, de flageller les défauts de la génération contemporaine. En un mot, on le lit toujours avec plaisir; on le quitte avec regret. Nous le dirons à sa louange, même au temps où il ne fut pas chrétien, il sut aimer et respecter tout ce qui est respectable. Dieu ne devait pas laisser sans récompense son respect de la vérité et de la morale, et après l'avoir purifié par une longue et cruelle maladie de six années, il lui accorda de mourir en excellent chrétien, le 15 novembre 1880. Il s'était converti avant ce moment suprême, et avait répondu à un ami qui cherchait à le consoler par des raisonnements philosophiques : *Non, mon ami, laissez-moi mes croyances d'enfant, les hommes n'ont encore trouvé rien de meilleur*.

*
* *

X. Aubryet a écrit de belles pages : les unes respirent le patriotisme le plus pur et le plus ardent, d'autres, la religion et le respect du prêtre.

« Pauvre France ! enfant gâté de Dieu qui s'est révolté contre son père ! Posséder tous les éléments de grandeur et de prospérité, un sol merveilleux, une position géographique admirable, une race qui bien mise en valeur, pourrait être la première sans immodestie, et fatiguer le reste du monde à force de jeter sous ses pieds les dons qu'elle a reçus du ciel, comme une reine de beauté qui s'enlaidirait volontairement, ou comme un homme de génie qui aspirerait au crétinisme, voir tant de trésors engloutis, tant d'aptitudes rendues inutiles, tant de qualités perdues, tant de temps précieux dévoré dans des querelles bysantines, pendant que les autres nations, moins brillantes, mais plus sages, poursuivent régulièrement leur marche sans toujours remettre en question le point de départ.

« Les Français ressemblent à des voyageurs plus agiles que les autres, mais qui s'arrêtent si souvent pour se quereller, que les plus lents arrivent toujours au but avant eux, et voilà pourquoi en dépit de tous ses patrimoines, la France a un retard incalculable sur ses voisins. Est-ce qu'en Angleterre, par exemple, il existe cette espèce odieuse et sacrilège qu'on appelle les *ambitieux*, est ce qu'il faut que gouvernement et société périssent, pour qu'une douzaine d'avocats érigent leur serviette en portefeuille? Est-ce qu'on se bat sur le ventre de la patrie? Est-ce que chaque matin, on brise le mouvement de l'horloge, sous prétexte qu'elle n'est pas à l'heure?

On dirait qu'au berceau de notre nationalité, une méchante fée a paralysé, pour certaines phases de notre existence, les libéralités des fées bienfaisantes; la France est constituée pour devenir un paradis, et trop de Français s'ingénient périodiquement à la transformer en enfer; la fatalité de notre sang, c'est le suicide intermittent; les ennemis du dehors, les barbares extérieurs ne sont qu'un accident; ce sont les barbares du dedans qui font déchoir notre pays de son rang et de sa qualité. »

*
* *

« Il y a vingt ans que j'assiste à la croisade laïque entreprise contre les prêtres, et j'avoue ne pas bien comprendre le motif de cette indignation traditionnelle : j'ai vainement cherché autour de moi des victimes du clergé, j'ai habité plusieurs provinces; j'ai le plaisir d'avoir des amis à peu près dans tous les rangs; je n'ai jamais connu quelqu'un qui ait été molesté dans sa conscience ou troublé dans son intérieur par les manœuvres cléricales. Pauvres curés de campagne auxquels les gens qui vivent et meurent au cabaret, reprochent si amèrement un dîner fait au château, je vous ai vus de près, vous étiez bien les meilleurs et les plus éclairés de votre village, vous ne passiez pas votre temps à demander des *lumières*, comme les farceurs qui se contentent si allègrement des ténèbres, avec vous on pouvait causer de Virgile ou de Racine que les coqs de la commune eussent reniés vingt fois. Modestes vicaires de petites villes, que d'indulgence, que de bonté j'ai trouvée chez vous, pendant que vos détracteurs péroraient sur l'*égalité*, la *liberté*, la *fraternité*, ces trois parques du monde moderne.

« O bourgeois, ô prolétaires, ô libéraux en habit noir ou en blouse, qui croyez que le saint tabernacle est la boite de Pandore, si vous vous donniez la peine de raisonner un peu, vous qui faites sonner les droits de la Raison, cette déesse qui décourage les aliénistes, au lieu de jeter des pavés aux prêtres, vous écarteriez les pierres de leur chemin.

« Celui qui écrit ces lignes, n'a pas l'honneur d'être un bien strict pratiquant ; son témoignage désintéressé n'en a que plus de valeur ; il a du moins le respect des grandes choses auxquelles il n'appartient pas tout entier ; ces prêtres que vous signalez comme un péril public, qu'apprennent-ils à vos enfants? le respect des parents. Qu'apprennent-ils aux hommes faits? le respect de la femme. Pendant que d'autres célèbrent la promiscuité, ils maintiennent dans sa plus exquise poésie la sainteté du mariage. L'esprit révolutionnaire n'enseigne au peuple que ses droits, l'esprit religieux lui enseigne de plus ses devoirs. Si l'idéal chrétien était réalisé sur la terre, nous arriverions à la vérité dans l'ordre social : le pauvre ne détesterait plus le riche, car de par la charité, la bourse serait presque commune, l'humble n'abhorrerait plus le puissant; car tous deux s'inclineraient devant un Maître supérieur. Les malheureux pardonneraient aux heureux, car ils auraient une porte ouverte sur un monde définitif plus juste et plus doux. Nul ne songerait au domaine d'autrui, car l'empreinte de la loi serait gravée dans toutes les âmes. Vous dites que la Religion c'est la servitude : nous vous répondons, nous, que la Religion c'est la liberté.

« Vous avez, comme nous des parents, des amis qui ont été élevés chez les jésuites, je ne sais à quoi cela tient, mais ils ont un autre ton, une autre solidité de vues, une autre sûreté de commerce, ils se sont mariés purs ; ils sont ouverts à toutes les idées modernes et *ils valent mieux que vous et moi, j'ignore où le catholicisme abrutit, mais je sais où il élève.*

Ne perpétuons donc pas contre les prêtres, ces calomnies qui ne daignent jamais fournir de preuves.

On l'a vu à l'œuvre pendant les horribles crises, où a failli périr la France, maintenant la fille aînée de la Révolution ; on l'a vu à l'œuvre, ce clergé si coupable devant les préjugés modernes, on n'oubliera pas quels nobles exemples il a donné, depuis ces *ignorantins* s'élançant si bravement sur le champ de bataille, pour recueillir les blessés, quand on ne trouvait plus de brancardiers laïques, jusqu'à ces admirables sœurs consolatrices de la mort qui sont la rédemption vivante des pétroleuses. *Jouir et mépriser*, a dit Montalembert, c'est la devise contemporaine, *souffrir et respecter*, telle est la devise de ces héroïnes de la charité.

On se rappellera ce frère Antoine qui traqué par les bêtes fauves de la Commune, endossa l'habit de garde national pour ne pas abandonner ses malades. On citera à la veillée ces vieux curés qui défendaient si courageusement contre l'ennemi leur église et leur village. »

Nous ne pourrions citer ici toutes les pages dans lesquelles M. Aubryet a rendu hommage à la foi.

ARIÈS (d')

CONTRE-AMIRAL
(1813-1879)

> « Je viens de communier,
> et j'en suis bien heureux. »
> (d'Ariès).

Le contre-amiral J. *d'Ariès* est mort en 1879, terminant une vie de dévouement à la France par une mort édifiante. Elevé dans les idées religieuses, le brave officier de marine ne devait pas les oublier au milieu des périls de sa profession. Il sut toujours concilier les devoirs du chrétien avec ceux de l'homme de guerre, tellement qu'il a pu dire, peu avant sa mort : *qu'il avait toujours aimé et servi son Dieu*. Bien qu'il se fût fait comme une patrie de l'Océan, l'âge et les infirmités l'obligèrent à prendre sa retraite. Il se retira à Tillac, dans le Gers, où il donna l'exemple des vertus chrétiennes.

« Après vingt-quatre heures de souffrances, sentant sa fin approcher, il a demandé les secours de la religion. Quand le prêtre lui a annoncé l'arrivée de son Dieu : *«Eh bien, qu'il soit le bienvenu!* a-t-il dit d'une voix ferme. »

— *L'aimez-vous de tout votre cœur?* lui a demandé le prêtre.

— *Je l'ai toujours aimé et servi.* »

Ces paroles dans la bouche d'un militaire si éminent, ont arraché des larmes aux nombreux amis qui l'entouraient. S'adressant à l'un d'eux, à un ami d'enfance:

— « *Tu le vois,* lui a-t-il dit, *je viens de communier, et j'en suis bien heureux* (1) »

Dans sa jeunesse, après un naufrage en Océanie, il s'était échappé des mains des anthropophages. Dieu l'a permis sans doute pour lui procurer de mourir chrétiennement.

(1) *Hommes célèbres.*

AVELINE

GÉNÉRAL DE BRIGADE

(1813-1883)

> « Qu'on m'enterre comme un simple chrétien !... »
> (AVELINE).

Le général Amédée *Aveline* n'est plus. Le 11 avril 1883, il rendait sa belle âme à Dieu, après une vie consacrée à son pays, qu'il aimait passionnément, à l'Eglise dont il fut toujours le fils dévoué. Les nombreux pèlerins qui depuis quelque temps le retrouvaient chaque année, à Lourdes, à la tête des processions carcassonnaises, portant de ses mains vaillantes, l'étendard de Marie, bénissaient Dieu de ce grand exemple donné à nos contrées en ces temps de défaillance.

Dès les premières atteintes du mal, et lorsque le médecin ne concevait aucune alarme, il avait voulu voir son confesseur et prendre ses précautions... Le malade avait demandé et reçu avec la foi d'un *voyant*, la divine Hostie qui allait le soutenir dans son dernier combat.

Après avoir communié, il demandait au prêtre, un entretien secret, et avec le calme du chrétien et le sang froid du soldat, il réglait d'avance les détails de sa sépulture, qu'il considérait comme imminente.

« Pas d'honneurs militaires... Monsieurs le curé, vous voudrez bien faire savoir que c'est ma volonté formelle : ni un tambour, ni un soldat ; pas de discours sur ma tombe. Je désire que mon inhumation ait lieu le matin, afin qu'une messe soit célébrée. En un mot, qu'on m'enterre comme un *simple chrétien*. » Celui qui fut trois fois commandeur, trouvait comme St Louis, son titre de chrétien plus grand que toutes les dignités. — Le général Aveline promu général de brigade le 30 septembre 1875, avait été admis à la retraite, le 8 février 1879.

AVENEL

LITTÉRATEUR, CONSERVATEUR A LA BIBLIOTHÈQUE
STE-GENEVIÈVE

(1883-1875)

> « Il s'est éteint avec la sérénité du chrétien, plein de foi et d'espérance. »
> (T. DE LARROQUE.)

Denis-Louis-Martial *Avenel* littérateur, conservateur à la Bibliothèque Sainte-Geneviève, chevalier de la Légion d'honneur, officier de l'instruction publique, est mort à Paris, le 16 août 1875, dans sa quatre-vingt-treizième année. Il était né à Orbec (Calvados), le 26 mai 1783 et non 1789, comme l'indique le *Dictionnaire des contemporains*. D'abord secrétaire du roi de Wespalie, il devint ensuite journaliste, et il donna de nombreux et remarquables articles, soit politiques, soit littéraires au *Courrier français*, au *Temps*, au *Moniteur universel*, à la *Revue encyclopédique* etc. On trouve de lui d'excellentes notions biographiques dans *l'Encyclopédie des gens du monde*. Sa collaboration au *Journal des savants*, qui dura près de vingt années fut des plus fécondes et des plus brillantes. Comme M. Avenel joignait, à toutes les qualités du critique, le don heureux d'un style aussi ferme que pur, il mérita d'être regardé comme un des meilleurs rédacteurs d'un journal où écrivaient les Cousin, les Flourens, les Mignet, les Patin, les Vitet etc. Mais j'ai hâte d'arriver à l'ouvrage qui est et qui sera l'immortel honneur de sa vie, à cette édition des *Lettres, instructions diplomatiques et papiers d'Etat du cardinal Richelieu*, à laquelle, depuis 1842, il a consacré, pour ainsi dire, toutes les forces de son corps et de son âme. On n'admirera jamais assez le soin et le zèle avec lesquels M. Avenel a recueilli, publié et entouré de toutes les explications désirables, les papiers du plus grand ministre qu'ait jamais possédé la France. Scrupuleux jusqu'à l'excès, il voulait tout voir, tout recevoir, tout approfondir, même les plus petites questions ; sa patience était infatigable, et comme elle était accompagnée d'une rare sagacité, on ne doit pas être surpris de trouver si peu d'omissions et de fautes dans les six ou sept mille pages de son recueil. A cette époque où je n'avais pas encore le plaisir de connaître M. Avenel, je disais de lui : Que c'était le modèle des éditeurs. Je ne puis que répéter cet éloge, devenu de plus en plus légitime, et je suis d'accord, en cette appréciation, avec tous ceux qui ont examiné depuis ce beau travail. Avant tout, il tenait à achever son *Riche-*

lieu. Dieu n'a pas permis que le vénérable vieillard goûtât l'ineffable joie de voir son dernier volume entièrement imprimé; mais du moins, M. Avenel a eu la certitude, en mourant, que son manuscrit serait revisé et que ses épreuves seraient corrigées par un ami qui ne négligerait rien pour justifier la confiance dont il l'avait honoré.

Admis dans l'intimité de M. Avenel, l'ayant beaucoup vu pendant les dernières années de sa vie, pendant sa cruelle maladie, et presque jusqu'à l'heure de sa mort, je puis déclarer qu'en lui, l'homme valait l'érudit. C'était un des cœurs les plus droits, un des esprit les plus fermes, un des caractères les plus nobles que l'on pût rencontrer. Il aimait par-dessus tout la justice et la vérité, et nul n'a jamais été plus que lui l'esclave du devoir. Dans sa vigoureuse et si belle vieillesse, il avait une ardeur de bien faire, digne de ces généreuses années où tout nous est doux et facile. S'il était sévère pour lui, il était doux pour les autres. Aussi son exquise bonté avait-elle groupé autour de lui les plus tendres et les plus fidèles affections.

Malade, il s'était toujours montré calme et résigné, souriant en quelque sorte à la mort, pour épargner le plus possible à une famille adorée le contrecoup de ses souffrances. Il s'est éteint avec la sérénité de l'homme de bien, du chrétien plein de foi et d'espérance. Humble et modeste jusqu'à la fin, il avait témoigné le désir que nulle parole ne fût prononcée sur sa tombe. Mais son éloge est gravé dans le cœur de tous ceux qui l'ont connu, et si j'en juge par mes propres sentiments, j'ai le droit d'ajouter qu'il ne s'en effacera jamais.

Ph. Tamisey de Larroque.

AYMARD (Baron)

GÉNÉRAL, GOUVERNEUR DE PARIS

(1820-1880)

> « Il n'a cessé de prier et de verser des larmes d'un vrai repentir. »
> (L'Abbé Doby).

Le Général baron Alphonse *Aymard* était né en 1820 dans une famille toute militaire, écrit le général Philippi, à l'obligeance duquel nous devons cette notice presque entière.

Son père, un des plus vaillants soldats des guerres d'Espagne y avait conquis le grade de général et le titre de baron de l'Empire, sa mère était la fille du brave général Milhoud qui avait commandé la fameuse charge des cuirassiers à Warterloo.

Placé au collège de Lyon où son père commandait la division militaire, son éducation religieuse ne fut pas aussi soignée que l'eût désiré sa famille. Il conserva cependant ses habitudes chrétiennes et la pratique des sacrements jusque vers l'âge de dix-huit ans.

Dès son début dans la carrière militaire, il voulut servir en Afrique, où il fut successivement officier d'ordonnance du général Cavaignac et du maréchal Mac-Mahon. Tous deux n'ont eu qu'à se louer de l'intrépidité du jeune officier; tous deux dans leurs rapports ont parlé de lui dans les termes les plus flatteurs. Celui d'entre eux qui a survécu avait pour lui une affection et une estime toute particulière qui ne s'est jamais démentie, quelles que pussent être leurs divergences politiques.

Lors du coup d'État de Décembre, Aymard étant capitaine à Besançon protesta violemment, et refusa de s'associer par un acte d'adhésion au nouveau gouvernement. Il fut mis en retrait d'emploi, ce qui lui valut plus tard les faveurs de la République.

Entré en 1852 dans la légion étrangère, il prit part à la guerre de Crimée, puis à celle du Mexique, où il déploya ses brillantes qualités militaires, et conquit rapidement ses grades. Dans cette dernière campagne, il parcourait le pays à la tête d'une petite colonne composée d'infanterie, de cavalerie et de quelques bouches à feu, l'ennemi le plus nombreux, le mieux commandé devait toujours fuir devant lui après avoir subi de grandes pertes. C'est dans cette campagne de cinq années qu'il contracta le germe de la maladie qui devait l'emporter.

Dans la guerre contre la Prusse, où il fut nommé général de division, il fit également des prodiges de valeur. Il combattit avec tant d'intelligence et **de courage dans les journées du 12 et du 14 août** que les relations de l'état-major prussien le signalent comme ayant tenu en échec et immobilisé, pendant plusieurs heures, un corps entier de l'armée allemande à la tête de sa seule division. Il n'en fut pas moins prisonnier avec l'armée du Rhin.

Nommé en 1878 au poste de gouverneur de Paris, il conserva ces fonctions jusqu'au moment de sa mort survenue le 10 juin 1880.

．·．

C'est la scrupuleuse observation de ces devoirs importants de gouverneur militaire, dit le général Philippi, qui a hâté la fin de cet homme pourtant si bien trempé dans une apparence presque frêle. Tout entier aux obligations de sa charge, il n'a amais voulu prendre un jour de repos que ses amis lui conseillaient. Donnant à tous l'exemple de la discipline, il a toujours été aimé et respecté de ses chefs et de ses soldats, sans avoir jamais à employer des moyens de rigueurs qui étaient si loin de son caractère naturellement bienveillant.

Au point de vue chrétien, le général Aymard ne fut pas toujours irréprochable.

Nous savons déjà qu'il avait abandonné la pratique des sacrements depuis sa jeunesse. Or, « étant commandant de la division de Montpellier, nous écrit l'une de ses parentes, il a refusé les troupes et l'escorte pour accompagner la procession de la Fête-Dieu. Mais en même temps il a exprimé à

Mgr l'évêque ses regrets, disant qu'il obéissait à un ordre supérieur. A Paris il a écrit la fameuse lettre qui ne faisait pas honneur à ses sentiments religieux et qui lui a fait tant de torts dans l'esprit des conservateurs et des catholiques. »

Mais il est revenu à de meilleurs sentiments sans avoir aucune relation avec le clergé. Ce n'est donc pas à cette influence qu'il a dû de se convertir à la fin de sa vie, mais au souvenir de sa première communion et des principes chrétiens de son enfance. « C'est lui, lui seul qui a demandé un prêtre, il a désiré les secours de la religion, croyant en Dieu et à l'immortalité de l'âme. »

Si le général Aymard, dit le prêtre qui a été témoin de son repentir, a passé la plus grande partie de sa vie dans une indifférence religieuse à peu près complète, il l'a bien réparée par ses derniers moments, *qui ont été ceux d'un homme de foi et d'un fervent chrétien.* Il n'a cessé de prier et de verser des larmes d'un vrai repentir depuis sa confession jusqu'à sa mort. *J'ai rarement vu de mort aussi belle et aussi édifiante* (1). »

C'est un grand bienfait, un bienfait inestimable qu'une éducation religieuse, bien qu'elle soit souvent incomplète.

(1) M. l'abbé *Doby*, vicaire à St.-Thomas d'Aquin.

BABINET

ASTRONOME, MEMBRE DE L'ACADÉMIE DES SCIENCES
(1794-1872)

> « Réconcilié avec Dieu, vous laissez à vos amis l'exemple consolant d'une belle mort. »
> (M. Faye à l'Académie.)

Le lundi, 21 Octobre 1872, est mort à Paris M. Jacques *Babinet*, né à Lusignan, (Vienne) le 5 mars 1794.

Ancien élève de l'école polytechnique, et déjà distingué comme professeur de physique, il suppléa Savary au Collège de France en 1838, et entra en 1840 comme successeur de Dulong à l'Académie des Sciences.

On lui doit un grand nombre de mémoires et d'articles, publiés dans les journaux et les revues, sur les diverses branches des sciences physiques et mathématiques, un perfectionnement considérable à la machine pneumatique, un goniomètre, divers autres appareils ingénieux, servant aux démonstrations scientifiques, et un nouveau système de cartes géographiques. Babinet avait le zèle de la science, il lui est arrivé souvent de décocher contre les vérités religieuses des traits un peu lourds et qui ne pouvaient guère augmenter sa réputation. Il n'épargnait guère les choses saintes et avait la réputation d'être un peu voltairien.

Mais sa fin chrétienne a montré qu'il n'avait jamais perdu la foi.

Mgr l'évêque de Poitiers étant venu le visiter, eut avec lui une longue conversation, et quelques jours après, M. Babinet demandait les Sacrements que lui administrait M. le curé de St-Etienne-du-Mont, et priait dévotement avec un chapelet de N. D. de Lourdes, qu'il avait demandé. Il expira doucement. C'est une des belles et nombreuses conquêtes de la religion.

M. l'abbé Moigno, que la religion et la science viennent de perdre, lié avec lui d'une amitié étroite depuis plus de trente-cinq ans, et qui, sans doute, avait contribué par ses rapports fréquents à conserver en lui l'étincelle de la foi catholique, lui a rendu en quelques mots un témoignage bien précieux.

*
**

« Nous avons eu, dit-il, la consolation de voir mourir notre illustre savant dans les sentiments d'une foi sincère et d'une résignation vraiment touchante, entre les bras des deux fils qui lui ont fait tant d'honneur. Notre ami avait une qualité bien rare, poussée jusqu'à l'excès : il donnait tout ce qu'il avait. Le nombre des infortunés qu'il a soulagés est incommensurable; il serait mort pauvre s'il n'avait pas été riche de ses nobles enfants. »

Les journaux radicaux, comme c'est leur coutume, quand meurt un homme éminent qui a quelque peu frayé avec eux, essayèrent de nier sa conversion, mais l'illustre président de l'Académie des sciences, M. Faye, confondit ce mensonge devant la France entière, dans la séance du 21 octobre, en annonçant la mort de M. Babinet :

« Pour chacun de nous, a-t-il dit en s'adressant à l'illustre défunt, tant que vous avez pu parler, vous avez eu une bonne parole; plus tard, un geste, un regard affectueux, car pendant que ce corps robuste se dissolvait douloureusement, l'esprit et le cœur sont restés intacts, jusqu'au bout. Pas un de vos nombreux visiteurs n'a entendu sortir de vos lèvres une plainte ni même une parole de regret. Réconcilié avec tous, et par-dessus tout avec Dieu, vous avez révélé dans cette longue agonie, la force de votre âme, et si vous laissez à vos enfants un nom célèbre, dignement porté par eux, vous laissez à vos amis l'exemple consolant et fortifiant d'une belle mort. »

Ce sont là des paroles, dit M. J. Chantrel, qui honorent autant le vivant que le mort.

BALLANCHE

LITTÉRATEUR, PHILOSOPHE, ACADÉMICIEN

(1776-1847)

> « Le genre humain n'est point en travail d'une religion nouvelle, car il sait que tout est dans le Christianisme, et que le Christianisme a tout dit. «
> (BALLANCHE.)

C'est à Lyon que naquit ce penseur dont Chateaubriand a dit : « Ce génie théosophe ne nous laisse rien à envier à l'Allemagne et à l'Italie. »

Après avoir dirigé quelque temps un vaste établissement de librairie et d'imprimerie, héritage de sa famille, il quitta Lyon en 1813 pour venir à Paris, où il fut accueilli par d'illustres amitiés, (Mme de Staël, Joubert, Chateaubriand etc.). Profondément religieux, il avait débuté, quelques jours avant l'apparition du *Génie du Christianisme*, par un livre d'esthétique chrétienne, *Du sentiment dans ses rapports avec la littérature,* ébauche incohérente, mais que Ch. Nodier comparait à une ébauche de Michel-Ange, (1802).

C'est au milieu des ruines du siège de Lyon, dans cette ville héroïque alors et toujours chrétienne, que M. Ballanche vit s'écouler son adolescence maladive, mais réchauffée par tous les enthousiasmes qui naissent ordinairement des grandes catastrophes, et par la société de trois esprits excellents, Camille Jordan, Dugas-Montbel, et le mathématicien Ampère. L'inspiration religieuse de ces premières années éclata dans un *Essai sur le sentiment*, où l'on s'étonne de trouver toute la pensée, et comme la première ébauche du *Génie du Christianisme*, en 1801, et plusieurs mois avant que ce livre immortel vint commencer l'éducation du dix-neuvième siècle. Cependant le bruit des victoires du Consulat étouffa les préludes du jeune philosophe, et le laissa résigné à son obscurité, convaincu, non de l'injustice des hommes, mais de son impuissance. Il resta dans un abattement de cœur et d'esprit, dont la Providence ne devait le tirer que par un de ces moyens qu'elle réserve pour le traitement des grandes âmes : elle le guérit par la mélancolie, par une forte et juste douleur.

M. Ampère nous fait pénétrer, avec une discrétion pleine de charmes, dans le mystère de cet amour chétien dont les vœux trompés inspirèrent les *Fragments*, écrits en 1808, et plus tard l'admirable récit d'*Antigone*. C'est là que le grand écrivain est déjà tout entier, et que le sentiment laissant se dégager la pensée qui l'enveloppait, on saisit déjà, sous les voiles poétiques, tous les grands traits de doctrine à laquelle il vouera sa vie : l'expiation, loi suprême de l'humanité. C'est là surtout qu'il vivra pour la postérité.

Alors pour M. Ballanche tiré de sa solitude, et entraîné à Paris, commence une existence nouvelle qui le mêle aux grands spectacles du monde, mais non pas à ses passions. Il assiste en témoin au premier triomphe de la Restauration; en sage à ses combats, en conseiller méconnu et indigné à ses erreurs. La lutte des deux opinions, dont chacune l'attire par ce qu'elle a de grand, lui arrache le pathétique épisode de l'*Homme sans nom*, le *Dialogue du Vieillard et du Jeune homme*, enfin l'*Essai sur les institutions sociales*, où respirent avec le respect des traditions antiques, la passion de tous les progrès et le zèle de toutes les libertés.

Le fond de cette doctrine est tout chrétien. Que dis-je? C'est le Christianisme même avec tous ses dogmes. Toutefois, on a pu craindre qu'en poursuivant l'idée d'une évolution du Christianisme, l'esprit de M. Ballanche ne se fût écarté de l'orthodoxie où son cœur demeurait. Mais ses véritables sentiments devaient se déclarer dans un de ces moments décisifs, qui sont l'épreuve de toutes les fidélités, quand la Révolution de 1830 déchaîna contre le Catholicisme, les passions de l'émeute et le délire des religions nouvelles. C'est alors que l'auteur de la *Palingénésie*, interrompant une œuvre si chère, et que pressait déjà la fuite trop rapide des années, écrivit pour le besoin du temps sa *Vision d'Hébal*, le plus courageux peut-être de ses ouvrages, et au sens d'un grand juge, de Chateaubriand, le plus élevé et le plus profond. Toute l'histoire y est resserée dans le cadre d'une vision qui commence avec le monde et est ramenée sous des lois souveraines jusqu'au siècle présent, dont elle arracha le secret. Arrivé à ce point, il semble un moment que le poète ait partagé le don de la seconde vue qu'il prête à son héros, car on est en 1831, et il s'écrie : « *Une Europe* toute *nouvelle doit sortir des ruines de l'Europe ancienne*, restée vêtue d'institutions usées comme un vieux manteau. Une incrédulité apparente menace d'abolir toute croyance, mais *la religion du genre humain renaîtra plus brillante et plus belle*. Hébal sait bien que le genre humain n'est point en travail d'une religion nouvelle, car il *sait que tout est dans le Christianisme, et que le Christianisme a tout dit.* »

Ceux qui lisent aujourd'hui ces paroles, ne connaissent pas assez ce qu'elles avaient de hardi et de méritoire, le lendemain de la dévastation de St-Germain-l'Auxerrois, en présence du saint-simonisme et de toutes les écoles qui annonçaient la fin du vieux dogme et qui faisaient ses funérailles.

*
* *

On ne connaît pas toutes les lumières que portait

la *Vision d'Hébal*, en même temps que la célèbre préface des *Etudes historiques*, à tant de jeunes gens troublés par le spectacle des ruines politiques, tentés par l'éloquence des prédications nouvelles, et relevés, raffermis tout à coup par ce bon exemple d'un grand esprit, qui ne trouvait le Christianisme ni trop étroit ni trop vieux. Comment les intelligences qu'il visitait ainsi ne se fussent-elles pas attachées à un maître si secourable? Comme elles lui devaient la sécurité de la foi, elles lui durent l'ardeur de la science et le goût de la méditation qui n'a rien de commun avec le mal de la rêverie. Il eut, sans le chercher, cet honneur que beaucoup cherchaient vainement, de former des disciples, soit parmi ceux qu'il admettait à l'instructive intimité de ses conversations, soit parmi ce grand nombre que ses écrits allaient chercher dans la solitude pour les pousser aux études laborieuses et les mettre au service des vérités combattues. On le vit, dans une réunion d'ouvriers, exposer son système historique fondé sur la chute et la réhabilitation, et faire applaudir par des gens de travail une philosophie que les délicats se plaignaient de trouver inaccessible. Il donnait de longues heures à la combinaison de nouveaux procédés mécaniques; il espérait servir les hommes autant par ses machines que par ses livres, et ses réflexions avaient, en effet, devancé plusieurs inventions célèbres, la presse à eau, le clavier appliqué à la composition des pages d'impression, le papier sans fin.

.•.

C'est au milieu de ces préoccupations bienfaisantes soutenues par la plus active charité, que la vieillesse et la gloire le trouvèrent. Elles ne changèrent rien à sa naïveté, à cette grâce de paroles que la seule bonté donne et conserve, à cette simplicité de mœurs qui charmait dans un siècle si peuplé de prophètes incompris et de messies méconnus. Il était du nombre de ces belles âmes qu'on voudrait retenir ici-bas pour l'honneur et pour l'instruction des hommes; mais il était aussi de celles dont le ciel aime à se recruter.

Quand le premier avertissement de la mort fut venu frapper à sa porte, nous savons que le vieux prêtre, appelé près de lui, s'étonna de la candeur et du calme de ce juste, et que sa fin couronnée de toutes les bénédictions du Catholicisme, fut celle qu'il rêvait dans le premier livre de sa jeunesse, quand il représentait le citoyen du ciel arrivé au terme de l'exil, et « l'ange de Dieu venant délier doucement les faibles liens qui le retenaient encore à la terre ».

M. Ballanche avait vécu soixante et onze ans. Le nombre de jours, qui n'est pas accordé à tous les grands artistes ne devait pourtant pas suffire à l'entier achèvement d'un monument littéraire qui avait toute la hardiesse réunie du *Génie du Christianisme*, des *Etudes historisques* et des *Martyrs*. Des maux cruels, dernière purification réservée à une conscience si pure, suspendirent le travail des deux dernières parties de la *Palingénésie*. Mais son œuvre restera encore comme l'Enéide, la Somme de St Thomas, comme tant de belles cathédrales commencées comme tant de belles œuvres divines que le ciel n'a pas laissé être jusqu'au bout, mais qu'il a assez montrées à la terre pour lui servir de modèle.

Ballanche destiné à s'élever à mesure que l'éloignement des temps détachera mieux sa noble figure, gardera donc la première place à côté de Chateaubriand, dans ce groupe de serviteurs du christianisme qui soutiennent la croix plantée à l'entrée de notre époque. Chateaubriand et Ballanche eurent seuls des âmes égales à la grandeur et à la difficulté des temps. Seuls ils eurent cette gloire de servir avec intelligence un des plus laborieux desseins que la Providence puisse se proposer, celui de lier les âges à l'endroit même où nous en marquons la séparation.

Comme ils ne crurent pas que ce fût trop des deux langages de la philosophie et de la poésie, pour toucher les hommes, ils ne pensèrent pas que ce fût trop de la foi et de la raison pour les éclairer... Puissiez-vous, ô maître divin, avec cette suprême autorité que la mort vous a donnée, achever d'instruire un siècle qui est le vôtre, un siècle promis par vous au Christianisme, et que le Christianisme ne laissera pas périr.

OZANAM.

BARANTE (de)

PUBLICISTE, LÉPUTÉ, PAIR DE FRANCE, AMBASSADEUR, ACADÉMICIEN.

(1782-1866)

> « Depuis l'Evangile, le divin Rédempteur est identifié avec la nature humaine; on a pu écrire sur la porte d'un hôpital : *Christo in pauperibus.* »
> De BARANTE.

M. de Barante, comme son illustre ami Royer-Collard, a couronné sa vie laborieuse par une fin chrétienne.

Prosper Brugière, baron *de Barante* entra à l'école polytechnique et se destina à la carrière administrative. Auditeur au Conseil d'Etat, chargé de missions difficiles en Allemagne, en Pologne et en Espagne, préfet de la Vendée, il obtint un certain succès par son tableau de la *Littérature française pendant le dix-huitième siècle* et fut ensuite nommé préfet de la Loire-Inférieure. A la première restauration il édita les *Mémoires de M*^{me}

de la Rochejaquelin. Sous les Bourbons, il devint conseiller d'Etat, député à la Chambre de 1815 et se rangea parmi les défenseurs de la charte constitutionnelle. Commissaire royal en 1810, pair de France; il s'engagea de jour en jour plus avant dans l'opposition et consacra ses loisirs aux lettres.

De Barante accueillit avec empressement la révolution de 1830, fut nommé ambassadeur à Turin, puis à Saint-Pétersbourg.

Il a fourni des articles à la biographie de Michaud, écrit *l'histoire des ducs de Bourgogne* en 12 vol. qui lui ouvrit l'entrée de l'Académie française, puis des *Mémoires littéraires*.

Enfin il a publié la *Vie politique* de son ami Royer-Collard.

De Barante ne se montra pas toujours religieux, surtout dans la première partie de sa vie. Ce fut vers l'année 1856 qu'il commença de professer des vérités moins opposées aux vérités catholiques. L'expérience, la réflexion et l'étude avaient modifié ses sentiments sur la religion. En 1856, dans son *Discours sur le prix de vertu*, l'éminent écrivain ne craignait pas de faire entendre en pleine Académie française un langage évidemment chréien.

« Le secours accordé au malheur et à la misère ne suffit pas pour que le bienfaiteur soit charitable. « Quand je distribuerais tout mon bien aux pauvres, cela ne me servirait à rien devant Dieu, si je n'ai point la charité. » Ainsi parle l'Apôtre.

Il faut que l'aumône soit inspirée non point par la compassion, non point par un sentiment de convenance ou de justice, mais par sympathie, par affection, par obéissance à la loi divine. « Aimez votre prochain comme vous-même. » C'est le second commandement égal au premier : « Vous aimerez Dieu de toute votre âme. »

« Depuis l'Evangile, aimer et secourir son prochain est devenu un acte de religieuse adoration : le divin Rédempteur s'est identifié avec la nature humaine, ayant accepté ses souffrances et ses misères, on a pu écrire sur la porte d'un hôpital : « *Christo in pauperibus*, au Christ dans les pauvres. »

En publiant peu après la *Vie politique de Royer-Collard*, de Barante accentue davantage ses convictions et fait, des dernières années si chrétiennes de son ami, le plus magnifique tableau, où il ne cherche plus à dissimuler ses sentiments intimes.

M. de Barante, comme son ami Royer-Collard a terminé sa vie si occupée par une fin bien chrétienne. Voici les dernières lignes d'un article du *Correspondant* sur la vie et les ouvrages du savant écrivain.

« Cette existence si digne et si utile approchait de son terme. L'hiver de 1865 et de 1866 ne ramena point à Paris M. de Barante, si scrupuleux dans l'accomplissement de ses devoirs académiques. Ses nombreux amis en tirèrent un fâcheux augure, qui ne devait que trop tôt se réaliser. Le mal s'aggrava rapidement en effet pendant l'hiver de 1866. Le vénérable malade avait reçu avec ferveur les derniers sacrements, et dans la soirée du 21 novembre il expira au milieu des prières de sa famille et dans les bras de la sainte compagne qui avait embelli ses jours prospères et répandu les plus douces consolations sur ses années d'adversité. »

BARBIER (Auguste)

POÈTE, MEMBRE DE L'ACADÉMIE FRANÇAISE
1805-1882

> « J'entends et je veux mourir dans cette foi de ma naissance, que je regarde comme la formule la plus complète du Christianisme. »

Ce poète qui a joui d'une célébrité bien méritée et que beaucoup croyaient mort, lorsqu'il fut élu à l'Académie française le 29 avril 1869, Henri-Auguste *Barbier* était né à Paris le 28 avril 1805. Il venait d'achever ses études lorsque vint la révolution de 1830, qui lui inspira ses *Iambes*, satire qui fit sa réputation, comme la *Curée*, autre satire dans laquelle il flagellait les solliciteurs qui se pressaient autour du nouveau pouvoir.

Bien qu'Auguste Barbier ne se soit pas toujours montré chrétien, il a eu la consolation de reconnaître Dieu quelques mois avant sa mort.

Le *Journal des Débats* avait déjà confirmé cette bonne nouvelle en ces termes : « Je l'avais vu, dit le correspondant, la veille de sa mort que je ne croyais pas si prochaine. Il était extrêmement changé, mais il avait gardé toute sa présence d'esprit. Il jugeait son état avec une lucidité parfaite et une admirable sérénité : « *Je suis en règle et en paix* avec tout le monde, me dit-il, *avec Dieu*, avec les hommes et avec moi-même... »

A son tour, Mgr Perraud, dans son discours de réception à l'Académie française nous apprend que cet acte de foi et de repentir eut lieu près de deux mois avant sa mort. Le 3 janvier, il érivait : « Né dans la foi catholique, apostolique, romaine, j'entends et veux mourir *dans cette foi* de ma naissance *que je regarde comme la formule la plus complète du Christianisme*. Le Christianisme est pour moi la vérité religieuse et me paraît absolument nécessaire à l'éducation du peuple et à la conduite morale des sociétés humaines. » Six semaines après, le poète touchait au terme de sa longue et paisible carrière. Il venait de recevoir les suprêmes secours de la religion dont il s'était proclamé si nettement l'humble disciple. Le moment de la mort approchait.

Il expira le 19 février suivant.

*
* *

Nous ne saurions mieux faire connaître le côté religieux et littéraire de ce poète satirique, qui a toujours cru en Dieu, qu'en reproduisant les vers

4.

qu'il adresse à l'athée, dans son poème intitulé : *Désolation.*

> Ainsi donc, jette bas toute sainte pensée,
> Comme un épais manteau dont l'épaule est blessée,
> Comme un mauvais bâton dont on n'a plus besoin,
> Au premier carrefour, jette-la dans un coin ;
> Puis abaisse la tête, et rentre dans la foule.
> Là, sans but, au hasard, comme une eau qui s'écoule,
> Loin, bien loin des sentiers battus par ton aïeul,
> Dans ce monde jaloux passe et marche tout seul ;
> Ne presse aucune main, aucun front sur ta route ;
> Le cœur vide et l'œil sec, si tu peux, fais-la toute.
> Et quand viendra le jour, où comme un homme las,
> Tout d'un coup, malgré toi, s'arrêteront tes pas.
> Quand le froid de la mort dénouant ta cervelle,
> Dans le creux de tes os fera geler la moelle,
> Alors, pour en finir, si par hasard tes yeux
> Se relèvent encor vers la voûte des cieux,
> Souviens-toi, moribond, que là haut tout est vide :
> Vas dans le champ voisin, prends une pierre aride,
> Pose-la sous ta tête, et sans penser à rien,
> **Tourne-toi sur le flanc et *crève comme un chien.***

BARRAGUEY D'HILLIERS (comte)

MARÉCHAL DE FRANCE

(1795-1878)

> « Il a aimé la France, il
> a connu et aimé Dieu. »
> Le Moine.

Achille comte *Barraguey d'Hilliers*, né à Paris, était fils du général Louis *Barraguey d'Hilliers* qui mourut disgracié par Bonaparte en 1813. Soldat dès l'enfance, il entra en 1807 au Prytanée militaire, en sortit sous-lieutenant, et sa bravoure à la bataille de Leipsich, fut cause qu'il eut à dix-sept ans, le bras gauche emporté par un boulet.

Plus tard, il prit part à l'expédition d'Alger, exerça plusieurs commandements importants sous les divers gouvernements qui se succédèrent jusque vers la fin de sa vie. Toujours fidèle aux principes conservateurs, il ne le fut pas également aux sentiments chrétiens de son enfance : aussi eut-il longtemps des préjugés qu'on crut invincibles contre la religion.

En 1847, son opposition aux idées de Ledru-

Rollin lui valut les suffrages des électeurs modérés du Doubs. Il vota avec la droite. En 1849, appelé à prendre le commandement de l'armée d'occupation des Etats romains, en remplacement du général d'Hautepoul, il vint à Rome et s'y dévoua à la consolidation de l'autorité du pape. Son séjour dans la Ville sainte fit tomber bien des préjugés et ne contribua pas peu à le ramener plus tard à Dieu. Puis il fit la guerre en Algérie, en Crimée et en Italie.

A la suite d'une cruelle maladie, il mourut à Amélie-les-Bains d'un accident de morphine, poison à la mode en médecine, au mois de juin 1878.

La charité pour les autres et l'intérêt qu'il portait à l'armée se sont manifestés jusqu'après sa mort, car il a laissé par testament un legs de vingt mille francs de rente, qui doivent être répartis chaque année entre les officiers blessés, ou nécessiteux, et de pareille somme entre les sous-officiers dans les mêmes conditions.

Il avait beaucoup aimé sa patrie, versé son sang et exposé sa vie sur plus de vingt champs de bataille : il a eu le bonheur plus grand de connaître Dieu, de l'aimer et d'édifier grandement les siens dans les derniers mois de sa vie. Six semaines avant sa mort, il avait demandé M. le Curé d'Amélie-les-Bains et s'était mis en règle avec Dieu, ce qu'il appelait : *faire visiter ses papiers.*

En 1849, après la prise de Rome sur la Révolution, le commandement de la Ville sainte, qui venait d'être enlevé au général Oudinot, parce que celui-ci n'avait pas voulu trahir les intérêts de la papauté, fut confié à Barraguey d'Hilliers. Et comme on venait lui présenter les mêmes exigences, il répondit : « Cette épée que vous voyez là, *j'aimerais mieux la briser que d'obéir à des ordres pareils.* » Il voulait monter la garde au Vatican, il ne voulait pas être geôlier du pape.

Après cette fière et noble réponse, il eut l'honneur d'être rappelé, et Dieu l'en a récompensé en lui donnant la grâce de mourir en bon chrétien.

BARROT. (Odilon)

HOMME D'ÉTAT, MINISTRE, DÉPUTÉ.

(1791-1873)

> « Chaque fois que j'entends réciter ce petit livre j'apprends toujours quelque chose. »
> (ODILON BARROT

« Quelques personnes, dit le comte de Champagny de l'Académie française, ne comprennent pas ce qui se passe, ni d'où viennent ces nombreux retours à l'Eglise, malgré tant d'objections et de difficultés.

Elle est très simple, c'est que *le Catholicisme est la verité.* »

Ces paroles nous reviennent en mémoire lorsque parcourant la vie si agitée par les évènement politique de M. Odilon Barrot, nous constatons que sur la fin de sa carrière, et après tant de déceptions, il revint à la foi de son enfance.

Odilon *Barrot*, né en 1791 dans la Lozère, était à vingt-quatre ans avocat au conseil du roi et à la cour de Cassation.

Préfet de la Seine après 1830, représentant du peuple à la Constituante, chef de l'opposition dynastique jusqu'en 1848, plusieurs fois ministre, il fut en retraite forcée sous l'Empire, dans l'attente de la mort chrétienne qui couronna sa longue existence. Il a écrit des *Mémoires* qui ont paru après sa mort, en 1877.

On se souvient encore de cette parole malheureuse que les événements actuels ne vérifient que trop. Sous la Restauration, il défendait avec ardeur les protestants du Midi : comme il soutenait que la loi doit rester neutre entre tous les cultes :

« La loi est donc athée en France, » s'écria de Lamennais.

« — Oui, elle l'est et elle doit l'être, » répondit l'avocat des protestants.

On se rappelle aussi qu'Odilon Barrot avait conduit Charles X à Cherbourg, assisté au pillage de l'archevêché et de St-Germain l'Auxerrois; qu'il fut mandataire des républicains en 1872, qu'il avait précipité la chute de Guizot et de Louis Philippe, pris une part honorable à la restauration de Pie VI en 1850, enfin préparé en 1870 cette loi de centralisation que la Révolution aujourd'hui triomphante n'a garde d'édicter.

Laissant à d'autres le soin de juger tous ces événements, qui sont surtout du domaine politique, nous dirons que pour nous les deux actes les plus importants de sa vie furent la *restauration de Pie IX*, et *son retour à Dieu.*

Odillon Barrot assuma sur lui la responsabilité de cette restauration dans les explications qu'il porta devant l'Assemblée le 16 Avril 1849 et ne l'obtint pas sans peine.

« Les césariens (1) et les montagnards, alliés dès lors comme ils le sont toujours, intriguaient avec force pour faire avorter l'entreprise. Le parti conservateur ne combattait pas avec moins de résolution. C'est alors que Odilon Barrot prononça cette parole qui résume si heureusement la question du pouvoir temporel : « Il faut que les deux pouvoirs soient unis à Rome pour être séparés partout ailleurs. »

Cet événement, inspiré surtout par la politique, prouve néanmoins que le célèbre homme d'Etat se rapprochait de l'Eglise.

Mais voici ce qui prouve mieux encore combien il avait soif de la vérité religieuse.

Sur la fin de sa vie, dans les nombreuses promenades qu'il avait l'habitude de faire à Villefort, M. Odilon Barrot ne manquait guère de s'informer des heures du catéchisme et d'y assister. Les prêtres qui desservaient alors la paroisse ont vu bien souvent, pendant qu'ils faisaient réciter la lettre du catéchisme, ou qu'ils l'expliquaient, à quelques pas des enfants, leur grave auditeur, sérieux et recueilli, écoutant avec une attention imperturbable.

« Votre présence à notre catéchisme est très

(1) Mgr Justin Fèvre.

flatteuse pour nous, disait un jour à l'ancien ministre le jeune vicaire, mais je dois avouer...
— Qu'elle vous surprend, » répondit M. Od. Barrrot. « Eh bien! M. l'abbé, je vous confesse que ces entretiens ont pour moi un charme inexprimable votre enseignement est plein d'idées justes et saisissantes; *chaque fois que j'entends réciter ce petit livre, j'apprends toujours quelque chose* que je ne connaissais qu'à moitié, ou que je ne connaissais pas du tout, ou que j'avais peut-être oublié. »

Que d'hommes, même savants seraient étonnés d'être si rapprochés de l'Eglise s'ils prenaient la peine de relire leur catéchisme sans préjugés!

Après avoir protesté contre le coup d'Etat du 2 décembre, M. Odilon Barrot, retiré de la vie politique, n'en sortit qu'en 1872 pour accepter la vice-présidence du Conseil d'Etat. Il mourut à Bougival, revenu complètement à Dieu, et fit une fin très chrétienne pour l'édification des catholiques et la confusion de l'impiété!

BAUDRY (Paul)

ARTISTE PEINTRE,
PRIX DE ROME, MEMBRE DE L'INSTITUT

(1828-1886)

> « Ce n'est pas dans mes idées; je n'irai pas à cette cérémonie civile. »
> P. BAUDRY.

En 1886, la mort enlevait à l'art français une de ses gloires les plus pures, un maître vraiment puissant, fort et original, selon l'expression de M. Henri d'Ideville.

« Né à la Roche-sur-Yon en 1828, d'un artisan honnête et estimé, Paul *Baudry* a été le meilleur des fils comme le plus affectueux et le plus dévoué des frères; de même qu'il est toujours resté le plus reconnaissant des élèves pour son premier maître, qui lui avait ouvert les voies de l'art (1)... Et il lui a donné de sa gratitude le plus délicat et le plus magnifique témoignage en s'inscrivant, dans le li-

(1) M. Sartoris, le modeste professeur de dessin de la Roche-sur-Yon,

vret des expositions, comme « Elève de Sartoris », associant ainsi à sa renommée le nom de ce premier guide.

Baudry était un studieux, un méditatif, un penseur. Quand il ne peignait pas, il lisait les poètes, les philosophes, voire même les théologiens, donnant ainsi à son esprit les plus nobles sentiments. Ce laborieux était en conséquence un peu solitaire, un peu sauvage. Ennemi de la banalité en toutes choses, ses relations étaient restreintes, choisies. Sa porte n'était pas ouverte à tout venant, car il savait le prix du temps, et sa mort prématurée est venue attester qu'il avait raison de défendre ses heures de travail contre les oisifs...

Baudry vivait ainsi dans un isolement relatif, entouré seulement d'un petit groupe d'intimes; très retiré quoique très parisien, ne se gaspillant pas dans les réunions mondaines, avare de son temps, comme s'il eût pressenti que le temps lui manquerait pour achever de nous dire le poème qu'il avait dans l'âme... Il aura eu en mourant l'immense tristesse de n'avoir pas tout dit, de laisser inachevée l'œuvre qu'il caressait dans le fond de son cœur et de sa pensée depuis seize ans, depuis nos revers, sa *Jeanne d'Arc*, dans laquelle il voulait exprimer l'espérance de *son ardent patriotisme et sa foi de croyant*.

« Je m'isole et me dérobe le plus que je puis », écrivait-il à un éminent artiste vendéen, M. O. de Rochebrune.

Son nom ne devint tout à fait populaire que lorsque furent exposées ses grandes peintures du foyer de l'Opéra. Il éclata alors comme une fanfare, les journaux le répétèrent à l'envi ; et la foule qui ne se laisse prendre qu'aux grandes images, s'aperçut enfin ou crut s'apercevoir de tout le talent que, depuis longtemps, les artistes et quelques critiques avaient salué chez le jeune maître (1). »

.*.

Les lettres de Paul Baudry révèlent une ardeur au travail qui est souvent la marque du génie et que l'artiste devait conserver sa vie entière. Aussi dès sa jeunesse ne s'était-il point laissé séduire par les attraits de la capitale : au lieu de chercher à Paris des distractions et des plaisirs, il n'avait songé qu'à ses chères études, et il affirmait avec raison que cette vie laborieuse est une condition de succès.

Mais ces lettres révèlent autre chose : c'est que, comme Hippolyte Flandrin et tant d'autres, il fut aux prises avec la gêne. On sait, en effet, quelles difficultés inouïes, Baudry rencontra au début de sa carrière. « Bien que le cri de Corrège fût sorti de son âme enthousiaste, le rêve qu'il avait formé allait s'évanouir, car il était dénué des ressources suffisantes (2). » Son talent cependant grandit au

(1) M. Halgan, sénateur de la Vendée.
(2) H. d'Ideville.

milieu des difficultés matérielles bien capables de décourager un caractère moins bien trempé que le sien, et de privations qu'il supporta avec autant de noble fierté que de forte résignation. Cette lutte et cette gêne des premières années sont communes à beaucoup d'artistes, mais ce qui est plus rare c'est de les voir conserver, à l'époque des grands succès, les habitudes modestes et sévères auxquelles les avait astreints la nécessité.

Pour Baudry, même quand il habite le palais du Pincio, à Rome, dans tout l'éclat de sa renommée, « il travaille sans relâche ; il passe toutes ses journées à la chapelle sixtine. Il a vraiment le feu sacré, celui-là. On sent à le voir qu'il en est dévoré. Si l'art pleure encore Flandrin, nous avons dans Baudry un jeune maître qui saura le remplacer et le dépasser sans nul doute. Il ne voit absolument personne. Baudry ne sort de l'Académie que pour aller au Vatican, et c'est à peine si sa présence est connue à Rome... Sa nature un peu délicate, un peu sauvage, répugnait aux banalités du monde, et rien ne pouvait l'arracher à son recueillement et à ses travaux (1).

C'est que Baudry avait bien compris cette parole d'un autre maître, M. Ingres : « Pour vous former au beau, ne voyez que le sublime, ne regardez ni à droite ni à gauche, encore moins en bas. Allez, la tête levée vers les cieux au lieu de la tenir

(1) A. Bonnin.

courbée vers la terre. » Et il fuyait, en effet, tout ce qui pouvait avilir son beau talent.

.*.

Avec ce culte du Beau, Baudry devait demeurer fidèle à la vérité, et bien qu'il ne pratiquât pas tous ses devoirs religieux, il ne cachait pas ses convictions et savait les faire respecter dans les milieux les moins favorables où il se trouvait. Il n'eût pas permis qu'en sa présence on attaquât Dieu, ce que constate H. d'Ideville.

Tout le monde sait ce que pensait en religion Edm. About, un ami intime de Baudry. Or l'influence que celui-ci savait exercer sur l'impie About était incontestable et singulière. « Devant Baudry, chose bizarre, About si peu soucieux de blesser qui que ce soit, s'abstenait momentanément de traîner sur la claie et dans la boue deux êtres *qu'aimait sincèrement Baudry*, mais pour lesquels lui About, éprouvait une aversion particulière et invétérée : *le bon Dieu d'abord*, puis ensuite Beulé, l'ancien camarade de l'école d'Athènes. C'est de Baudry lui-même que je tiens ce curieux détail (1). »

Nous avons la confirmation de ces sentiments de notre grand artiste dans un trait, qui nous a été rapporté par une personne de sa famille qui lui était chère.

(1) *Journal d'un diplomate.*

Un ami de Paul Baudry était mort dans des sentiments notoires d'hostilité religieuse, une manifestation d'impiété fut résolue par quelques amis du défunt en quête de scandales, et Baudry y fut invité par l'un d'eux.

La réponse ne se fit pas attendre : « Ce n'est pas dans mes idées, je n'irai pas à cette cérémonie civile. » Et il n'y fut pas, voulant demeurer fidèle, malgré les liens de l'amitié, à ses croyances religieuses.

Après cela, comme le proclamait un orateur sur sa tombe, « est-il étonnant que jusqu'au bout, il se soit incliné avec respect devant le Dieu qu'adoraient ses pères! Ah! nous comprenons maintenant pourquoi l'éminent artiste était hanté, sans relâche, par l'image de Jeanne d'Arc, pourquoi il souhaitait si vivement, avant que la mort ne vîn refroidir sa main, reproduire l'épopée de la grande et chrétienne héroïne, » dans laquelle il voulait en quelque sorte, condenser toute l'étendue de son ardent patriotisme et de sa foi de croyant. Nous comprenons enfin, qu'à son heure dernière, il ait reçu avec empressement, par le ministère d'un vicaire de Notre-Dame-des-Champs, les consolations de cette religion qu'il avait aimée et fait respecte toute sa vie. »

BAUTAIN

PHILOSPHE ET LITTÉRATEUR,
DOCTEUR ES-LETTRES, ES-SCIENCES, EN DROIT, EN MÉDFCINE, EN THÉOLOGIE

(1790-1867)

> « Et moi aussi je me suis cru philosophe... Un livre m'a sauvé, mais ce n'était pas un livre sorti de la main des hommes. »
>
> BAUTIN.

Né à Paris, le 17 février 1790, Louis Marie *Bautain* reçut une éducation très soignée au point de vue intellectuel, mais incomplète au point de vue religieux, à cette époque où l'on sortait de la période révolutionnaire et où l'enseignement religieux n'était pas encore fortement organisé.

Sa rare aptitude pour *toutes* les connaissances, sa passion de l'étude et ses brillants succès classiques le déterminèrent à entrer dans la carrière de l'enseignement. A dix-sept ans, il entrait à l'école normale où il eut pour professeur ou condisciple Cousin et Joffroy qu'il étonnait par son aptitude extraordinaire aux sciences et aux lettres. Aussi à vingt ans, il professait la philosophie au lycée de Strasbourg, et peu après il l'enseignait à la faculté même de cette ville où il attirait l'élite de la jeunesse studieuse.

Déiste au sortir du collège, il chercha la vérité dans les ouvrages des libres-penseurs français et allemands, mais son esprit si droit ne pouvait se contenter d'une philosophie rationaliste ou matérialiste, qui eût suffi à des intelligences moins saines. Amené à chercher ailleurs la vérité, il la trouva où Dieu l'a placée pour le salut de tous : ce fut sur les hauteurs du Christianisme, et comme son âme était ardente et généreuse, il se jeta tout entier dans les bras de la Religion.

M. Bautain a raconté lui-même sa conversion dans les lignes suivantes.

* *

« Et moi aussi je me suis cru philosophe, parce que j'ai été amateur de la sagesse humaine, admirateur des vaines doctrines. J'ai cru comme beaucoup d'autres, que la mesure de l'absolu et du possible se trouve dans ma raison, et que ma volonté était sa loi elle-même. J'ai cherché la vérité en moi, dans la nature et dans les livres; j'ai frappé à la porte de toutes les écoles humaines; je me suis abandonné à tout vent de doctrines, et je 'ai trouvé que ténèbres et incertitudes, vanités et contradictions. Grâce au ciel, je n'ai jamais pu pactiser avec les doctrines dégradantes du matérialisme, ni me rouler systématiquement dans la fange. Mais j'ai été idolâtre de la beauté, esclave de l'imagination, et au milieu des prestiges de l'art et de l'enchantement des images, mon âme est restée vide et affamée. Alors j'ai raisonné avec Aristote, j'ai voulu refaire mon entendement avec Bacon; j'ai douté méthodiquement avec Descartes, j'ai essayé de déterminer avec Kant ce qu'il m'était possible et permis de connaître; et le résultat de mes raisonnements, de mon renouvellement, de mon doute méthodique et de ma critique, a été que je ne savais rien et que peut-être je ne pourrais rien savoir. Je me suis réfugié avec Zénon dans mon for intérieur, dans ma conscience morale cherchant le bonheur dans l'indépendance de ma volonté, je me suis fait stoïcien. Mais ici encore je me suis trouvé sans principe, sans direction, sans but, et de plus sans nourriture et sans bonheur, ne sachant que faire de ma liberté et n'osant l'exercer de peur de la perdre. Je me suis tourné vers Platon; ses spéculations sublimes ont élevé mon esprit comme sur des ailes, j'espérais arriver par ses idées à la contemplation de la vérité pure, de la beauté éternelle. J'étais enflé de sciences et d'idées; j'ai appris à discourir magnifiquement sur le bien, mais je ne savais pas le pratiquer. Je pressentais beaucoup, je voyais peu, et je ne goûtais rien, je n'étais ni meilleur ni plus heureux pour être savant; et au milieu de mes rêves de vertu et de perfection, je sentais toujours dans mon sein l'hydre vivante de l'égoïsme qui se riait de mes théories et de mes efforts. Dégoûté des doctrines humaines et doutant de tout, et croyant à peine à ma propre raison, ne sachant que faire de moi et des autres au milieu du monde, je périssais consumé par la soif du vrai, dévoré par la faim de la justice et du bien, et ne les trouvant nulle part !

Un livre m'a sauvé, mais ce n'était pas un livre sorti de la main des hommes ! Je l'avais longtemps dédaigné, et je ne le croyais bon que pour les crédules et les ignorants. J'y ai trouvé la science la plus profonde de l'homme et de la nature, la morale la plus simple et la plus sublime à la fois. *J'ai lu l'Evangile de Jésus-Christ avec le désir d'y trouver la vérité*, et j'ai été saisi d'une vive admiration, pénétré d'une douce lumière qui n'a pas seulement éclairé mon esprit, mais qui a porté la chaleur et la vie au fond de mon âme. Elle m'a comme ressuscité. Les écailles sont tombées de mes yeux. J'ai vu l'homme tel qu'il est, et tel qu'il doit être ; j'ai compris son passé, son présent, son avenir ; et j'ai tressailli de joie en retrouvant ce que la religion m'avait enseigné dès l'enfance, en sentant renaître dans mon cœur la foi, l'espérance et la charité. »

***

Ce changement intérieur opéré dans le professeur de la faculté de Strasbourg ne tarda pas à se produire dans son enseignement, qui devint tout chrétien. Ce ne fut plus un système arbitaire de philosophie humaine, mais la vérité chrétienne et divine sous une forme humaine et scientifique. « Sa parole chaude de vie et de charité, dit le P. Huguet, va toucher et remuer tous les cœurs qui s'ouvrent à sa douce et puissante influence. Déjà de nombreux élèves se pressaient autour de leur maitre. Maintenant ils s'attachent à lui du fond de leur âme, parce qu'il les attache à Dieu. Instruire et guérir les âmes, tel était son but. » Ces premières conquêtes de son apostolat de la chaire de philosophie furent Adolphe Carl de Strasbourg, Théodore Ratisbonne, Isodore Goschler, Jules Lewel, tous trois avocats israélites, tous convertis par lui, et Nestor Lewel et plusieurs autres personnages remarquables par leur position ou leur influence.

Non content de guérir les âmes, M. Bautain veut aussi soulager les corps, et déjà docteur ès sciences, ès lettres, en droit, il étudie la médecine, ce qui n'était pour lui qu'un jeu, et se fait recevoir docteur.

Puis ne pouvant s'arrêter en si beau chemin et ne faisant rien à demi, il prend la résolution de devenir prêtre. Il s'en ouvre à de puissants amis qui s'efforcent de l'en détourner. Ceux-ci lui montrent sa carrière si brillante, si pleine d'avenir **tout à coup interrompue, lui font les offres les** plus séduisantes : mais toutes ses promesses ne le peuvent tenter. Il a compris la vérité; il sait ce qu'elle demande de lui ; il est décidé à sacrifier, s'il le faut, son avenir humain à ses destinées éternelles : il ira jusqu'au bout.

A cette époque où tout lui souriait dans la vie et où d'un autre côté, il voyait le clergé de France dénigré et calomnié, il ne lui a pas fallu un faible courage pour se destiner au sacerdoce.

* * *

Le voilà lancé dans de nouvelles études : celles des Livres saints et de la théologie. Avec ce qu'il a appris déjà, M. Bautain embrasse presque l'universalité des sciences humaines, et ce qu'il y a d'étonnant chez lui, c'est cette merveilleuse facilité à les acquérir toutes et à les enseigner. Il poursuit et obtient son quintuple diplôme de docteur : celui de théologie. « C'est sans doute, dit le P. Huguet, un fait unique dans les annales de l'esprit humain. L'étendue du savoir ne nuisait en rien à sa profondeur. Explorez tous les replis de son intelligence, disséquez ses nombreuses productions, et vous n'y trouverez jamais rien de superficiel, jamais rien de banal. »

Après avoir reçu la consécration sacerdotale en 1820, M. Bautain est nommé chanoine de Strasbourg par son évêque, qui avait bien senti tout le prix d'une si belle conquête, puis directeur du petit séminaire.

Conformant sa vie à ses croyances, le nouveau prêtre édifia le clergé par ses vertus, comme il avait étonné les laïques par son savoir; et quand il émit dans ses enseignements des doctrines exagérées sur le fidéisme, le naturalisme et les droits de la raison et de la foi, sans le conseil de son évêque il part pour Rome, où elles furent censurées par le Pape.

Il se soumit avec l'humilité d'un véritable enfant de l'Eglise. « Nous quittâmes Rome, dit-il, le cœur large et léger, comme il arrive toujours quand on accomplit un devoir. »

En 1828, M. Bautain est nommé doyen de la faculté des lettres de Strasbourg, où il demeura onze ans. Comme il occupait en même temps une grande partie de l'activité de son esprit à la direction du célèbre collège de Juilly, il interrompit son cours et eut pour suppléant M. Ferrari, aujourd'hui député au parlement italien et M. Janet, depuis professeur à la Faculté des lettres de Paris.

En 1848, il fit à Notre-Dame une série de conférences sur l'accord de la religion et de la liberté. En 1849, Mgr Sibour, l'appela à prendre part à l'administration du diocèse de Paris, et lui donna les pouvoirs de vicaire-général. En 1853, il se chargea du cours de théologie morale à la Sorbonne et sa chaire fut entourée de toute la jeunesse studieuse des écoles. Il y enseigna pendant dix ans, s'occupant toujours du collège de Juilly, et s'appliquant à former une foule de brillants esprits, de bons chrétiens et de bons citoyens, car jamais il n'a séparé de son cœur l'amour de l'Eglise de celui de la France.

.*.

Le trait qui caractérise M. Bautain, « c'est un rare et imposant ensemble de talents variés, dont un seul aurait suffi pour distinguer un homme. Il était à la fois philosophe profond, écrivain élégant, controversiste éprouvé, orateur correct, moraliste plein de finesse, théologien érudit, professeur consommé. Ses écrits sont nombreux et embrassent presque tout le cercle les connaissances humaines. Tous ont un but élevé et pratique; tous sont faits avec science et conscience. Sa figure pleine de majesté et de noblesse, son regard serein et pénétrant, son attitude à la fois austère et bienveillante commandaient le silence et le respect. Au nombre de ses auditeurs les plus assidus, on remarquait l'élite de la société actuelle (1). »

Un de nos doctes professeurs de la Faculté des lettres de Paris lui a rendu ce beau témoignage en disant : « Bautin, *c'est notre maître à tous.* »

Comme s'il avait prévu sa mort prochaine, M. Bautain s'était démis de ses fonctions de directeur de la maison de Juilly, et avait fait une retraite

(1) P. Huguet

spirituelle, prêchée par le P. Olivaint assassiné plus tard sous la Commune, lorsque le 15 octobre suivant, il fut pris d'une crise qui l'emporta ce jour même. Il se confessa avec une piété extraordinaire, baisa trois fois le crucifix en faisant le sacrifice de sa vie, reçut les derniers sacrements, et s'éteignit une heure après, plein d'espoir et de confiance en Dieu, conservant jusqu'à la fin la plénitude de son intelligence.

En M. Bautain, le clergé de Paris et l'Eglise de France perdirent une de leurs plus pures illustrations, la science et les lettres, un de leurs représentants les plus justement renommés.

BARTH

DOCTEUR-MÉDECIN DE L'ACADÉMIE DE MÉDECINE
(1812-1877)

> « Il est mort tenant dans
> ses mains le crucifix. »
> A. B.

Né en 1812 à Sarreguemines (Moselle) il fut reçu interne des hôpitaux de Paris en 1822, puis chef de clinique de Chomel à l'Hôtel-Dieu. Entré à l'Académie en 1854, il demeura quelques années médecin de l'Hôtel-Dieu. Il était membre de plusieurs sociétés savantes, et chevalier de la Légion d'honneur. On a de lui plusieurs travaux importants sur la médecine et sur l'histoire médicale du choléra. M. Thiers l'estimait beaucoup, il se l'était attaché en qualité de médecin, à cause de la conformité de leurs idées. La mort de cet homme d'Etat arrivée en 1877, le frappa profondément. — Cet événement modifia ses idées religieuses, car il crut y voir la main divine et partit pour Rome. Ce fut là qu'il revint complètement à Dieu. Quelque temps après, éprouvé par une longue et cruelle maladie, il reçut plusieurs fois la sainte Eucharistie.

« Ainsi, on comprend facilement, dit le docteur Decaisne; que quand vint la mort, toute la troupe sacrée des vertus qui veillaient pour ainsi dire autour de lui, comme dit Bossuet, en avaient banni les frayeurs. Calme, vaillant et résigné, M. Barth est mort bravement, tenant dans sa main le crucifix, assisté de sa femme et de ses enfants. Il s'est éteint consolé et fortifié par les espérances éternelles, et plein de confiance dans les promesses de Celui qui tient compte d'un verre d'eau donné en son nom. M. Barth laisse un fils dont les débuts dans la carrière ont été marqués par un éclatant succès. Elevé à une pareille école, le fils sera digne du père. »

BASTIAT

ÉCONOMISTE ET DÉPUTÉ
(1801-1850)

> « La vérité ! je la comprend maintenant. »
> (*Sa dernière parole.*)

La veille de Noël 1850 dans une modeste chambre, à Rome, mourait un homme éminent, un Français représentant de son pays à l'Assemblée législative, Frédéric *Bastiat*, que ses talents et ses travaux sur l'économie sociale avaient rendu célèbre dans toute l'Europe.

Né à Mugron, sur les bords de l'Adour, 29 juin 1801, il était orphelin dès l'âge de neuf ans. Elevé par une digne tante qui lui servait de mère, il fut confié à un prêtre, l'abbé Meillan, directeur d'un petit collège de Bayonne et plus tard envoyé à Saint-Séver, puis à Sorrèze où l'on peut voir son buste, à côté de ceux de Lapeyrouse, de Caffarelli, de La Rochejacquelin et de Lacordaire. C'est dire qu'il fut élevé chrétiennement, mais jeté bientôt dans un milieu sceptique, il perdit de bonne heure ses idées religieuses.

Dès l'âge de dix-neuf ans, le doute et ses incertitudes commencent à torturer son cœur : « Une chose qui m'occupe le plus sérieusement à cette époque, c'est la philosophie et la religion. Mon esprit se refuse à la foi et mon cœur soupire après elle. » Et encore : « Mon état est insupportable. » Cependant il reconnaît la nécessité de la religion pour gouverner le cœur. « Outre ces avantages, la religion en a un autre qui n'est pas moindre : l'incrédule est dans la nécessité de se faire une morale, puis de la suivre. Quelle perfection dans l'entendement, quelle force dans la volonté lui sont indispensables ! Et qui lui répond qu'il ne devra pas changer demain son système d'aujourd'hui. L'homme religieux au contraire à sa route toute tracée. Il se nourrit d'une morale toujours divine. »

C'est pour avoir oublié ce qu'il exprime si bien, que nous avons à déplorer plus tard de grandes faiblesses dans la vie de Bastiat. « Disons seulement qu'en vue de le fixer et de le guérir, on le maria à Mugron, qu'on le maria par surprise, que son honnêteté lutta, sa franchise protesta, qu'il consentit enfin (1). »

Il trouva heureusement près de lui dans cette bourgade un ami capable de le consoler, sinon de le relever ; c'était Félix Coudroy, ami d'enfance de Bastiat, son condisciple de Saint-Séver; avocat à Mugron, qui, économiste comme lui, partageait ses

(1) M. Baunard.

idées générales et ses goûts. Un seul point les séparait, et c'était tout à l'honneur de M. Coudroy. Lorsque les deux jeunes gens se retrouvèrent en sortant, l'un de l'école de droit de Toulouse, l'autre des cercles de Bayonne, et qu'on se mit à parler d'opinions et de principes, chacun y apporta la doctrine d'écoles différentes, l'un de l'école catholique, l'autre de l'école philosophique et révolutionnaire. C'était souvent de longues discussions, fécondes pour tous deux. Preuve incontestable de l'influence qu'une vraie et sincère amitié peut exercer sur la vie d'un homme. Toujours les idées de Coudroy laissaient dans l'âme de Bastiat de salutaires impressions.

*
* *

Mais survient la Révolution de 1830, qui avec ses violences impies n'était guère de nature à abaisser cette tête superbe sous le joug de la foi. Bastiat fut pris de la fièvre révolutionnaire. Ses lettres d'alors ne respirent que l'ivresse d'une fausse liberté.

Au reste, il ne tarda guère à être déçu en ses espérances. Il était venu à Bayonne s'exposer à de patriotiques dangers, pour vaincre ses frères en révolution ou mourir avec eux : il avait même rédigé une proclamation à ses concitoyens qui devait rester en poche.

Mais il y trouve de quoi refroidir singulièrement

son ardeur : ce ne sont que joyeux compères, avides de chants et de vin, point de sang.

Enfin satisfait d'avoir vu le drapeau tricolore flotter à la citadelle et d'avoir fraternisé avec la garnison, il s'en retourne à Mugron comme il était venu, après une expédition dont le vin, les liqueurs et Bérenger ont fait seuls les frais. Adieu, tout est fini, écrit-il à un ami, je repars sur-le-champ. La proclamation que j'ai faite a été inutile. Tu ne la recevras donc point : elle ne vaut pas les deux sous qu'elle te coûterait.

Cette révolution laissa cependant en lui de funestes traces, dont ses paroles et ses écrits porteront l'empreinte à l'avenir.

Bastiat fut le théoricien de la liberté en tout genre. La liberté commerciale à laquelle il a attaché son nom, n'est que l'une des conquêtes qu'il voulait assurer à la société moderne. Il commença à révéler ses idées dans le *Journal des Economistes*. L'heure féconde avait sonné pour lui. Alors parurent les *Sophismes économiques*, puis *Cobden et la Ligue* avec une introduction à laquelle l'Institut de France répondait par un diplôme de membre correspondant.

En 1846, il devint fondateur de la Société des *Economistes de France*. Il avait besoin de cette association pour répandre partout des idées que vingt ans d'études et de méditations avaient amassées.

Elu secrétaire général de cette société Bastiat,

en était l'âme. A la plume, il joint la parole. Bordeaux, Marseille, le Havre, Lyon l'entendent exposer ses principes économiques. Il n'était pas orateur cependant; sa voix était sourde et voilée; son geste peu animé. Mais sa parole, dit M. de Molinari, était spirituelle ; sa physionomie expressive et son accent empreint d'une conviction si forte que l'auditoire oubliait les imperfections de l'orateur, en applaudissant au style de l'écrivain, et en se laissant gagner à la conviction communicative de l'apôtre. Enfin il vint à Paris. « Paris et lui furent étonnés de se rencontrer », dit l'un de ses panégyristes. « Je sens, dit-il lui-même, que cette superbe Babylone n'est pas ma place, et il faut que je me hâte de rentrer dans la solitude. »

*
**

Nous avons dit qu'il voulait toutes les libertés. Il voulait surtout celle de l'enseignement, et s'il eût vécu de nos jours, il aurait rougi pour son parti du mépris qu'on en fait. Comme il eût élevé fièrement la voix en faveur de cette liberté de l'enseignement et rejeté le monopole universitaire comme il rejetait le monopole commercial !

L'enseignement est-il donc dans les attributions de l'Etat? Est-il du domaine de l'activité privée? Vous devinez ma réponse. *Le gouvernement n'est pas institué pour asservir nos intelligence, pour absorber les droits de la famille.* Et il a une excellente raison pour refuser à l'Etat ce droit. Le monopole de l'instruction ne saurait être raisonnablement confié qu'à *une autorité reconnue infaillible*. Hors de là, il y a des chances infinies pour que l'erreur soit uniformément enseignée à tout un peuple... *Le monopole universitaire n'est compatible qu'avec l'infaillibilité.*

Quelle leçon pour ces faux libéraux qui nous arrachent la liberté de l'enseignement et refusent à Dieu l'infaillibilité pour l'attribuer aux docteurs de l'erreur et du doute.

Malheureusement Bastiat va plus loin. N'en est-il pas en religion comme en économie politique? Et n'a-t-on pas le tort de chercher la solution d'une unité factice, inspirée, intolérante, persécutrice, socialiste, incapable d'ailleurs de vérité! L'unité en toutes choses est la consommation suprême, le point vers lequel gravitera éternellement sans jamais l'atteindre, l'esprit humain. D'après cela, que l'Eglise s'arrange pour se fusionner, si elle peut, avec les sectes dissidentes, mais qu'elle ne prétende à aucune autorité sociale.

Nous n'avons pas affaire ici à un fervent catholique. On voit qu'il y a en lui un mélange de vrai et de faux, de bien et de mal, de principes erronés et de bonnes intentions dont se compose le libéralisme.

Sur le même sujet, après avoir été élu à l'Assemblée constituante en 1848, il écrivait le 24 juin :
« Ce qui travaille la société, c'est une erreur mani-

feste qui ira jusqu'au bout... Puisse la France ne pas devenir une Turquie! »

Une *Turquie*, c'est-à-dire une société dans laquelle tout est à l'Etat, pour l'Etat et par l'Etat; n'est-ce pas ce que la France est devenue en 1889?

Bastiat, le 29 février suivant, prédit ce danger qui nous menaçait dès lors : « Depuis six ans, des fausses doctrines fort en vogue, nourrissent les classes laborieuses d'absurdes illusions. Elles sont maintenant convaincues que l'Etat est obligé de donner du pain, du travail, de l'instruction à tout le monde... Je n'ai pas besoin de dire l'avenir que cela vous prépare. »

.*.

Mais un danger d'un autre genre vint préoccuper Bastiat, et l'arrêter dans ses travaux; c'était l'état de sa santé. Dès 1846 il s'en plaint à son ami Richard Cobden : « Si je jette un regard sur moi, je sens des larmes de sang me venir aux yeux. Ma santé ne me permet pas un travail assidu... Mais que servent les plaintes et les regrets? » Désormais ces mêmes plaintes se retrouvent dans la plupart de ses lettres à ses intimes et empoisonneront sa vie. Il sent que la cause à laquelle il s'est voué, va mourir avec lui; s'il ne peut tuer le monopole, le monopole le tuera : « Le monopole ou votre ami auparavant au Père-Lachaise. »

Il ne prend désormais que peu de goût à l'existence.

l'état de la gloire terrestre va s'effacer à ses yeux; la gloire céleste en brillera plus vive, et les nobles aspirations vont remplir son âme, et couleront de sa plume : l'influence de son ami Coudroy se fait sentir. Il écrivait alors au sujet de son bel ouvrage, *Harmonies économiques* : L'idée dominante de cet écrit est religieuse, l'harmonie des intérêts est religieuse. Elle nous dit que ce n'est pas seulement la mécanique céleste, mais la mécanique sociale qui révèle la sagesse de Dieu... Ce qui me donne du cœur, ce n'est pas le *non omnis moriar* d'Horace, mais la pensée que peut-être ma vie ne serait pas inutile à l'humanité. »

Et cette belle page qu'on pourrait intituler le *Credo de l'Economiste* chrétien, et qui mériterait d'être écrite en lettres d'or : « Jeunes gens, dans ces temps où un douloureux scepticisme semble être l'effet et le châtiment de l'anarchie des idées, je m'estimerais heureux si la lecture de ce livre faisait arriver sur vos lèvres ce mot si consolant, ce mot d'une saveur si parfumée, ce mot qui n'est pas seulement un refuge, mais une force, puisqu'on dit de lui qu'il remue les montagnes, ce mot qui ouvre le Symbole des chrétiens : *Je crois*. *Je crois* que Celui qui a arrangé le monde matériel, n'a pas voulu rester étranger aux arrangements du monde social. *Je crois* qu'Il a su combiner et faire mouvoir harmonieusement des agents libres aussi bien que des molécules inertes. *Je crois* que sa Providence éclate autant, si ce n'est plus, dans les lois auxquelles il a soumis les intérêts et les volontés que dans celles qu'il a imposées aux pesanteurs, et aux vitesses. *Je crois* que le mal aboutit au bien et le provoque, tandis que le bien ne peut aboutir au mal, d'où il suit que le bien doit finir par le dominer... *Je crois* ces choses, non parce que je les désire, et qu'elles satisfont mon cœur, mais parce que mon intelligence leur donne un assentiment réfléchi. — Ah! si jamais vous prononcez cette parole : *Je crois!* vous serez ardent à la propager, et le problème social sera bientôt résolu. »

Bastiat n'a pu faire paraître le second volume de ses *Harmonies*, mais il a laissé quelques fragments posthumes, composés dans les dernières années de sa vie, qui montrent bien que l'étude, la rectitude de son esprit et aussi la grâce de Dieu modifiaient ses jugements.

Lui que révoltait autrefois le mal moral, et dont il faisait une objection contre Dieu, parce qu'il rejetait la chute de l'homme, il admet ce fait indiscutable. « Nous n'avons pas à discuter ici le péché originel, mais ce dont Voltaire se moquait, c'est-à-dire la loi de la solidarité est un fait non moins incontestable que mystérieux. Il faut par là reconnaître tout l'aveuglement de l'esprit de secte ou toute l'ardeur d'une lutte obstinée. »

Il va plus loin encore; l'acte de foi qu'il demande pour ce dogme originel, il le demande pour tout dogme si mystérieux qu'il soit : « La foi est le complément nécessaire de nos destinées. Elle est le seul lien possible entre la créature et le Créateur, puisqu'il est, et sera toujours, pour la raison le Dieu incompréhensible. »

Sa raison ne s'effraye donc plus du mystère; il est revenu de la religion du scepticisme. Mais un écueil nouveau s'était dressé devant lui dans sa route vers la foi catholique, écueil formidable entre tous, et qu'a rencontré plus d'un lecteur de ces pages; aussi donnerons-nous l'objection et la réponse dans toute leur force. Il s'agit de l'objection tirée du progrès indéfini de la science moderne, qui faisant tous les jours de nouvelles conquêtes, recule sans cesse les frontières de l'inconnu, tellement que beaucoup d'esprits modernes prévoient (à tort) le jour où il n'y aura plus de mystères, et où toute religion aura disparu. Citons Frédéric Bastiat :

« Quand l'homme est affecté par quelque phénomène, il en cherche la cause, et s'il la trouve, il la nomme. Puis il se met à chercher la cause de cette cause, et ainsi de suite, jusqu'à ce que ne pouvant plus remonter, il s'arrête et dise : *c'est Dieu, c'est la volonté de Dieu.* Voilà notre *ultima ratio.* Cependant, ce temps d'arrêt de l'homme n'est jamais que momentané. La science progresse, et bientôt cette seconde, ou troisième ou quatrième cause, qui était restée inaperçue se révèle à ses yeux et alors la science dit : cet effet n'est pas dû, comme on le croyait, à la volonté immédiate de Dieu, mais à cette cause naturelle que je viens de découvrir. Et l'humanité, après avoir pris possession de cette découverte, se contentant, pour ainsi dire, de déplacer d'un cran la limite de sa foi, se demande quelle est la cause de cette cause. Et ne la voyant pas, elle persiste dans son universelle explication : C'est la *volonté de Dieu*. Et ainsi pendant des siècles indéfinis, dans une succession innombrable de révélations scientifiques et de foi.

« Cette marche de l'humanité doit paraître aux esprits superficiels, destructive de toute idée religieuse; car n'en résulte-t-il pas qu'à mesure que la science avance, Dieu recule! Et ne voit-on pas clairement que le domaine des intentions finales se rétrécit à mesure que s'agrandit celui des causes naturelles? »

Voilà, dit M. Baunard, la grande séduction des esprits de nos jours. Il l'a connue, sans doute, celui qui vient de la mettre dans cette vive clarté; mais aujourd'hui le charme est tombé de ses yeux, et le fantôme s'évanouit devant ce raisonnement: « Malheureux, s'écrie-t-il, malheureux, sont ceux qui donnent à ce beau problème une solution si étroite! Non, il *n'est pas vrai qu'à mesure que la science avance, Dieu recule*; bien au contraire, ce qui est vrai, c'est que cette idée grandit, s'étend et s'élève dans notre intelligence. Quand nous découvrons une cause naturelle là où nous avions cru voir un acte immédiat, spontané, surnaturel de la volonté vine, est-ce à dire que cette volonté est absente ou indifférente ? Non certes ; tout ce que cela prouve, c'est qu'elle agit par des procédés différents de ceux qu'il nous avait plu d'imaginer. Tout ce que cela prouve, c'est que le phénomène que nous regardions comme un accident dans la création occupe sa place dans l'universel arrangement des choses, et que tout, jusqu'aux effets les plus spéciaux, a été prévu de toute éternité dans la pensée divine (1)!... »

.*.

C'est à Rome, en 1850, où l'état déplorable de sa santé l'avait conduit, que Dieu attendait cette âme pour la frapper, et la jetant à ses pieds lui faire pousser ce cri : *Quis es tu, Domine*? Il cherchait dans la Ville sainte la santé du corps, et Dieu lui donna celle de l'âme. Comment cela s'est-il fait? Que s'est-il passé? Nous l'ignorons. Mais les nuages, qui hier encore obscurcissaient sa foi, sont dissipés à Rome. « Ne serait-ce pas, parce que, à Rome on touche pour ainsi dire la présence réelle de Dieu dans son Eglise, comme s'exprime J. de Maistre, ou comme on a dit encore, qu'ailleurs on croit à l'Eglise, mais que là à Rome, on la sent? Or telle était l'impression qui, de l'aveu de Bastiat, s'était emparée de lui dans la ville des martyrs, des docteurs et des papes (2).

(1) *Harmonies*, chap. xxv. fin.
(2) *M. Baunard*, ouvrage cité.

« Ce qui me frappe le plus, écrit Bastiat, de Rome, c'est la solidité de la tradition chrétienne et l'abondance des témoignages irrécusables. » Il y revient quelques temps après comme à un point capital et décisif pour lui : « Ce qui m'a le plus frappé c'est la solidité de la tradition des martyrs. Ils sont là, on les voit, on les touche; il est impossible de les nier. » Et monsieur Paillotet négociant de Paris, qui avait compris les devoirs de l'amitié, au point de venir assister le malade à Rome, dans les derniers jours de sa vie, a soin d'ajouter : « J'étais étonné de la profondeur comme de la lucidité de ses explications. Vers la nuit, il m'a parlé de Rome au point de vue religieux. Son langage était plein d'onction. »

Un autre ami plus précieux pour lui en ce moment suprême, l'assistait de ses conseils et le soutenait de son affection; c'était l'abbé Eugène de Montclar, son cousin et son ancien compagnon d'études, qui avait quitté le haut commerce pour faire son droit. Après être resté deux ans avoca au barreau de Bayonne, il était entré à Saint-Sulpice, puis devenu prêtre, et avait longtemps professé la morale et l'Ecriture sainte, il avait obtenu de ses supérieurs de voyager en Italie. Il fut le principal instrument de la conversion de Frédéric. Passant de longues heures auprès de son cher malade, puis employant ses moments libres à visiter les monuments de Rome chrétienne, il rapportait au mourant ses impressions religieuses, qui avançaient de beaucoup le travail de sa conversion. Il y avait aussi alors à Rome un prédicateur, justement renommé, l'abbé Ducreux, qui prêchait l'Avent avec un grand succès. Bastiat avait fait sa connaissance, et ce prêtre venait le visiter quelquefois. Le jeudi, 19 décembre, le malade prie l'abbé de Montclar, de lui amener M. Ducreux : « *Cette fois, dit-il, c'est pour moi.* » — L'abbé Ducreux vint le vendredi et le samedi, et s'entretint plusieurs heures avec Frédéric. M. Paillotet qui ne partageait pas ses croyances religieuses donne les détails suivants : « Le vendredi 20, dès que nous sommes seuls, il me dit: « — Vous ne devinerez jamais ce que j'ai fait ce matin? » Je conjecturai qu'il avait écrit. « — Non, reprit-il, cela m'est impossible. Voici ce que j'ai fait : *je me suis confessé: je veux vivre et mourir dans la religion de mes pères, je l'ai toujours aimée,* quoique je n'en suivisse pas les pratiques extérieures. »

Il ajoutait plus tard : « Si le bon Dieu me rend la santé, va, mon ami, je ne regarderai pas en arrière. Dieu ne permit pas qu'il vécût. Il mourait quelques jours après dans les plus admirables sentiments de piété en prononçant ces dernières paroles: « La vérité, je la comprends maintenant. »

BEAUMONT (Elie de)

GÉOLOGUE, MEMBRE DE L'INSTITUT, SÉNATEUR

(1798-1874)

> « C'est avec joie et fierté qu'il citait ces paroles du Psalmiste : Devant la face du Seigneur la terre s'est émue, la mer le vit et s'enfuit ; les montagnes bondirent comme des béliers. »
> J. B. DUMAS
> *de l'Acad. française.*

Elie *de Beaumont* descendait d'une famille dont le chef, le sieur Elie, avait été anobli pour sa valeur par Charles VII.

Les traditions de charité étaient vivantes en sa famille. En 1775, pour fêter la naissance du duc d'Angoulême, les ancêtres d'Elie de Beaumont avaient fondé à perpétuité, dans leur domaine de *Canon*, le prix des *Bonnes gens*. Chaque lauréat, bon vieillard, bonne mère, bon chef de famille, bonne fille, recevait une médaille d'argent et trois cents francs. Le père d'Elie de Beaumont laissait à ses fils cette disposition inscrite dans son testament:

« Je veux que mes fils se souviennent que tout ce que nous avons de plus que le nécessaire n'est qu'un dépôt confié à nos mains par la Providence pour secourir les pauvres. »

Le héros de cette notice naquit à *Canon* (Calvados), le 25 septembre 1798, et c'est là qu'il mourut à l'âge de soixante-seize ans.

Ses études avaient été couronnées de succès. Il remporta au concours général un prix d'honneur, et admis aussitôt à l'école polytechnique, il en sortit le premier et passa dans le corps des mines.

On le suit dès ses premiers pas dans les défilés des Vosges où il étudie, en géologue et en métallurgiste, les riches gîtes de fer de cette contrée. Puis envoyé avec Dufrenoy en Angleterre, il écrit à son retour le *Voyage métallurgiste*.

Le 21 décembre 1835 il fut élu secrétaire perpétuel de l'Académie des sciences à la place d'Arago. C'était une belle récompense de ses travaux. En 1859, ce fut un évènement pour l'Académie et pour tout le monde savant, lorsque le jeune géologue chargé avec Dufrenoy et de Villiers de faire la carte géologique de France, vint établir par preuves irréfutables que les plus vieilles chaines de montagnes de la France étaient celles de la Côte-d'Or; que les Pyrénées et les Apennins étaient venues plus tard; que le mont Blanc était moins ancien et le Saint-Gothard plus jeune.

La carte géologique, qui a paru à l'Exposition Universelle de 1855, n'a pas moins de huit mètres de largeur. Non seulement chaque canton, mais chaque commune peut y reconnaître et les accidents de terrains et la nature géologique du sol qui constitue son territoire.

C'est en ramassant une foule de débris des êtres disparus, et en les portant en un sac à son dos, dans ses courses scientifiques, qu'il parvint à en recueillir un nombre immense, et à reconstituer l'histoire du monde depuis les anélides et les mollusques jusqu'à l'homme, puis à prouver que les montagnes sont le produit d'un gonflement de l'écorce du globe, refoulant les mers au loin et entraînant au-dessus de leur ancien niveau les couches solides déposées dans le fond.

*
* *

Elie de Beaumont n'était pas seulement un homme de science, mais aussi un homme de foi. « Chrétien convaincu, dit M. Yan D'argent, il n'admettait pas que l'on pût opposer aux récits bibliques convenablement interprétés les prétendues découvertes de la science moderne, il aimait à flageller d'arguments sarcastiques ceux qui prétendent démontrer que les récits bibliques ne sont pas d'accord avec la science, et ne craignit pas de réfuter les erreurs anti-religieuses de ses collègues de l'Institut. »

Le regrettable abbé Moigno a dit de lui : « Il a su, en toutes circonstances, montrer le faible des objections qu'une demi-science opposait à la Révélation. Les comptes rendus de l'Académie des sciences témoignent hautement de son orthodoxie. »

M. J. B. Dumas, l'illustre secrétaire perpétuel de l'Académie faisant son éloge, ajoute : « Après avoir reconstitué ce qui a dû se passer dans une des révolutions scientifiques du globe, M. Elie de Beaumont remonte au psaume 113, ancienne et poétique *expression d'une étonnante justesse de la pensée scientifique moderne*, et c'est avec joie et fierté qu'il cite ces paroles : « *Devant la face du Seigneur, la terre s'est émue; la mer le vit et s'enfuit; les montagnes bondirent comme des béliers et les collines comme des agneaux.* »

« Les matériaux sur lesquels va se fonder sa doctrine sont recueillis avec patience et contrôlés avec une rigoureuse exactitude. Sa vive imagination en tire des conséquences sublimes. « La piété les attache sans efforts aux textes sacrés. Observateur infatigable, persévérant et sûr, poète à sa manière, *chrétien toujours, et chrétien convaincu, tel se montrait* M. Elie de Beaumont. »

Et M. J. B. Dumas termine ainsi : « M. Elie de Beaumont comprenait tous ses devoirs, il n'en négligeait aucun; il était toujours prêt, et si l'ange de la mort l'a touché de son aile sans l'avertir, il ne l'a point surpris. Son âme immortelle et pure a dû quitter sans trouble et sans effroi cette terre, dont il a contribué à révéler les splendeurs ou à faire admirer les harmonies. Elle pouvait remonter calme vers les régions sereines, objet constant de notre vénéré confrère, et se présenter confiant devant le souverain Juge, en qui il avait toujours placé ses espérances et sa foi. »

Est-il besoin d'ajouter qu'Elie de Beaumont était grand-officier de la Légion d'honneur et commandeur de six ordres étrangers !

BEDEAU

GÉNÉRAL, DÉPUTÉ, VICE-PRÉSIDENT DE L'ASSEMBLÉE CONSTITUANTE

(1804-1863)

> « Mes amis, si quelqu'un de vous veut mettre ordre à sa conscience, qu'il sorte des rangs et fasse comme moi. »
> Général BEDEAU.

Marie Alphonse *Bedeau*, né à Vertou près de Nantes, fit la campagne de Belgique en 1831-32, comme aide de camp des généraux Gérard et Schrams, fut envoyé en Algérie en 1836 et se distingua au siège de Constantine et en plusieurs rencontres glorieuses.

Vers 1844, on lui confia le gouvernement de la province de Constantine, et il prit de nouveau part à l'expédition contre les Kabiles en 1847.

Appelé a Paris, il s'y trouvait lors de la Révolution de 48. Mis à la tête de l'une des colonnes chargées de combattre les insurgés, il se tint dans une inaction qui lui attira les reproches publics du maréchal Bugeaud, mais qu'expliquaient des ordres formels qu'il avait reçus.

Le gouvernement provisoire lui donna le commandement de la place de Paris, puis celle d'un corps de l'armée des Alpes. Député de la Loire-Inférieure à l'Assemblée Constituante, il devint vice-président de cette Assemblée, et participa à la répression de l'Insurrection de Juin, durant laquelle il fut blessé. Elu de nouveau à l'Assemblée législative, sa fidélité à sa parole le fit arrêter lors du Coup d'Etat du 2 décembre 1851, et envoyé en exil, il ne consentit à rentrer en France qu'après 1860.

* *

Le général Bedeau fut plus qu'un bon soldat : il fut un bon chrétien, et, en 1858, la ferveur de ses convictions religieuses devint telle, qu'elle a donné lieu au bruit qu'il démentit, de son entrée dans les Ordres sacrés.

La vie des camps et les soucis de la guerre ne portèrent point atteinte à ses pratiques religieuses. Partout il fut non seulement le père, mais le modèle du soldat.

On raconte qu'en Afrique, au retour d'une de ses expéditions, où payant toujours de sa personne, il était plus exposé qu'un autre, il rencontra un prêtre qui se rendait à Constantine. Aussitôt il fait faire halte à sa colonne, descend de cheval, s'agenouille au pied d'un arbre, près de l'ecclésiastique et se confesse humblement. Puis se tournant vers ses soldats : « Mes amis, leur dit-il, dans quelques jours nous paraîtrons devant l'ennemi; si quelqu'un de vous veut mettre ordre à sa conscience, qu'il sorte des rangs et fasse comme moi. — Il est mort en de grands sentiments de piété, après sa rentrée en France en 1863.

BECQUEREL (Antoine)

SAVANT PHYSICIEN, DE L'ACADÉMIE DES SCIENCES

(1788-1878)

> « Tout ce qui tient à la nature organique prouve un but sage, nous révèle un entendement supérieur. »
> Ant. BECQUEREL.

Dans les deux premiers mois de l'année 1878, notre Académie des sciences éprouvait une série de pertes, telle qu'il n'y en a guère à citer de pareille, en si peu de temps dans ses annales. Après Le Verrier, la figure la plus glorieuse de l'astronomie moderne, voici que nous avons vu disparaître le physicien Becquerel, créateur de l'électro-chimie ; Victor Regnault (1), l'initiateur des expériences de préci-

(1) Victor Regnault, né le 21 juillet 1810 est décédé le lendemain de la mort de Becquerel ; le jour même du septième anniversaire de celle de son fils, le peintre H. Regnault, tué à Buzenval par une balle prusienne.
Professeur à l'Ecole polytechnique et au Collège de France, puis directeur de la manufacture de Sèvres, Regnault a surtout deux titres de gloire scientifique : son cours de chimie qui a longtemps régné presque exclusivement dans l'enseignement, et ses travaux de physique,

sion en physique, l'un des hommes qui ont eu le plus d'autorité sur l'enseignement contemporain ; Claude Bernard, le rénovateur de la physiologie, et dont nous donnons plus loin la biographie; enfin le R.P. Secchi, le célèbre astronome romain, qui était membre correspondant de l'Académie des Sciences.

A l'occasion des éloges donnés à chacun de ces membres par leurs collègues, on a pu constater, une fois de plus, ce grand exemple donné par la plupart des savants français, qui après avoir professé courageusement les doctrines spiritualistes pendant leur vie, ne craignent pas de professer à la fin la foi chrétienne, et d'appeler, à leurs derniers moments, le prêtre catholique pour lui demander les sacrements.

On peut dire aujourd'hui que c'est un caractère de la science française, considérée dans ses représentants les plus éminents de tout genre, de se montrer franchement spiritualiste et chrétienne. Comme le disait très bien, dans les *Mondes*, M. l'abbé Moigno : « En plein dix-neuvième siècle, au temps fatal où la foi est devenue si rare, chacune

où il a repris toutes les expériences fondamentales de l'aérostatique et de la chaleur.

Les dernières années de sa vie ont été affligées par des malheurs domestiques. La guerre lui enleva un fils déjà célèbre, et anéantit dans l'incendie de Sèvres, son laboratoire, ses papiers, tout le fruit de ses travaux. Frappé encore dans ses plus chères affections, il a su chercher un refuge dans les consolations de la religion, et sa mort a été des plus chrétiennes.

des sections de notre Académie des sciences a encore son savant, et nous pourrions le nommer, non seulement ami du christianisme et de l'Eglise catholique, mais croyant, fervent et pieux. »

« Il est certain, dit le Dr A. Michel, que si on nous demandait de citer les hommes qui offren les plus admirables exemples de courage chrétien, de charité, de foi éclairée, de haute intelligence de œuvres de Dieu, et, en même temps, d'humble pratique des devoirs et des vertus du chrétien vivant dans le monde, c'est peut-être à l'Académie des sciences que nous les trouverions en plus grand nombre qu'on ne pense. »

M. Ant. Becquerel avait fait sa profession de foi, en présentant à l'Académie son dernier ouvrage : « Une force incompréhensible, disait-il, étrangère à la nature morte, a introduit le principe de la vie dans le monde organique. Et cela s'est produit, non comme un effet sans cause, mais avec une variété admirable... Tout ce qui tient à la nature organique prouve un but sage, nous révèle un entendement supérieur. L'homme, en comparant ses calculs, pour atteindre un certain but, avec ceux qui ont dû présider à la formation de la nature organique, a été conduit à regarder la puissance de penser et de calculer comme une image de cet Etre auquel il doit son existence. Cependant, plus d'une fois, le philosophe à courte vue a prétendu que tout était l'œuvre du hasard... Cette philosophie n'a pas compris que ce qu'elle désigne dans la nature comme existant sous le nom du hasard est une chose physiquement impossible. »

M. *Becquerel*, né le 7 mars 1788, mort âgé de près de quatre vingts ans, a dû sa réputation et sa fortune scientifique à ses travaux sur la pile électrique. Ancien élève de l'Ecole polytechnique, d'où il était sorti comme officier du génie, il avait servi en Espagne sous les ordres du maréchal Suchet. A son retour, il fit la campagne de France, puis quitta le service pour se livrer à ses études de prédilection. Le premier, il a démontré, contre l'assertion de Volta, que le courant d'une pile est dû à l'action chimique qui s'y produit. Il est un des créateurs des piles cloisonnées à deux liquides, de la galvanoplastie, du thermomètre-électrique. « Il s'est éteint doucement, disait M. Fizeau sur sa tombe, avec la sérénité du sage, la tranquillité d'âme de l'homme de bien et les immortelles espérances du chrétien. »

BÉNEZET

PUBLICISTE

(1804-1877)

> « E. Bénezet a toujours honoré une profession que tant d'autres se plaisent à traîner dans la boue. »
>
> F. B.

Etienne Bénezet, doyen de la presse légitimiste de province est mort à Toulouse le 14 octobre 1877. Il était né à Lagrasse (Aude). Etien. *Bénezet* se consacra d'abord à l'enseignement libre, et dirigea successivement deux institutions catholiques, où il forma d'excellents élèves, qui tous ont conservé de leur ancien maître les meilleurs souvenirs.

En 1847, il vint se fixer à Toulouse, et, sans abandonner l'enseignement, entra dans la presse. Il avait déjà collaboré à divers journaux : son talent était mûr, et son début dans la politique fut un coup de maître. On lui confia la rédaction en chef de la *Gazette du Languedoc*, supprimée par le coup d'Etat de 1851. Il rédigea aussi le *Midi*, et publia dans ce journal une série d'articles sous le titre de *Lettres à ma cousine*, où le bon sens, l'esprit et l'ironie viennent admirablement en aide à la sûreté de ses principes politiques et religieux et à la solidité de ses doctrines.

Après la suppression de la *Gazette*, Etienne Bénezet écrivit dans le *Réveil du Midi*, l'*Ariège*, le *Capitole*, et la *Province*, toutes feuilles dévouées à la cause catholique. Quand l'*Echo de la Province* parut, en 1868, Etien. Bénezet fut chargé de la direction de ce journal, qu'il a conservée jusqu'à sa mort, car on peut dire de lui qu'il est tombé sur la brèche. La presse de toute opinion a été unanime à faire l'éloge du défunt, et ce qui est remarquable, les rédacteurs de *tous* les journaux de Toulouse assistaient à ses obsèques. M. Bénezet était le Laurentie du Midi. Le Congrès de la presse départementale qui se réunit à Tours, en 1874, l'avait choisi pour son président, et c'était justice. M. Bénezet, par sa vie, par ses écrits, par sa parole, a toujours honoré une profession que tant d'autres se plaisent à traîner dans la boue. Sa mort a été celle d'un fervent chrétien.

Les principes catholiques et la cause légitimiste perdent en lui un de leurs plus vaillants et plus éloquents défenseurs. *F.B.*

BERLIOZ

ARTISTE, MEMBRE DE L'INSTITUT

(1803-1869)

> « Au moment où je recevais l'hostie, je crus voir le ciel s'ouvrir, un ciel plus pur et plus beau mille fois que celui dont on m'avait tant parlé. »
>
> BERLIOZ.

Louis Hector *Berlioz*, musicien et compositeur est né à la Côte-Saint-André, (Isère) le 11 décembre 1803.

Son père, médecin distingué, l'envoya à Paris commencer ses études de médecine. Mais poursuivi dès son enfance par le démon de la musique, et ne rêvant que la musique, il abandonna l'amphithéâtre pour le Conservatoire, malgré son père qui lui supprima dès-lors sa pension. Il fut obligé de vivre de son travail. Sa première œuvre fut une messe à quatre voix.

On a écrit de lui qu' « il était notre plus grand génie musical » et Beethowen lui-même le proclama

« le plus grand musicien de son siècle », et cependant Meyerbeer et Rossini étaient à l'apogée de leur talent et de leur gloire.

Le but de Berlioz dans toutes ses œuvres est de donner à la musique toute la puissance expressive de la poésie, et de peindre avec elle tous les sentiments du cœur par des effets; il faut bien avouer qu'il y a presque toujours réussi. Nul mieux que lui, ne connut l'art si difficile de l'orchestration. Il fut appelé un jour à Saint-Petersbourg uniquement pour diriger un concert.

Berlioz a laissé plusieurs symphonies et opéras. Ses sujets pieux portent surtout la marque de son génie, entre autres son oratorio, l'*Enfance du Christ* est demeurée comme une de ses plus belles œuvres, et sa *Fuite en Egypte* peut être considérée comme un des chefs-d'œuvre de la musique. Il était membre de l'Académie des beaux-arts, et avait fait partie du jury des Expositions universelles de Londres et de Paris.

Berlioz a prouvé une fois de plus que les sentiments chrétiens ne nuisent en rien au génie, et toute sa vie proteste contre le divorce qu'on voudrait opérer entre la religion et les beaux-arts.

Il a rappelé dans les lignes suivantes le souvenir d'une communion qu'il fit à la Côte-Saint-André, son pays natal.

« C'était au printemps, le soleil souriait, la brise se jouait dans les peupliers murmurants; je ne sais quel arome remplissait l'atmosphère. Je franchis tout ému le seuil de la maison de Dieu. Admis dans la chapelle au milieu des jeunes amies de ma sœur, vêtues de blanc, j'attendis, en priant avec elles, l'instant de l'auguste cérémonie. Le prêtre s'avança, et la messe commencée, j'étais tout à Dieu.

« Au moment où je recevais l'hostie, un chœur de voix virginales entonnant une hymne à l'Eucharistie, me remplit d'un trouble que je ne savais comment dérober à l'attention des assistants. Je crus voir le ciel s'ouvrir, le ciel des chastes délices, un ciel plus pur et plus beau mille fois que celui dont on m'avait tant parlé. »

On le voit, son âme poétique était bien faite pour la piété.

Il est mort en 1869 dans les sentiments les plus admirables de foi et de résignation chrétienne.

BERNARD (Claude)

DE L'ACADÉMIE DES SCIENCES ET DES LETTRES, SÉNATEUR.

(1813-1878)

> « Il y a autre chose dans l'homme que la matière; il y a quelque chose d'immatériel, de permanent, d'indépendant de la matière; ce quelque chose, c'est l'âme. »
> CLAUDE BERNARD.

Au mois d'octobre 1878, la France perdait un savant dans lequel semblait s'être incarné le génie de l'expérience et que l'étranger nous enviait : Claude *Bernard*, créateur de la physiologie expérimentale, à peine ébauchée par Magendie. Il était encore dans toute l'activité de son beau talent quand la mort est venue mettre un terme à ses glorieuses découvertes. Il a en quelque sorte forcé la matière à lui révéler les mystères de la vie.

Ces lignes prouveront que la science matérialiste a voulu, mais en vain, accaparer la mémoire de cet homme illustre, la gloire de la science française.

Claude *Bernard* naquit à Villefranche, (Rhône) en 1813, au village de S.-Julien. Il devint enfant de chœur de l'église paroissiale, dont le curé étai M. Donnet, depuis cardinal archevêque de Bordeaux, il fit ses premières études au collège de Villefranche, dirigé successivement par MM. Boué et Bourgaud. Ces deux prêtres, dont le dernier fu^t depuis, l'ami de Claude Bernard, avaient reconnu en lui des capacités extraordinaires pour les sciences, et ils n'en parlaient que comme d'un sujet rare et distingué.

Notre futur savant ne trouva pas sa voie dès le commencement de sa carrière. Il se sentit des dispositions pour la littérature, et ayant à peine atteint l'âge d'homme, il vint à Paris, une tragédie en poche, pour se destiner au théâtre. Mais ses débuts ne furent pas heureux.

Mal accueilli sur ce terrain, il dirigea ses études du côté de la médecine.

*

Là, il se mit à l'œuvre avec un nouveau courage et avec cette opiniâtreté qui est souvent la marque du génie. Bientôt ses succès justifièrent les espérances de ses maîtres et de ses condisciples, et il arriva vite à se faire un nom, bien plus, à se faire des disciples en créant une école, celle de la science expérimentale.

Il publia alors plusieurs mémoires très remarqués sur diverses questions jusque-là controversées, et sur le résultat de ses expériences.

La gloire vint le chercher en le produisant dans le corps distingué de l'Académie des sciences, puis de l'Académie des lettres. Il fut après nommé professeur au Muséum.

Seulement, il n'acheta pas cette gloire au prix de sa foi; et ne fut pas de ces savants qui se vantent de ne pas trouver l'âme sous le scapel. Il a fait au contraire, de l'existence de ce principe de la vie du corps, une démonstration que nous nous ferons un devoir de présenter à nos lecteurs.

« Le corps humain est un composé de matière qui se renouvelle incessamment. Toutes les parties du corps sont soumises à un perpétuel mouvement de transformation. Chaque jour, vous perdez un peu de votre être physique, et vous remplacez par l'alimentation ce que vous perdez. Si bien que, dans un espace de huit années environ, votre chair, vos os sont remplacés par une nouvelle chair, par de nouveaux os, qui, petit à petit se sont substitués aux anciens, par suite de ces alluvions successives.

« La main avec laquelle vous écrivez aujourd'hui n'est pas du tout composée des mêmes molécules qu'il y a huit ans. La forme est la même, mais c'est une nouvelle substance qui la remplit. Ce que je dis de la main, je le dirai du cerveau. Votre boite crânienne n'est pas occupée par la même matière cérébrale qu'il y a huit ans.

« Ceci posé, puisque tout change dans votre cerveau en huit années, comment se fait-il que vous vous souveniez parfaitement des choses que vous avez vues, entendues, apprises, il y a plus de huit ans? Si ces choses se sont, comme le prétendent certains physiologistes, logées, incrustées dans les lobes de votre cerveau, comment se fait-il qu'elles survivent à la disparition absolue de ces lobes? Ces lobes ne sont pas les mêmes qu'il y a huit ans, et pourtant votre mémoire a gardé intact son dépôt. C'est donc qu'il y a autre chose dans l'homme que la matière, c'est donc *qu'il y a dans l'homme quelque chose d'immatériel, de permanent, de toujours présent, d'indépendant de la matière. Ce quelque chose c'est* L'AME. »

.˙.

Avouons cependant que quelques expressions du célèbre savant ont pu donner le change sur ses sentiments, et faire croire parfois à des tendances matérialistes, mais il ne faut pas soumettre à la presse les paroles de l'illustre professeur, dit un savant religieux, on risquerait d'en faire sortir le matérialisme. La pensée vaut mieux que l'expression. Or cette pensée est trop manifestement spiritualiste, d'après les réserves faites avant d'entrer en matière, pour qu'il soit permis d'expliquer son langage dans un sens matérialiste.

Claude Bernard ne fut pas sans se douter de l'abus que la science athée pouvait faire de son autorité et de son nom. Aussi bien s'est-il défendu en plusieurs passages de ses écrits d'avoir parlé dans ce sens impie. Ainsi, dans son *Rapport sur les progrès de la physiologie générale* (1867), il fait profession de spiritualisme non équivoque. A la page 56, rappelant l'expérience de Brown-Séquard qui déterminait des mouvements de la face et des yeux par une injection de sang dans la tête d'un chien décapité, il écrit : « Ces faits, nous semblent d'abord extraordinaires, parce que nous confondons les *causes* des phénomènes, avec leurs *conditions*. Nous croyons à tort que la science conduit à admettre que la matière engendre ces phénomènes, et cependant nous répugnons à croire que la matière puisse avoir la propriété de penser et de sentir. » Et le savant spiritualiste repousse avec énergie « les explications qui aboutiraient à un matérialisme absurde et vide de sens (1). »

Et ailleurs, dans la note 216 à laquelle il renvoie, Claude Bernard expliquant la même pensée sous une autre forme, à propos du cerveau, ajoute : « *Dire que le cerveau secrète la pensée, cela équivaudrait à dire que l'horloge secrète l'heure ou l'idée du temps* (2). » L'homme qui a écrit ces lignes ne pouvait être matérialiste (3).

Quelle protestation plus claire pourrait-on exi-

(1) *Ibidem*, p. 58.
(2) *Ibidem*, p. 227
(3) La preuve, c'est qu'il chercha, dans l'amitié d'un éminent religieux, l'occasion de s'instruire des choses divines.

ger? Ne serait-il pas injuste d'interpréter les enseignements de cet homme éminent dans un sens matérialiste? Ce qu'il recherche, ce qu'il a toujours recherché dans l'étude du phénomène de la vie, ce ne sont pas leurs *causes* premières et directes, mais seulement les *conditions* dans lesquelles ils se produisent.

* * *

Au reste, les principales circonstances de la vie de Claude Bernard protestent contre une semblable interprétation de ses écrits, et personne ne doit faire à ce savant l'injure de dire qu'il a vécu et agi autrement qu'il n'a pensé.

Ecoutons le cardinal Donnet, le pasteur de son enfance, rendre témoignage de ses sentiments chrétiens dans une lettre écrite à ce sujet. » Nommé sénateur en 1868, c'est son ancien curé que Claude Bernard choisit comme son introducteur au Luxembourg, et je le vis appelé deux fois, par le sort, pour être mon secrétaire dans les commissions dont on m'avait fait président. Je n'ai rien à vous apprendre de la variété et de la solidité de ses connaissances, mais il a été le premier en me visitant dans la capitale, à me déclarer, sans ostentation, comme sans pusillanimité, que le membre de l'Institut faisait *encore sa prière et sanctifiait le dimanche.*

« Il me parlait quelquefois avec tendresse de son

vieux professeur, curé aujourd'hui du canton de Pellegrue, et de deux de ses meilleurs frères d'armes de collège, dont l'un est l'archevêque de Reims, et l'autre curé de Notre-Dame de Bordeaux. »

Un savant, ami de Claude Bernard, M. Dumas que la France vient de perdre, parlant sur sa tombe de son humilité, proclamait à sa louange que « les honneurs ont toujours été le chercher et qu'il n'en a jamais réclamé aucun. Savant des plus illustres, il ne connut pas l'orgueil ; sa science avait pour sœur la simplicité, et c'était chose étrange que de rencontrer dans le même homme, tant d'autorité alliée à tant de modestie ».

Ce qui nous cause, à nous catholiques, plus de joie que toute la gloire qui revient à ce savant, de ses travaux et de ses découvertes en médecine et en science expérimentale, c'est l'assurance que cet homme de bien a eu le bonheur d'être conséquent avec ses principes religieux jusqu'à la fin. Quoique les médecins qui l'entouraient lui fissent illusion et se fissent illusion à eux-mêmes sur la gravité de son mal, il a pu recevoir le prêtre en pleine connaissance, et témoigner par ses réponses et par la manière affectueuse dont il lui serrait la main, avec quelle gratitude il acceptait les secours suprêmes de la religion.

Mais laissons parler ici ce prêtre lui-même, le R. P. Didon, dominicain.

« Je l'ai revu l'avant-veille de sa mort. Son esprit avait encore sa lucidité et même cette légère excitation que donne à ceux qui vont mourir la fièvre lente qui les consume. Il me fit asseoir près de lui. Nous causâmes longtemps.

« Je lui parlai de la science, et se ressouvenant d'une parole que je lui avais dite dans un entretien précédent, il me la rappela en disant : « Mon père, combien j'eusse été peiné si ma science avait pu, en quoi que ce soit, gêner ou combattre notre foi ! Ce n'a jamais été mon intention de porter à la religion la moindre atteinte.

« Je lui dis : « Votre science n'éloigne pas de Dieu, elle y mène, j'en ai fait l'expérience personnelle. » Je lui rappelai, à ce propos, un mot sublime qui dans une de ses dernières leçons du Collège de France, me frappa. Parlant des conditions déterminées qui donnent naissance aux phénomènes, il disait : « *Les conditions ne sont pas des causes; il n'y a qu'une cause; c'est la cause première.* »

« La cause première, repris-je, la science est obligée de la reconnaître, à tout instant; sans pouvoir la saisir, et à ce titre, la science est éminemment religieuse.

« — Oui, mon père, vous le dites bien, le positivisme et le matérialisme qui le nient sont, à mes yeux, des doctrines insensées et insondables... »

« Nous nous séparâmes en nous disant : au revoir ! Il me tendit une main affectueuse. Son âme était tournée vers Dieu.

« Je ne devais plus le revoir qu'agonisant et dans le râle. Cependant le lendemain, il vit le prêtre, répondit en pleine connaisssance à ses questions, demanda pardon à Dieu avant de quitter la terre, reçut les dernières onctions, et mourut comme sa vieille mère, qu'il avait tant aimée, avait espéré qu'il dût mourir. »

« Cette femme qu'on félicitait de la gloire éclatante de son fils, disait souvent : « *J'aime bien à le voir honoré et grand savant, mais qu'il n'oublie pas le Dieu de sa mère!* »

Le souhait du poète était le vœu le plus ardent de cette mère chrétienne :

O Dieu de son berceau, sois le Dieu de sa tombe.

La France a bien compris quelle gloire lui revenait des travaux de ce grand savant, et elle a voulu prendre à sa charge ses frais d'inhumation et lui rendre les derniers honneurs.

BERNARDY (de) de Sigoyer

COMMANDANT

(1871)

> « Cette mort n'est pas une peine, mais une récompense. »
>
> B. de S.

Un courage à toute épreuve et une énergie qui ne connaissait pas d'obstacles; l'esprit de dévouement et de sacrifice poussé jusqu'à la passion; l'oubli de soi-même en toutes choses; nul souci du bien-être matériel; la tendresse et la bonté dans la force, pas l'ombre de vanité, mais un certain mélange de fierté aristocratique et de rondeur militaire, tel était le commandant *de Sigoyer*, admirable figure de soldat, quelque chose qui se place dans mon estime fort au-dessus de l'orateur, de l'écrivain et de l'artiste, qui est à mon sens ce que le monde nous offre de plus grand après la sainteté.

Tout ce qui sentait la vanité ou l'ostentation lui était odieux. De son **nom** véritable, il s'appelait René Martian de Bernardy, marquis de Sigoyer mais il ne prenait pas son titre.

Non seulement on ne put le décider à faire la moindre démarche pour son avancement, mais il ne souffrait pas que personne en fît pour lui. Il avait aussi un assez grand mépris pour le régime impérial, ce qui explique pourquoi on le laissa végéter dans l'obscurité d'un grade au-dessous de son mérite. Du reste, l'armée le connaissait, et il était généralement aimé et estimé.

Deux officiers généraux disaient de lui à un député de la Loire, ami de sa famille : « M. de Sigoyer était un de nos officiers les plus distingués; depuis longtemps il aurait dû être colonel, et parmi nous, tout le monde s'étonnait qu'il ne le fût pas encore. »

Il fut tué pendant la Commune. Celui des frères de sa femme qui s'était rendu à Paris pour recueillir ses restes a retrouvé son corps qui ne portait aucune trace de blessures, mais les exécrables assassins l'avaient enduit de pétrole et brûlé vif après lui avoir coupé les deux mains.

A sa femme abimée de douleur, son oncle disait :

« Pleure, ah pleure ! mais cependant écoute.

« Je puis te le dire, dans mes plus grandes épreuves, j'ai toujours trouvé la force de bénir Dieu. Cette fois, j'ai cru qu'elle allait me manquer ; j'ai failli murmurer, mais j'ai prié Jésus et la Vierge, voici leur réponse :

« Cette mort n'est pas une peine, mais une récompense.

« La mort, vois-tu, c'est une dette universelle, et c'est en même temps la rançon. Mais volontairement offert par l'accomplissement d'un devoir, le sacrifice de la vie c'est une vertu plus haute. Voilà pourquoi la mort du soldat qui tombe pour la patrie, glorieuse devant les hommes, est généralement aussi, grande devant Dieu. Il reste un dernier échelon auquel s'est élevé ton héroïque Martian. Frappé d'une balle ou d'un obus sur la barricade, il n'eût fait que la mort d'un soldat; tombé aux mains de ces brigands et massacré par eux, c'est un martyr.

« Il est de cette glorieuse cohorte : les Darboy, les Deguerry, les Ollivaint, les Clerc, les Captier, dont le sang est monté vers Dieu comme une fumée du sacrifice qui désarmera sa colère et sauvera la patrie — Mort, il combat toujours, et son sang répandu pour cette France tant aimée, continue à couler, comme un flot puissant, qui la défendra de l'ennemi.

« Encore une fois, pleure donc, mon enfant; néanmoins reçois cette consolation qui, pleine d'amertume en ce moment, t'apportera plus tard une grande douceur. »

« Vous le dirai-je? Au milieu des pleurs que m'arrache cet horrible assassinat d'un homme si bon, si généreux, si simplement grand, j'éprouve comme une secrète joie. Cette mort fait naître dans mon esprit des rapprochements qui peut-être n'ont de fondement que dans mon imagination, et qui me frappent cependant. Il venait de sauver des flammes le Louvre ; le Louvre, ce palais français par excellence, celui en qui s'exprime plus complètement notre histoire, et quelques jours après, c'est lui qui périt du supplice dont il vient de préserver cette image de la patrie.

« Et il meurt de la mort de Jeanne d'Arc, de la mort aussi de son saint patron, martyr comme lui par le feu. Ai-je besoin d'ajouter qu'il était chrétien, et que ses enfants sont chrétiennement élevés? »

BERRYER

AVOCAT, MEMBRE DE L'INSTITUT, ET DE L'ACADÉMIE
FRANÇAISE, DÉPUTÉ.

(1790-1868)

> « Voilà un grand talent. »
> GUIZOT.
> « Voilà une grande puissance. »
> ROYER-COLLARD.
> « Plaise à Dieu que cela me serve pour le ciel ! »
> BERRYER.

Né à Paris en 1790, fils d'un avocat distingué, qui s'illustra dans les causes du Général Moreau et du Maréchal Ney, Pierre, Antoine *Berryer* débuta de bonne heure dans la carrière où son père s'était acquis une haute réputation. Bien que son inclination l'ait porté vers l'état ecclésiastique, le vœu de sa famille le porta au barreau où il entra par docilité.

Dès 1816, il défend les généraux Debelle et Cambronne devant un conseil de guerre, mais son véritable début, comme orateur politique, date de

1826. En 1829, il entre dans la vie politique par la députation, le département de la Haute-Loire l'ayant envoyé à la Chambre.

Après la révolution de juillet, il continua de siéger à la droite de l'Assemblée et fit partie, depuis, de toutes les législatures, se montrant partout et à toute heure, le vaillant défenseur de la cause légitimiste.

La première fois qu'il prit la parole à la Chambre des députés en 1830, M. Guizot s'écria : « Voilà un grand talent! » « Voilà une grande puissance, » ajouta Royer-Collard. Accusé en 1835, par Bugeaud, Barthe et Guizot d'être cyniquement révolutionnaire : « Il y a quelque chose, répond-il vivement, de plus honteux que le cynisme révolutionnaire, c'est le cynisme des apostasies. »

Le coup avait porté.

Une éloquence vive et brillante, une aptitude rare à saisir toutes les questions, une courtoisie chevaleresque, une parole toujours digne et convenable s'élevant parfois jusqu'aux plus sublimes inspirations, telles étaient les qualités oratoires de Berryer. A ces dons de la parole et de l'action, il joignait une pose majestueuse et un magnifique organe qui ajoutait encore à la puissance de son éloquence. Il lisait surtout avec une perfection rare. Aussi un homme illustre, qui l'entendit, disait que Berryer était le seul homme qui sût lire en France, et M. de Cormenin a ajouté *qu'il n'a point*

eu d'égal, depuis Mirabeau, dans nos assemblées.
législatives.

* *

Berryer, que nous avons vu disposé à entrer dans l'état ecclésiastique, perdit ses bonnes dispositions au sortir du collège. L'embarras des affaires et le tracas de la politique lui firent oublier longtemps ses principes religieux.

Ce fut le père de Ravignan qui devait ramener à la pratique de ses devoirs de chrétien cet illustre orateur. Laissons Bernardille du *Français* rapporter cet épisode de la vie de Berryer.

« Il semble qu'assez longtemps le vieil homme, le mondain résista chez l'illustre avocat, mais enfin il se rendit, et le P. de Ravignan qui avait dit : « Je réponds de vous, âme pour âme, » reçut le 29 mars 1857 la lettre que voici :

« Mon bienfaisant ami et vénéré Père,

« Je me sens, grâce à Dieu, par votre aide, entré pleinement dans la volonté de suivre la voie où vous devez me diriger. Je ne manquerai pas d'aller m'humilier et me fortifier devant vous et par vous. *Auditui meo dabis gaudium et lœtitiam, et exultabunt ossa humiliata.*

« Ma raison et ma conscience sont satisfaites. Je rends grâces à Dieu et je vous bénis dans le fond de mon cœur... Gardez-moi, je vous en conjure, mon bon Père, votre tendre et protectrice affection;

venez-moi en aide, vos conseils et vos encouragements me sont nécessaires.

« Je vous embrasse avec tendresse, et n'attends que de vous le calme de ma vie et le repos dans la voie du salut.

Berryer

Le P. de Ravignan ne lui répondit qu'un mot : « Venez ! » et Berryer vint. Après quoi le saint religieux, comme s'il n'eût attendu que cette grande conquête se coucha pour ne plus se relever. Il était mourant déjà et ne recevait plus personne, quand il voulut une dernière fois recevoir Berryer : « Je n'oublierai jamais, écrit le biographe de Ravignan, tout ce qu'il y eut d'éloquence et de grandeur dans la scène dont je fus témoin. Le visiteur, tout en larmes, à deux genoux auprès du lit, faisait ses adieux avec des promesses, demandant en suppliant des bénédictions et des prières; le mourant, de son côté, avec une incomparable tendresse et une autorité surhumaine semblait prêcher encore, et d'une voix haletante, consolait, encourageait et bénissait. »

*
* *

Une fois raffermi dans ces dispositions si chrétiennes, Berryer ne regarda plus en arrière.

« Il n'était point homme, dit le P. de Ponlevoy, à dissimuler sa croyance ou sa pratique. Un de ses

amis politiques lui demandait un jour devant témoin :
« *Est-ce que vous allez à confesse, vous?*

— *Oui, vraiment,* répond aussitôt Berryer.

— Que vous êtes heureux, dit alors l'interlocuteur. Pour moi, je reconnais bien que la religion est la plus grande et la plus belle chose qu'il y ait au monde, mais à qui me prouverait qu'elle est exclusivement divine, je donnerais volontiers la moitié de ma fortune. »

En effet, la foi vaut encore plus que cela, mais en vérité, elle coûte beaucoup moins. M. Berryer aurait pu clore ainsi le discours : » Quoi qu'il en soit d'une apparente pétition de principes, dites seulement le *Pater* et l'*Ave*, et surtout, comme moi, récitez le *Confiteor*, et le *Credo* sortira spontanément de votre cœur. »

Et cette année encore (1) vers la fin du carême, M. Berryer, dînait en tête-à-tête avec un de nos grands hommes d'Etat. Celui-ci vint à lui demander :
« Mon cher Berryer, allez-vous faire vos Pâques?

— Je crois bien, répondit-il à l'instant, je veux demander à mon confesseur de les faire deux fois : à Paris d'abord, pour mon propre compte, puis à Augeville, pour l'exemple de mes paysans.

— Ah! que vous avez raison, s'écria l'homme d'Etat. Si nous en faisions tout autant, la France serait sauvée. »

« M. Berryer tint parole : en 1868, il a fait deux fois ses Pâques.

(1) **En 1868.**

∴

« M. Berryer avait donc vécu plein de foi, continue le P. de Ponlevoy, mais est-ce que la foi s'est jamais démentie en face de l'éternité? Il est mort plein d'espérance.

« Comme je revenais tous les jours, le malade me dit une fois : « Vraiment, je reconnais que la maladie elle-même est un don de Dieu, parce qu'elle nous rapproche de Dieu. »

« Il avait fait mettre devant lui un beau et grand crucifix qu'une main religieuse lui avait offert. Il aimait à invoquer la sainte Vierge et saint Pierre, son patron. Entre toutes les prières, sa prédilection était pour le *Salve Regina,* et chaque jour, après un grand signe de croix, il le récitait avec tous les assistants. Cette prière commune détermina une scène des plus touchantes. Une personne amie tout-à-coup se déclare vaincue sur place. Il y eut alors des larmes de joie, et le malade tout heureux lui adressa cette charmante parole de félicitation : « En vérité, il ne vous manquait que cela. »

« Le 17 novembre, entre neuf et dix heures, M. Berryer voulut se confesser une dernière fois. Il tenait à le faire en toute conscience et vraiment à souhait. Sur sa recommandation expresse, toutes les portes de la chambre furent exactement fermées, et alors dans la plénitude de ses facultés, avec toute la netteté de ses souvenirs et la franchise de sa religion, d'une voix ferme, pleine et sonore, il prononça ces désaveux suprêmes qui replongent dans l'éternel oubli toutes les défaillances temporaires. C'était à peine fini qu'un prêtre de la paroisse, comme il avait été convenu d'avance, apportait au chrétien en détresse le Dieu de toute consolation.

« Voici quelques incidents de l'auguste cérémonie.

« Comme le prêtre allait tracer l'onction sur la poitrine du malade, celui-ci faisant lui-même les apprêts, cherche avec une sorte d'anxiété une médaille qu'il portait au cou : « Où est donc ma médaille? Je veux ma médaille. » La sœur garde-malade cherche et retrouve enfin la médaille égarée. Il la prend aussitôt, la regarde et la baise sur les deux faces avec une joie et une piété d'enfant. Après l'Extrême-Onction vient le Saint-Viatique. Le prêtre, tenant entre ses doigts la divine Hostie lui adresse ces quelques paroles :

« Mon bien cher ami, je vous présente et vous laisse le Dieu de votre première communion, le reconnaissez-vous?

« A cette question, le malade souriant sans rien dire, fit un grand signe de tête.

« Oui, c'est bien lui, toujours le même, toujours constant, quand même nous ne sommes pas fidèles. C'est lui qui pardonne et qui bénit; c'est lui qui reste seul quand tout passe, et qui nous prend et nous recueille quand nous nous en allons nous-mêmes. Ah! mon très cher fils, laissez-moi donc aussi vous présenter à lui. — Seigneur Jésus, celui que vous aimez, celui qui a toujours cru en vous, qui a si souvent parlé de vous, est malade : *Domine, ecce quem amas infirmatur.* Rendez-lui la joie et la vigueur de la santé; en attendant, donnez-lui la patience et la douceur dans la maladie, et enfin au nom de Marie, votre mère et la sienne, réservez-lui un jour le bonheur qui n'est point de ce monde, et cette gloire qui n'est plus de ce temps. »

« Peu avant sa mort, il venait de dire à un noble et pieux ami : « Sans désirer la mort je ne la crains point. Mon confesseur a dit à St Pierre de m'ouvrir les portes du paradis. »

Il rendit son âme à Dieu le 18 novembre 1868.

.

Voici encore sur le grand Orateur, écrit l'abbé Saillard, un trait qui est un bien bel acte de foi et de simplicité chrétienne.

Le 29 septembre 1868, Berryer était allé passer quelques jours chez Mme de La Ferronnay.

En cette fête de S. Michel, précieux et touchant anniversaire, la famille de la Ferronay et son hôte illustre assistèrent à la sainte messe. Au moment où M. le curé arrivait au pied de l'hôtel, Berryer se présenta pour répondre, et en effet, le prince de l'éloquence, chargé d'années et de gloire, servit dans la perfection la messe du pieux pasteur, comme le plus humble enfant de l'Eglise. Le curé, ému de cet acte de religion, ne put s'empêcher d'adresser quelques paroles de remerciment et d'éloge à ce noble chrétien, qui sans respect humain comme sans vanité avait tenu à l'honneur de servir la messe à soixante-dix-huit ans. « Ah! monsieur, lui répondit Berryer, plaise à Dieu que cela me serve pour le ciel! »

Dans ses dernières années, un de ses amis lui disait :

« Oui, vraiment le sacerdoce vous eût bien convenu, vous auriez fait bien des conversions.

« Je le crois, dit Berryer, car j'aurais prêché Jésus-Christ avec tout le feu de mes plus ardentes convictions. »

On lui demandait une fois s'il avait visité Rome. Sur sa réponse négative, et comme on exprimait de l'étonnement, il dit avec un accent inexprimable : « Si j'étais allé à Rome, je n'en serais pas revenu. »

BERTHAULT

GÉNÉRAL DE DIVISION, MINISTRE DE LA GUERRE
(1817-1881)

> Sa mort a été celle d'un chrétien. »
>
> J. CHANTREL.

Le général Jean Auguste *Berthault*, ancien ministre de la guerre, sous la présidence du maréchal Mac-Mahon, est mort à Paris le 24 décembre 1881. Il était né à Genlis, (Côte-D'Or) le 29 mars 1817.

Après avoir fait ses premières armes en Afrique, il fut promu général de brigade le 19 juillet 1870, le jour même de la déclaration officielle de la guerre néfaste, pendant laquelle il se distingua par son esprit d'organisation et sa valeur.

Le 16 décembre, il était promu au grade de général de division, et chargé d'organiser l'armée territoriale comme il avait peu auparavant organisé la mobile. Nommé le 16 mai 1878 commandant du corps d'armée de Bordeaux, il donna quelques temps après sa démission.

Le général *Berthault* **fut un homme de devoir et**

de dévouement. Il sacrifia volontiers son repos et sa santé à l'organisation de corps chargés de venir au secours de la patrie pendant la campagne contre la Prusse.

Bien qu'il n'ait pas toujours été attaché à la pratique de la réligion, il était chrétien au fond du cœur, et en diverses circonstances il sut prendre des mesures pour la protéger, notamment pendant son passage au ministère de la guerre, où il fit une circulaire pour défendre les chants impies et obscènes dans l'armée. Aussi les radicaux, qui auraient voulu l'attirer à eux et l'accaparer, trouvèrent toujours en lui un adversaire peu décidé à les ménager.

« Sa mort a été celle d'un vrai chrétien, a dit M. J. Chantrel. Sentant sa fin prochaine, il sollicita l'assistance d'un Père dominicain, expulsé de l'an dernier, qui était son ami et le conseiller des siens. Il reçut les sacrements avec une grande foi, et c'est dans les sentiments les plus édifiants qu'il rendit son âme à Dieu. »

BIOT

MATHÉMATICIEN, DE L'ACADÉMIE FRANÇAISE ET DE L'INSTITUT.

(1774-1862)

> « Prenez garde : il faut toujours étudier pour comprendre et admirer la matière, mais bien plus étudier encore pour arriver à découvrir qu'elle n'est rien par elle-même, et que derrière ses lois se cache un législateur sans lequel on n'explique rien. »
>
> (Biot).

Jean-Baptiste *Biot*, une des gloires scientifiques de la France, né à Paris à la fin du siècle dernier, fut élève de l'école polytechnique.

Au collège, il étonna ses condisciples et ses maîtres par son aptitude pour les sciences physiques et mathématiques. Aussi à 26 ans, il était nommé professeur de physique au Collège de France, et à peine âgé de 28 ans, il entrait à l'Académie des sciences. Admis à l'Observatoire et au Bureau des

Longitudes, il fit partie en 1806, de la commission qui alla terminer, avec Arago en Espagne, la mesure du méridien terrestre, opération commencée par Delambre et Méchain, et fut chargé du rapport à l'Institut sur cette opération.

Enfin, en 1809, il était nommé professeur d'astronomie physique à la Faculté des sciences.

Biot savait écrire comme il savait penser, compter et démontrer, et ce talent lui valut son admission à l'Académie française en 1856. Un de ses premiers ouvrages fut une *Analyse du traité de mécanique céleste* de Laplace en 1801; beaucoup d'autres suivirent, et la plupart de ses mémoires scientifiques parurent dans les *Mémoires de la société d'Arcueil*, dans ceux de l'Académie des sciences, dans le *Journal des Savants* dont il fut un des directeurs, et dans les *Annales de physique et de chimie*. Il a fourni, en outre, beaucoup d'articles sur les savants à la *Biographie universelle* de Michaud.

Ce vénérable doyen des sciences et des lettres ayant, un jour, reçu la visite du P. de Ravignan et n'osant en croire ses yeux, ne le reconnut qu'après coup, et en réparation de sa méprise il se hâta de lui adresser cette lettre gracieuse :

« Monsieur,

« Je suis venu vous remercier de l'honneur que vous avez bien voulu me faire hier, et vous avouer les motifs de la réserve qui m'avait empêché de vous exprimer ma reconnaissance pour une aussi grande faveur. Mon premier mouvement m'y portait, mais il m'est venu en pensée que je ne méritais pas un si grand honneur, et que peut-être j'avais devant moi une personne de même nom. Je vous ai donc reçu seulement avec le respect que devaient m'inspirer votre habit et votre caractère, mais non avec toute l'admiration que je ressentais pour un de nos plus éloquents orateurs chrétiens. Je vous prie de vouloir bien me pardonner ma réserve, en considération du motif qui l'a inspirée. »

Biot.

*
* *

Il est impossible d'être plus spirituel et plus aimable, ajoute le P. de Ponlevoy qui cite cette lettre. On aime à voir un académicien conserver les vieilles traditions de la politesse française.

Cette première connaissance amena bientôt une véritable intimité entre les deux illustres personnages. Le vieillard, tant de fois couronné, s'inscrivit au nombre des *fils spirituels* du P. de Ravignan; et depuis cette heure, voici le nom qu'il lui décerna dans sa reconnaissance :

Mon digne et cher consolateur,

Je ne sais sous quel titre vous remercier de vos constantes bontés. *Monsieur* est trop froid pour le sentiment qui m'attache à vous, et le mot *d'ami* me semblerait trop libre pour le respect que je vous porte. Celui que j'ai placé en tête de ces lignes ne dit pas assez. Mais votre indulgence me pardonnera, car je n'en ai pu trouver qui exprimât tout ce que vous m'êtes. »

Biot

Le savant ne cachait pas sa foi et cherchait parfois à la communiquer à ses élèves.

Un jour, un jeune étudiant était venu lui demander ses conseils sur la manière de cultiver les sciences physiques, voici sa réponse : *Prenez-y garde : il faut beaucoup étudier pour comprendre et admirer la matière, mais bien plus étudier pour arriver à découvrir qu'elle n'est rien par elle-même et que derrière ses lois, se cache un législateur sans lequel on n'explique rien.*

Voilà bien le véritable savant, *le premier mathématicien du monde*, a dit M. Moigno, qui avait écrit du baron Cauchy, son collègue, les lignes suivantes :

« Qui pourra peindre le vrai chrétien, remplissant avec foi et amour tous les devoirs de loyauté, de probité, de charité affectueuse que la religion nous prescrit envers nous-mêmes et envers les autres?

« On l'a vu s'occuper de faire du bien autour de lui jusqu'à ses derniers moments, attendant et acceptant la mort avec une sécurité confiante qu'une foi profonde peut seule inspirer. Heureux celui en qui Dieu, pour notre exemple, a voulu ainsi mêler les dons du génie et ceux du cœur! »

Ces paroles prouvent combien M. Biot était lui-même profondément chrétien.

En effet, on l'a vu plus d'une fois, à Saint-Etienne-du-Mont, recevoir la sainte communion des mains de son petit-fils, vicaire-général du diocèse de Beauvais.

Inutile d'ajouter que sa mort fut digne de sa vie

BONALD (de)

PHILOSOPHE, DÉPUTÉ, PAIR DE FRANCE,
DE L'ACADÉMIE FRANÇAISE

(1754-1840)

> « Tout ce que les gouvernements font contre la religion, ils le font contre eux-mêmes.
>
> DE BONALD.

Le plus célèbre représentant des doctrines monarchiques et religieuses de la Restauration comme philosophe, publiciste et orateur parlementaire, fut le vicomte Louis Gabriel *de Bonald*.

Né à Millau, en Rouergue, d'une famille ancienne, il perdit son père dès l'âge de quatre ans, et resta jusqu'à onze ans sous la direction de sa mère, femme très pieuse.

Emigré en 1791, il ne revint en France, sous l'empire, que grâce à Bonaparte, qui se rappelant la bonne impression que lui avait laissée la lecture du premier ouvrage de M. de Bonald, consentit à le rayer de la liste des émigrés. Bonaparte l'ayant nommé conseiller de l'Université, le célèbre écrivain n'accepta que deux ans après sur les instances de son ami, de Fontanes. Il fut successivement député de 1815 à 1822, pair de France et membre de l'Académie française.

Homme de foi, M. de Bonald doit partager avec Chateaubriand la gloire d'avoir contribué au retour des idées religieuses en France. Philosophe, il a défendu courageusement le spiritualisme contre les attaques de l'école sensualiste, et c'est lui qui a donné cette belle définition: *L'homme est une intelligence servie par des organes.* Dans tous ses ouvrages, il s'efforce de trouver la formule générale des sociétés. Il pense qu'elle existe dans les idées générales de *pouvoir*, de *ministre* et de *sujet*; qui dans la société civile s'appellent le père, la mère et l'enfant; dans la société politique, le *pouvoir* ou *roi*, le *ministre* et le *sujet*; dans la société religieuse, *Dieu*, le *médiateur* et les *hommes*.

Cette magnifique et féconde théorie inspire tous ses travaux, et bien que ces considérations paraissent parfois un peu élevées et obscures, elles font de lui un écrivain de premier ordre. Aussi, à son arrivée en France, en 1804, sa grande réputation l'avait fait accueillir avec empressement par le monde savant.

« M. de Bonald, dit Sainte-Beuve dans le *Constitutionnel*, est un des écrivains dont il y aurait le plus de grandes ou spirituelles pensées à extraire; on en ferait un petit livre qu'on pourrait intituler :

Esprit ou même *Génie de M. de Bonald,* et qui serait très subtantiel et très original. »

.·.

Dans toutes les circonstances, même les plu-difficiles de sa vie, M. de Bonald se montra toujours profondément chrétien, et dans ses livres, dans ses ouvrages de polémique aussi bien que dans les débats des Chambres législatives, il fut toujours et partout le courageux défenseur des principes religieux. En butte à toutes les attaques, à toutes les calomnies de la mauvaise presse, il combattit vaillamment sans craindre l'impopularité, qui effraie souvent des caractères moins bien trempés : « Le poste où l'on peut avec le moins d'avantages pour soi-même, ou même le plus de désagréments et de dangers, défendre le mieux la religion et la royauté, les mœurs, la société tout entière contre son ennemi le plus dangereux, la licence des écrits est, dit-il, le poste le plus honorable. »

Les traits qui nous prouvent la fermeté et l'ardeur de sa foi sont nombreux dans sa vie, nous en citerons quelques-uns.

Un jour, il refusa de vendre un de ses plus importants ouvrages à un libraire qui lui offrait des conditions meilleures qu'un autre. La raison qu'il en donna est remarquable et d'un grand exemple : c'est que ce libraire vendait aussi de mauvais livres, et qu'il ne voulait pas contribuer à favoriser son commerce impie.

En 1829, M. de Bonald retiré dans sa solitude près de Millau, apprend que Charles X avait signé l'arrêt qui proscrivait les Jésuites, il s'écrie aussitôt : « Dieu veuille que son arrêt n'ait pas été signé dans le ciel ! »

« La Compagnie du diable, écrivait-il à M. de Maistre, ne peut reculer que devant la compagnie de Jésus ; et nous avons des hommes très nobles et très influents qui aimeraient mieux revoir les Cosaques à Paris que les Jésuites. »

« C'est qu'il était persuadé, ajoute son fils, que tout ce que les gouvernements font contre la religion, ils le font contre eux-mêmes. »

Tous les ouvrages de ce profond penseur ont pour but la défense de la société religieuse, et sa conduite privée comme sa vie politique fut toujours en parfaite harmonie avec sa doctrine : « Il y a en lui, dit M. J. des Aperts, le philosophe, le théoricien et l'homme politique. Mais pas un seul moment de sa vie n'est venu infliger le moindre démenti à la moindre de ses théories... Sa vie et ses œuvres forment un faisceau qu'il ne sera jamais donné à personne de diviser. » Et son fils ajoute : « Ceux qui l'ont connu savent combien il était indulgent pour les personnes. »

C'est dans le pays qui l'a vu naître que M. de Bonald passa les dernières années de sa vie dans la méditation des grandes vérités qui avaient fait l'occupation de sa vie. Il s'éteignit dans la retraite, le 24 novembre 1840, âgé de près de quatre-vingt-sept ans, fortifié par cette foi catholique à laquelle il avait voué son beau talent dans sa carrière politique et privée.

※

Voici quelques extraits de ses ouvrages où le savant philosophe nous prouve ses sentiments chrétiens.

« Les écrivains qui depuis un siècle ont fait de la religion chrétienne, et surtout de la religion catholique, l'objet de leurs sarcasmes, de leurs sophismes ou de leurs déclamations, ont tous supposé que jusqu'à cette bienheureuse époque, pompeusement décorée du nom de *siècle de lumières*, le monde chrétien avait été dans l'erreur, que l'enseignement religieux n'avait été que mensonge et imposture, la foi des peuples qu'esclavage et aveuglement, la piété qu'hypocrisie ou faiblesse d'esprit; qu'eux seuls avaient porté les lumières dans les ténèbres et mis les hommes sur la route de la vérité, ou plutôt hors des voies de l'erreur et d'une honteuse crédulité; car ces hommes ne se sont chargés que de démolir sans rien mettre à la place, et en annonçant pour une autre époque de nouvelles constructions, ils ne se sont pas, du tout, occupés de ce que deviendrait la société pendant l'intérim... »

« Je l'ai donc vue, cette religion tant calomniée, parler au cœur des hommes les plus simples comme à l'esprit des plus éclairés, inspirer à tous les dévouements les plus généreux et les sacrifices les plus pénibles à la nature, les sacrifices qui sont la plus grande force de l'homme, le mépris des richesses, des grandeurs, des douceurs de la vie, de la vie elle-même; envoyer ses missionnaires aux extrémités du monde, chez des peuples barbares, combattre toutes les erreurs et braver tous les périls; je l'ai vue appeler le sexe le plus faible à consacrer sa vie entière aux soins les plus rebutants du soulagement des infirmes ou de l'éducation de l'enfance; ouvrir des asiles à ceux qui ne veulent pas du monde ou dont le monde ne veut pas, et les y employer au service ou à la sanctification des hommes; obtenir de l'opulence ces fondations pieuses où sont servies et soulagées toutes les misères humaines; je l'ai vue régner sur les sociétés les plus fortes et les plus éclairées qui furent jamais; multiplier enfin, si les gouvernements ne la contrariaient pas, ses bienfaits, ses secours, ses services, à mesure que la dépravation des mœurs, le désordre des doctrines et la haine de ses ennemis augmentent, toujours féconde et toujours jeune, car une religion qui après dix-huit cents ans inspire tant de dévouements ne fait que commencer.

A la vue de tant de prodiges et de tant de bienfaits, j'ai regardé, non comme une opinion fausse, mais comme une opinion absurde, que cette religion n'eût été qu'une grande imposture et une longue erreur; et sans demander à son enseignement la démonstration de sa vérité, je me suis demandé à moi-même si, la religion étant une société, et la mère de toutes les autres, l'homme ne pouvait pas trouver dans la constitution naturelle et générale de la société, la raison des croyances religieuses qu'il ne découvrait pas en lui-même et dans la raison individuelle; je me suis demandé si la facilité avec laquelle le christianisme s'est propagé à sa naissance chez les peuples païens, et de nos jours chez les peuples sauvages, ne prouvait pas, indépendamment des œuvres surnaturelles qui ont pu accompagner sa prédication, qu'il y a dans les croyances même les plus mystérieuses quelque chose qui s'assimile aux pensées, aux sentiments de l'homme social, même à son insu pour les éclairer et les diriger. »

... On demandera peut-être pourquoi il y a tant d'incrédules et d'ennemis de la religion si elle es prouvée à la fois par la raison et l'autorité. Lat réponse est facile : il y a longtemps qu'on a dit que s'il résultait quelque obligation morale de la proposition géométrique que les trois angles d'un triangle sont égaux à deux angles droits, cette proposition serait combattue et sa certitude mise en problème. Même quand l'esprit consent aux vérités religieuses, le cœur trop souvent s'y refuse ; **et si la philosophie peut éclairer l'esprit, la religion** seule a le pouvoir de changer les cœurs ; et puis, il y a si peu d'hommes qui aient la force de suivre toute leur raison...

« La religion nous apprend que nous avons tous été créés par la même *cause*, perfectionnés par le même *moyen*, appelés à la même *fin*, tous faits à l'image et à la ressemblance de l'Etre souverainement parfait, tous doués de la faculté de connaitre et d'aimer. Elle nous donne à tous le même Dieu sur po*père*, la même société pour *mère*, tous les hommes pour *frères*, le même bonheur pour notre commun *héritage*. Elle fait donc réellement et à la lettre, du genre humain tout entier, un Etat, une société, une famille, un peuple de frères et de concitoyens. Elle renferme, dit Bossuet, « les règles de la justice, de la bienséance, de la société, ou pour mieux parler, de la fraternité humaine ».

« Ainsi, elle ennoblit l'homme le plus obscur, elle relève le plus faible, elle n'ôte pas même au plus coupable le sacré caractère dont elle l'a revêtu, et sans faire de l'homme un Dieu, elle le fait *enfant de Dieu*, en même temps qu'elle le fait *frère* de l'homme, puisqu'elle fait de l'amour du prochain un commandement égal, pour l'importance et la nécessité, à celui de l'amour de Dieu même, et jamais l'homme ne pourrait même imaginer des titres plus augustes à sa dignité, des motifs plus puissants à ses vertus, de plus précieux gages de ses espérances, de plus forts liens pour la société. »

Dans son traité du *Divorce* considéré au XIXe

siècle, que M. Naquet n'a sans doute pas lu, M. de Bonald parle ainsi de l'indissolubilité du mariage : « La société domestique n'est point une association de commerce, où les associés entrent avec des mises égales, et d'où ils puissent se retirer avec des résultats égaux. C'est une société où l'homme met la protection de la force, la femme les besoins de la faiblesse, l'un le pouvoir, l'autre le devoir; société où l'homme se place avec autorité, la femme avec dignité, d'où l'homme sort avec toute son autorité, mais d'où la femme ne peut sortir avec toute sa dignité, car de tout ce qu'elle a apporté dans la société, elle ne peut, en cas de dissolution, reprendre que son argent. »

BONJEAN

PRÉSIDENT DE CHAMBRE A LA COUR DE CASSATION, SÉNATEUR, MINISTRE, OTAGE DE LA COMMUNE

(1804-1871)

> « A faire son devoir, il y a une satisfaction intérieure qui permet de supporter avec une certaine suavité les plus grandes douleurs...
> « J'ai dit du mal des Jésuites Je les ai persécutés selon mon pouvoir, eh bien! ils ont fini par me convertir. »
> (Le président BONJEAN).

Le président *Bonjean* a dû connaître les horreurs e la prison pour connaître et réparer les fautes de sa vie publique, et il est mort heureux de verser son sang, martyr de l'ordre et de la justice.

Il naquit à Valence le 4 décembre 1804. Après avoir fait ses études de droit, et devenu avocat à la Cour de cassation, il publia de savants ouvrages sur le *Droit romain*. Il a laissé une *Encyclopédie des lois*.

Sa vie politique commence en 48, époque à

Bonjean (v. p. 160)

laquelle il se présenta comme républicain aux élections de la Drôme, et alla siéger sur les bancs de la Droite. Aux élections de la législative il ne fut pas jugé assez avancé dans ses opinions et il échoua. Cet échec le fit se rapprocher de l'Elysée, et on lui confia le ministère de l'agriculture et du commerce. Après le coup d'Etat, il fut nommé président de section au Conseil d'Etat, puis conseiller, et bientôt président de chambre à la Cour de cassation, enfin sénateur et grand-officier de la Légion d'honneur.

Au Sénat, il manifesta trop souvent ses idées gallicanes et quelque peu voltairiennes, en combattant le pouvoir temporel du Pape, et publia même un ouvrage dans ce but. Il fut aussi l'ennemi de la Compagnie de Jésus, comme il l'a avoué et s'en est repenti plus tard.

A l'avènement de la Commune, il quitta Paris, puis y rentra publiquement bien décidé à faire son devoir, et reprit ses fonctions à la Cour suprême. Il fut saisi par les agents de la Commune, au mois d'avril 1871, et incarcéré avec Mgr Darboy, archevêque de Paris, à la prison de la Roquette.

Laissons un témoin et une victime de la Commune nous raconter sa conversion dans ces circonstances difficiles.

∴

« Vous connaissez le talent et l'érudition de M. Bonjean, ancien sénateur; vous savez l'éclat qu'il a jeté dans la magistrature, personne n'ignore ses qualités sociales. Les catholiques de France n'ont pas oublié non plus que M. Bonjean, à la tribune du Sénat, défendait avec esprit les vieilles traditions gallicanes. Imbu de ces anciens préjugés parlementaires, vous vous souvenez des attaques de M. Bonjean contre certains ordres religieux, notamment contre la Compagnie de Jésus. Eh bien! admirez le soin merveilleux de la Providence. A cette heure, M. Bonjean se trouve en présence de quelques membres distingués de cette compagnie, qui a la gloire d'être constamment persécutée, parce que, intimement unie à l'Eglise de Dieu et au Vicaire de Jésus-Christ, elle combat sans cesse les erreurs de l'époque : M. Bonjean voit de près des membres de la Société de Jésus persécutés comme lui. Avec ce tact et ce rare discernement qui le distinguent, il a le bonheur de les apprécier aussitôt... Il a le choix entre quarante à cinquante prêtres qui l'entourent : c'est un père de la Compagnie de Jésus qui devient le confident des secrets de sa conscience, et le médiateur entre lui et le ciel.

« Cet acte simple et touchant nous semble la plus belle rétractation des anciens discours de M. Bonjean contre les ordres religieux.

« Si nous publions avec bonheur ce fait consolant et honorable pour la mémoire de l'ancien président, c'est qu'il glorifie grandement sa conduite en cette délicate circonstance... Car recevoir les honneurs d'une brillante sépulture; être honoré de discours mondains au moment où notre enveloppe mortelle est descendue en terre; être proclamé bien méritant de la patrie, que sont tous ces vains honneurs, si au sortir de cette vie, notre âme immortelle n'a pu soutenir les rigueurs de la justice divine?

« La joie chrétienne de sa famille sera sans doute au comble, en apprenant que, par une grâce toute spéciale, M. Bonjean a eu le bonheur de communier en viatique le jour même de sa mort (1). »

Et nous catholiques, nous nous réjouissons aussi de voir ce vieux parlementaire, peu auparavant persécuteur des disciples de notre Sauveur, devenu lui-même le vrai disciple de Jésus-Christ.

⁂

Ecoutons-le, dans sa prison, avouant simplement à Mgr Darboy le tort qu'il a fait à la Religion.

« Monseigneur, j'ai dit bien du mal des Jésuites, et je les ai poursuivis, ou du moins persécutés selon mon pouvoir. Eh bien! ils ont fini par me convertir. Moi le gallican, qui aurais jamais cru que je serais converti par un Jésuite? »

Il était en effet, la conquête spirituelle du P. Clerc, son voisin de cellule, lieutenant de vaisseau avant d'entrer en religion. Ses convictions chrétiennes ont pu seules lui dicter ces paroles, qu'il

(1) M. l'Abbé Perny, missionnaire en Chine, otage de la Commune.

écrivait de sa prison, à un ami, quelques jours avant sa mort.

« Ce que j'ai fait, je le ferais encore, quelque douloureuses qu'en aient été les conséquences pour une famille aimée. C'est que, voyez-vous, *à faire son devoir, il y a une satisfaction intérieure* qui permet de supporter avec patience et même avec une certaine suavité les plus amères douleurs. »

C'est encore cette idée sublime qu'il exprimait sous une forme plus originale, lorsque, après avoir répété ces paroles du Maître des chrétiens: *Heureux ceux qui souffrent pour la justice*, M. Bonjean ajoutait : « C'est la même pensée rappelée par Sydney sous une autre forme, quand s'étant pris à rire en descendant l'escalier de la tour pour porter sa tête sur l'échafaud, il répondit à ses amis, étonnés de cet accès de gaieté dans un pareil moment : « Mes amis, il faut faire son devoir et rester gai jusqu'à l'échafaud *inclusivement*. »

Il a pratiqué merveilleusement ce qu'il écrivait, et a marché à la mort avec un calme et une résignation inaltérables, appuyé sur le bras de Mgr Darboy, et a été fusillé avec lui le 24 mai 1871, dans la cour de la Roquette.

Ainsi le malheur a servi à le ramener à Dieu et à épurer sa vertu. C'est le cas de répéter avec Franklin : « Il en est de l'homme de bien comme des plantes aromatiques, plus elles sont broyées, plus elles exhalent leurs parfums. »

BOUET-WILLAUMEZ

VICE AMIRAL

(1808-1871)

> « Ne désespérons pas du salut de la France. »
> (Bouet-Willaumez.)

Dans ce temps de démoralisation et de scepticisme, la mort d'un homme d'honneur et de foi est un malheur public : avec l'amiral *Bouet Willaume* nous perdons du même coup et l'illustration du passé et l'espérance de nouveaux services pour la patrie.

Mais au moins trouvons-nous dans les âmes de cette trempe une consolation également patriotique, une virilité de la mort qui nous subjuge, et l'héroïsme chrétien de l'homme *qui sait mourir* comme il a su vivre, commandant à ses concitoyens par l'exemple de son agonie comme il leur imposait par sa vie : l'homme qui ne se dédit pas devant l'éternité.

Ceux qui cherchent à renouveler la société ne trouveront pas de plus magnifiques et de plus pratiques conseils que ceux-là, ils ne trouveront pas d'autre voie : il n'y a que la religion.

C'est ce brave amiral qui, pendant la funeste guerre de 1870-71, fut chargé d'organiser l'expédition dans la mer Baltique, et dont M. Félix Julien a écrit la vie. Dès le premier instant de la déclaration de guerre, il avait été question de faire une diversion salutaire, et d'effectuer le débarquement d'une quarantaine de mille hommes en Hanovre ou en Danemark. On avait compté sans l'inertie et l'imprévoyance du général Lebœuf qui obligea la flotte à partir sans provisions de bouche suffisantes pour une longue campagne, et sans troupes considérables de débarquement. Il avait fallu envoyer à l'armée du Rhin déjà trop faible les soldats destinés à être embarqués.

La flotte, dès lors, fut condamnée à l'impuissance, et nos fiers navires durent se contenter de faire, en vue des ports allemands, des démonstrations platoniques et stériles. Ce fut une douleur immense pour le vice-amiral Bouet-Willaumez, et le chagrin causé par cette inactivité imposée à son patriotisme, a certainement hâté sa mort arrivée, dans sa propriété de Maison Laffite le 10 septembre 1871 : juste un an, mois par mois, après avoir ramené à Cherbourg sa flotte impuissante.

*
* *

Bouet-Willaumez, né en 1808, était entré dans la marine en 1823. En 1835, il se signalait au bombardement de Mogador en qualité de lieutenant de vaisseau. Il était envoyé, en 1844 au Sénégal dont le gouvernement lui fut confié.

Pendant la guerre de Crimée, il remplit sous les ordres de l'amiral Hamelin les importantes fonctions de chef-d'état-major de la flotte. Il a été préfet maritime à Cherbourg et à Toulon, où il s'est occupé spécialement des perfectionnements à donner au système défensif des torpilles. Grand-officier de la Légion d'honneur en 1856, vice-amiral, puis sénateur en 1860, M. Bouet-Willaumez a toujours été apprécié pour son caractère plein de bienveillance, mais empreint, comme celui des hommes de mer, d'une énergique fierté.

Avec sa fougue et son intrépidité proverbiales, brisé par les angoisses morales et les fatigues physiques d'une campagne funeste dans ses résultats, et dont l'histoire appréciera le mérite et les dangers, cet homme encore jeune, plein d'honneurs, de jours, de crédit, d'expérience s'est vu arracher, au milieu d'atroces douleurs à ses amis, à sa femme, à ses six enfants, dont deux en bas âge, et il a envisagé sa fin avec toute la résignation du soldat de la foi et de l'honneur, s'éteignant dans les bras de son Dieu et dans les espérances de notre sainte Eglise. Ne désespérons pas du salut de la France, voilà ce qu'il faut pour la régénérer : *Lumen Christianorum*.

Un des fils de l'amiral, digne héritier de la bravoure et des talents de son noble père, et déjà lieutenant sur la *Vipère* vient d'être tué par un boulet chinois, au mois d'août 1884, à l'attaque de la passe Mingan, au Tonkin.

BOUILLÉ (Fernand et Jacques de)

HÉROS DE LOIGNY

(1870)

> « A moi, sauvez le drapeau. »
> (J. DE BOUILLÉ.)

Agé de près de cinquante ans, le comte *Fernand de Bouillé*, ému des malheurs de sa patrie, n'hésita pas en 1870 à prendre les armes à l'heure où d'autres les déposèrent, pour défendre la France, et, le 1er novembre 1870, il écrivait au général de Charette, pour lui demander d'être incorporé, à titre de simple soldat, dans les volontaires de l'Ouest.

« Mon cher Athanase, je tiens à te dire que c'est
« pour être soldat sous ton commandement que je
« prends le chassepot, et sois bien sûr qu'un colo-
« nel n'aura nulle part de soldat plus discipliné, et
« que je ne me permettrai même plus de te tutoyer.

« En attendant, je t'embrasse. »

Comte F. DE BOUILLÉ.

Rien, mieux que ces lignes, ne saurait montrer dans quel esprit de sacrifice et de religieuse abnégation ce petit-fils de Bonchamps, le héros vendéen, venait de s'enrôler sous les ordres de l'héritier de Charette.

La pensée ne lui était pas venue d'entrer avec un grade quelconque dans ce régiment, où les plus humbles galons avaient toujours été le prix de services rendus sous le drapeau. Il mit son ambition à être simple soldat dans tout ce que ces mots impliquent d'obéissance, d'humilité, de privations.

Devant ce grand-père, dont le poids du sac ne faisait jamais ployer les épaules ni fléchir le joyeux entrain, qui donc aurait trouvé l'étape trop longue, le pain trop moisi, la tente ou trop étroite ou trop humide?

Pendant la marche de nuit sur Patay, le général de Sonis fit appeler le comte de Bouillé. Tous les trois (avec M. de Charette) marchèrent longtemps à la tête de la colonne. M. de Bouillé fut vivement pressé de consentir à porter la bannière du Sacré-Cœur, qui devait être déployée le lendemain.

Il répondit qu'un tel honneur ne pouvait appartenir à un ouvrier de la dernière heure; qu'il revenait de droit aux zouaves de Rome. Il indiqua Verthamon qui, lui aussi, était digne d'être le porte-drapeau de Charette.

Lorsqu'il refusait avec tant de modestie un honneur si bien fait pour tenter un cœur comme le sien, il ne prévoyait pas que le lendemain, à pareille heure, Verthamon, lui et son fils seraient couchés sanglants sur le même sillon et confondus dans la même gloire.

Le 2 décembre, vers trois heures de l'après-midi, les zouaves étaient en réserve sur le plateau de Villepion, que l'artillerie prussienne couvrait de ses feux. Les mobiles des Côtes-du-Nord étaient décimés. Plusieurs des nôtres avaient déjà été atteints. M. de Bouillé, s'adressant à son fils et à son gendre, leur dit ces mots, les derniers qu'ils dussent entendre sortir de sa bouche : « Si un de ces obus venait à tomber entre nous trois, il y aurait ce soir bien des veuves dans notre maison. »

Quelques instants après, le général de Sonis adressait aux zouaves pontificaux cet appel suprême que l'histoire n'oubliera pas. Le bataillon, précédé du général en chef, du colonel de Charette et de leur état-major, tout à cheval, s'élança vers le village de Loigny.

M. de Bouillé, dont le cousin-germain, le général de Bouillé chef d'état-major du corps d'armée, venait d'être grièvement blessé, fut atteint d'un coup de feu à la main qui ne l'arrêta pas un seul instant. Mais, à quelques pas de là, au moment où il saisissait à son tour cette bannière du Sacré-Cœur, dont le seul contact semblait donner la mort en même temps que la plus pure des gloires, il fut frappé d'une balle qui lui traversa la poitrine de part en part.

Telles étaient cependant sa vigueur et son énergie que, vers le milieu de la nuit, il se releva, au bruit des caissons d'artillerie qui sillonnaient la plaine en écrasant les morts et les blessés, et pu gagner le village de Terminiers, distant de plus d'une lieue; là, il se traîna vers l'église, sous le porche de laquelle il tomba évanoui. Un colonel anglais, attaché à l'état-major du général Chanzy, l'y aperçut le lendemain matin. Frappé de l'âge et de la haute stature de ce zouave, il lui donna quelques gouttes d'eau-de-vie qui le ranimèrent. Puis, il le fit transporter à Orléans.

Recueilli dans la famille de Roscoët, le comte de Bouillé reçut d'admirables soins. Mais sa blessure était mortelle, et bientôt il s'éteignit dans les sentiments de la foi la plus ardente, le 25 décembre 1870, à l'âge de quarante-neuf ans. Il était né à Paris.

Un monument fut élevé à Patay, en 1871, à sa mémoire, à celle de son fils Jacques de Bouillé et du comte de Verthamon.

Jacques de Bouillé partagea la double gloire de son père dans cette sanglante journée.

Né à Nantes en 1844, cet ardent jeune homme était passionné pour tout ce qui est beau, noble, juste et vrai, et ne savait pas transiger, au milieu de notre triste époque, avec ce qu'il croyait un devoir ou un sentiment d'honneur.

Dévouement, fidélité, générosité et désintéressement dans ses convictions et sa conduite, telles etaient les traditions que le comte Jacques de Bouillé avait reçues et dont il restait l'expression délicate et élevée.

L'amour de son pays lui mit les armes à la main comme sa foi l'enrôla dans les zouaves pontificaux.

« La bataille de Loigny va finir avec le jour, raconte son biographe. La plupart des zouaves sont couchés par terre. Sur le corps de Verthamon, Jacques de Bouillé saisit le drapeau du Sacré-Cœur, qui, dans ses mains, domine encore une fois le champ de bataille. Il le brandit avec force au-dessus de sa tête, et s'élance sur l'ennemi en poussant le formidable cri : « En avant! » qui rallie les quelques zouaves encore debout çà et là dans la plaine, et déjà aux trois quarts fauchés par les balles et la mitraille.

Mais déjà la bannière s'arrête, chancelle et s'incline : « A moi, sauvez le drapeau! » Telles furent les dernières paroles de Jacques, foudroyé par une grêle de projectiles, tirés presque à bout portant.

Il périt digne de son père, qui venait de tomber digne lui-même de Bonchamps, son aïeul.

Son corps, reconnu au premier moment par plusieurs camarades, n'a cependant pu être rendu à la sépulture de sa famille.

10.

BOULEY

DE L'ACADÉMIE DE MÉDECINE, PRÉSIDENT DE L'ACADÉMIE DES SCIENCES

(1814-1885)

> « Vers Dieu qui le guida.
> Vers l'art, vers la science
> aux lueurs souveraines,
> Français ! *Sursum corda !* »
> (Poésie couronnée par l'Académie.)

Le 10 décembre 1885, l'amiral Jurien de la Gravière succédant à M. Bouley à la présidence de l'Académie des sciences a fait l'éloge de son regretté prédécesseur, qui fut le collaborateur habile de M. Pasteur, et a parlé en ces termes si chrétiens de M. Bouley et des autres savants morts dans l'année :

« Neuf de nos confrères nous ont quittés ; je ne dirai pas que nous les avons perdus. Ils sont seulement partis les premiers ; nous les retrouverons dans ce monde où leurs œuvres les suivent. Par leurs œuvres, j'entends surtout le bien qu'ils ont fait, depuis le verre d'eau offert à celui qui souffre (1),

(1) S. Mathieu, chap. X. v. 42.

jusqu'aux plus sublimes découvertes, données sans compter, avec un désintéressement qui est l'apanage de notre race, à l'humanité tout entière.

Je souhaite que clémente et féconde, l'année 1886 donne à notre cher pays, par vos œuvres, par vos découvertes, de tels dédommagements que d'un bout de l'Europe à l'autre, les peuples se redisent malgré nos malheurs « Dieu protège la France ».

Henri *Bouley*, un de nos savants les plus laborieux et les plus actifs, consacra toute sa vie aux découvertes de la science biologique.

C'était l'ami et l'émule des Chevreul, des Pasteur, des Vulpian.

Né à Paris en 1814, il fut nommé professeur à l'école d'Alfort dès l'âge de vingt-trois ans, et y occupa avec la plus haute distinction plusieurs chaires importantes jusqu'en 1866, époque à laquelle il accepta les fonctions d'inspecteur général des écoles vétérinaires.

Dès 1855, il avait été élu membre de l'Académie de médecine, et en 1868 il entrait à l'Académie des sciences. Puis à la mort de Claude Bernard, il devint professeur au Muséum. « Ce fut un enthousiaste de la science, dit le Dr L. Ménard. On a dit avec juste raison, qu'il la prêchait plus encore qu'il ne l'enseignait. Il s'efforçait, dans ses cours, de faire partager à son auditoire son ardeur et son enthousiasme. Plein de bienveillance pour tout le monde, il eut le rare bonheur de ne rencontrer sur son chemin que des amis. Toujours prêt à se réjouir du succès des autres, il ne se vit pas disputer ses légitimes triomphes... On se rappelle que vers la fin de l'Empire, il fut candidat officieux, sinon officiel, au corps législatif. » Il échoua contre M. Pelletan.

Un si beau caractère qui, du reste, avait reçu ses premières inspirations de parents chrétiens, ne pouvait vivre et mourir sans rendre hommage à la religion de Jésus-Christ, bien qu'au milieu de ses succès scientifiques il n'ait pas fait montre de ses sentiments religieux.

Sa foi se réveilla enfin comme pour prouver que la vraie science et la religion finissent toujours par se rencontrer, et le Dr Ménard a pu annoncer ainsi sa mort dans le *Cosmos* (1) :

« Les obsèques de M. Bouley ont attiré une grande affluence de savants, d'admirateurs et d'amis. Il appartenait à une famille chrétienne, et a reçu au lit de mort l'assistance de l'Eglise. »

(1) N° 46.

BOURMONT (de)

MINISTRE, PAIR ET MARÉCHAL DE FRANCE

(1773-1846)

> « J'ai cru dans la plénitude de mon bon sens et de ma raison, j'ai vu la vérité et je l'ai acceptée. »
> « DE BOURMONT. »

« Il y a quelque chose d'admirable ici-bas, dit L. Veuillot, c'est le spectacle d'une grande volonté aux prises avec de grandes difficultés », et c'est le spectacle que nous offre la longue vie du maréchal de Bourmont, une grande et forte volonté toujours soutenue par sa foi politique et sa foi religieuse, qui ont fait de cet homme de guerre le type du soldat royaliste et chrétien.

Aussi depuis 1799 jusqu'en 1832, son nom, mêlé à tous les combats les plus importants et les plus glorieux, est devenu populaire, surtout à la prise d'Alger.

Louis Victor *Bourmont*, comte de Gaisne, né au château de *Bourmont*, (Maine-et-Loire) était enseigne aux gardes françaises lorsque ce beau corps fut licencié en 1789. Comme il s'était montré royaliste ardent et habile à l'armée de Condé et dans la Vendée, l'insurrection de 1799 le reconnut pour un de ses chefs. La pacification ayant amené plusieurs chefs vendéens à Paris, le comte de Bourmont y vint, mais résista aux offres pressantes du 1er Consul, et fut incacéré à Besançon, d'où il s'échappa et se réfugia en Portugal.

En 1810, il accepte du service dans l'armée française et se distingue dans toute la campagne de Russie ; dans celle de Saxe, il reçoit plusieurs blessures et le grade de général. Puis il abandonne Napoléon pour ne pas participer aux mesures contre les Bourbons.

Sous la seconde restauration, Bourmont fit la guerre d'Espagne, fut créé pair de France, puis ministre de la guerre en 1829. Nous arrivons à l'époque la plus glorieuse de sa vie. En 1830, Charles X ayant résolu de venger l'honneur national contre le dey d'Alger confia une armée de débarquement de 40,000 hommes au vaillant général. Le vice-amiral Duperré commandait la flotte. De Bourmont avait auprès de lui ses quatre fils, dont l'un tomba dès les premières rencontres Le 19 juin, il gagna la bataille de Staouéli. Après plusieurs combats très meurtriers, le 30 il prit position devant le fort de l'Empereur qui domine Alger, et la citadelle, appelée Kasba.

Le 4 juillet, une fusée donna le signal de l'attaque. Pendant plus de trois heures, le canon algérien répondit en faisant un feu soutenu. Mais la forteresse était ruinée, et les Français se préparaient à l'assaut, lorsque vers dix heures du matin une explosion épouvantable se fait entendre; des jets de flamme et des nuages de fumée s'élèvent à une hauteur prodigieuse; des pierres sont lancées de tous côtés. Hussen Pacha venait de faire évacuer la Kasba, et faire sauter la citadelle.

Alger capitula le soir même, et le lendemain, 5 juillet, le drapeau blanc de la France flottait sur cette cité d'où étaient sortis tant de pirates qui infestaient depuis si longtemps la Méditerranée; Alger cessait d'être un objet de terreur pour la chrétienté, et l'Algérie, grâce à la vaillance du général en chef et de ses soldats, allait devenir une terre chrétienne en devenant une terre française.

Le vainqueur accorda au dey et à ses soldats le droit d'emmener leurs familles, et s'engagea à respecter la religion, les lois et les mœurs des habitants : il fut fait maréchal au lendemain de cette brillante journée qui avait rapporté à la patrie, avec une immense province, 48 millions de francs renfermés dans le Kasba, 1542 canons et de grands approvisionnements. La chrétienté tout entière applaudit à ce magnifique triomphe. Mais cette victoire ne put désarmer les partis. La révolution de Juillet remplaça par le général Clausel le maréchal de Bourmont, qui efayant rusé de prêter serment à Louis-Philippe, fut démissionnaire en 1872 et rentra dans la vie privée.

Après une carrière si remplie de vicissitudes et de circonstances glorieuses, il vivait au milieu de sa famille, et passait une partie de son temps soit dans l'Anjou, soit à Nantes, en Bretagne.

C'est dans cette dernière ville que le vieux maréchal, exact à ses habitudes chrétiennes, assistait un jour à un sermon donné par un célèbre religieux, qui l'ayant aperçu dans l'auditoire se tourna vers lui, et dans une magnifique apostrophe, exalta le courage et la foi religieuse du héros chrétien.

Le comte de Bourmont fidèle à son Dieu, comme il l'avait été à son roi jusqu'à la fin, mourut à son château natal le 27 octobre 1846.

BRADLEY (D^r)

DE L'UNIVERSITÉ D'OXFORD

1841)

> « Il était trop bon pour rester parmi nous. »
> (UN MINISTRE ANGLICAN.)

Si l'Eglise catholique verse des pleurs sur la désertion de quelques fidèles, elle n'est pas sans éprouver de vives consolations en voyant venir à elle tant d'esprits égarés. Sans doute, les catholiques doivent s'attrister de l'apostasie officielle de tous les gouvernements qui prétendent vivre sans Jésus-Christ, mais chaque jour, de nouvelles conversions viennent attester la puissance de la foi. Le mouvement religieux au sein des nations hérétiques ne fut jamais plus actif et plus sincère, et Rome est toujours l'objectif de tous les regards. Quoi que fasse la Révolution, elle ne pourra éteindre cet amour dans la recherche de la vérité. En voici une preuve récente : c'est l'abjuration faite en Amérique, le 24 janvier 1872, à New-York, par un éminent épiscopalien et dont s'est occupée toute la presse américaine.

Le docteur Bradley n'avait alors que trente-un ans. Il est sorti de cette célèbre Université d'Oxford qui a donné à l'Eglise tant d'éminents convertis : Mgr Manning, les PP. Newman, Wiberforce, Spencer, les deux Maréchal et tant d'autres qui ont jeté un si grand lustre en Angleterre. C'est là que M. Bradley obtint le doctorat, puis alla occuper la charge de pasteur à New-York. Depuis quelque temps, il laissait percer le désir d'embrasser la foi catholique : la rectitude de son jugement, ses études et ses recherches l'avaient amené à conclure que là seulement se trouvait la vérité.

Enfin, le vingt et un janvier, il prononça dans son église son sermon d'adieu, en prenant pour texte ces paroles : « Tu es Pierre, et sur cette pierre je bâtirai mon Eglise, etc... » C'était une scène d'un nouveau genre. Le Dr Bradley était aimé et estimé de toute sa congrégation, et ce ne fut pas sans une pénible surprise qu'on l'entendit raconter comment ses yeux s'étaient ouverts à la lumière. On répétait la parole d'un ministre anglican, lors de la conversion de Newman : *Il était trop bon pour rester parmi nous.* Chose bien digne de remarque, en effet, ce sont les meilleurs parmi les protestants qui reviennent à la foi catholique ; peut-on en dire autant de ceux qui la quittent?

Le Dr Bradley dans son discours ne déguise pas combien il lui était dur de laisser l'Eglise anglicane, à laquelle il était si attaché ; mais il ne lui était pas possible, sans résister à sa raison et à sa conscience, de demeurer plus longtemps dans son sein. En étudiant l'histoire, il a reconnu que l'Eglise épiscopalienne n'a pas conservé la foi des premiers siècles, qu'en se séparant de Rome elle est tombée dans le schisme, et que, maintenant, elle affichait les plus monstrueuses erreurs... Le jeune docteur est heureux de sortir de cette Babel protestante et de se convertir franchement à la doctrine de la suprématie papale. Il justifie sa résolution par des citations des Pères de l'Eglise, et reconnaît, dans l'Evêque de Rome, le successeur de Pierre. Il n'éprouve aucune peine à admettre l'infaillibilité du Pape. « Notre-Seigneur, dit-il, est sans doute le Chef de l'Eglise; mais il a un Vicaire sur la terre. Une Eglise infaillible doit avoir un Chef infaillible. Le Pape agissant comme Chef de l'Eglise ne peut errer. »

Voilà une doctrine, dit le P. Huguet, qui sourit et calme les appréhensions de notre fragilité. Le docteur converti n'est pas un fanatique. Il embrasse la foi catholique parce qu'il n'en trouve pas de meilleure. La foi catholique est pour lui la véritable et parfaite forme du christianisme. Il croit l'Eglise une, sainte, catholique, et apostolique; il trouve ces quatre marques seulement dans l'Eglise Romaine. En terminant, il engagea ses auditeurs à réfléchir, à étudier cette grave matière, à recourir à la prière; puis, s'ils reconnaissent comme lui la vérité, à tout sacrifier pour l'embrasser.

Le lendemain, le docteur Bradley commençait

une retraite préparatoire, et le mercredi 23, il fit solennellement son abjuration dans l'église de Saint-Stephens, et reçut le baptême catholique des mains du B. Dr Mac Glynn. Cette vaste église était remplie de catholiques, de protestants et de ministres de diverses confessions. L'émotion fut grande dans l'auditoire, lorsque, après un discours du docteur Mac Glynn sur la divine mission de l'Eglise catholique, le docteur Bradley, d'une voix haute et ferme, renonça à ses erreurs et jura de croire à toutes les vérités enseignées par l'Eglise catholique.

Après cette cérémonie, un grand nombre de gentlemens et de ladies se présentèrent pour complimenter le nouveau converti.

BRÉDA (Comte de)

LIEUTENANT-COLONEL

(1872)

> « Il fut ramené à la religion au contact des vertus des Frères de St-Jean de Dieu. »
>
> *L'Univers.*

Retiré de la carrière des armes où il fut le type même de l'honneur et du dévouement, Félix de *Bréda* s'appliquait à des études militaires pour continuer d'être utile à son pays.

L'expérience des défauts dans l'organisation des infirmeries et des ambulances et le vif intérêt qu'il portait au soldat, blessé ou malade, le portèrent à rechercher le meilleur système d'infirmeries militaires. Il publia à cet effet une brochure sur les hospitaliers militaires, où il concluait à la fondation d'un ordre moitié civil moitié religieux pour le service des hôpitaux. Plus tard, il s'aperçut que cet ordre existait plus parfait encore qu'il ne l'avait conçu, et que la Congrégation des Frères de St-Jean de Dieu remplissait à merveille le but qu'il se proposait. En conséquence, il obtint du gouvernement l'introduction des religieux de cet ordre dans l'hospice de Nancy. Une foule d'autres hôpitaux ont reçu depuis des frères de cet Ordre. C'est un grand service que M. le comte de Bréda a rendu à l'armée, en faisant entrer dans les hôpitaux des infirmiers aussi dévoués et aussi intelligents.

Il est remarquable que, depuis lors, le nombre des vocations a doublé dans cette Congrégation. Tous les amis du soldat souhaitent que ces zélés religieux se trouvent dans les hôpitaux, au lieu du système laïque qui tend à prévaloir de nos jours, malgré la triste expérience faite au dépend des malades.

Ramené à la religion au contact des vertus des Frères dont il étudiait le dévouement, Félix de Bréda, qui avait vécu éloigné de la pratique religieuse eut le bonheur de revenir à Dieu deux mois avant sa fin, à la grande joie de tous les siens, auxquels il a laissé le souvenir d'une vie des plus honorables et des plus utiles pour le monde, couronnée par une mort vraiment honorable devant Dieu.

BRUCKER (Raimond)

LITTÉRATEUR

(1805-1875)

> « J'ai été un Lazare épris du tombeau! Mais Jésus a fait ôter la pierre et m'a commandé de sortir. »
> R. BRUCKER.

La figure de Raimond Brucker, dit J. Chantrel, est une des plus originales de ce temps-ci; plus cet énergique chrétien a vécu obscur, plus il importe de le faire bien connaître, d'autant plus que les journaux de la mauvaise presse ont essayé de défigurer ce caractère et ce talent, en ne parlant que du bohème littéraire, et en laissant dans l'ombre plus de trente ans de cette belle vie; comme si Brucker n'avait été chrétien que dans les derniers jours de sa vieillesse. Le chrétien les gêne; ils ne veulent que du bohème.

Raimond Brucker fut un littérateur distingué et sous le pseudonyme de Michel Raimond, qui cachait la collaboration de Michel Masson, son ami, il écrivit d'abord des romans qui eurent un grand succès, puis collabora au *National* sous Armand Carrel et à plusieurs autres journaux. Écoutons L. Veuillot :

« Raimond *Brucker* avait trente ans lorsque je l'entrevis chez Latouche, rédacteur en chef du *Figaro*. J'en avais dix-sept, et je faisais très malheureusement mes premières armes. Latouche protégeait alors Félix Pyat, autre débutant que je voyais assez... Quant à Brucker, nous le regardions passer avec le respect que nous inspirait un homme déjà imprimé. Il était auteur du *Maçon*, et je crois des *Intimes*, romans fameux. Dans ce moment-là, au lendemain de la Révolution de Juillet, il faisait de la politique et demandait la tête des ministres. L'un d'eux, M. de Peyronnet, ayant connu ce vœu, lui envoya son portrait, avec un quatrain, où il lui disait que n'étant pas libre de lui porter sa tête, il le priait de se contenter de la copie. Brucker trouva que le ministre « parjure » avait plus d'esprit et de courage que les innombrables sots, occupés à clabauder des cris de mort, qui profitaient surtout aux vainqueurs. Il remercia le ministre prisonnier de la clémente leçon qui lui faisait comprendre sa folie. Ce fut le point de départ de réflexions dont sa conversion religieuse et politique fut le résultat.

Brucker était un incrédule de 1830, c'est-à-dire un fanatique d'incrédulité. 1830 fut un pillage et un gaspillage de toutes les choses de l'esprit, accompli avec une sorte de ferveur. Pendant quelques années, on crut vraiment à l'incrédulité; on crut qu'elle était une source de force et de vie, d'où jailliraient des merveilles. Cette dévotion eut ses apôtres, presque ses martyrs.

.*.

Ce qui fut véritablement fort en 1830, c'est le petit nombre d'hommes qui eurent de bonne heure l'avantage de se tirer de l'esprit dans lequel ils étaient nés, pour rester ou redevenir fidèles au vieil esprit chrétien et français. Ceux-là eurent à combattre la foule et eux-mêmes... Cet avenir s'offrait à Brucker et d'abord l'effraya. Le sacrifice sans doute n'est rien, une fois accepté. A la fin de la vie, il paraît avoir été une occupation féconde en joie et en gain dont on est aussi fier que reconnaissant, mais on en juge autrement lorsqu'il faut s'y résoudre au cours d'une carrière qui s'est marqué un but tout différent. En 1830, Brucker était un homme de lettres applaudi, et pouvant se croire de l'importance. Victor Hugo, Honoré Balzac, M⁰ Sand, pensaient bien réformer le monde. Raimond n'avait pas de moindres prétentions ; il se croyait sur les voies de la fortune et de la gloire. Une conversion l'en détournait.

A ce propos, citons de Paul Féval — autre chrétien qui s'ignorait — ces quelques lignes d'un de ces plus beaux livres « LA MORT DE PÉSE, deuxième épisode des *Etapes d'une conversion* » qui est l'histoire la plus charmante, la plus vraie, la plus étendue que nous connaissions de Raimond Brucker.

11.

« Je vais vous raconter l'histoire d'une intelligence et d'un cœur. Mon ami s'apelait Jean ; — c'est ainsi que Paul Féval nomme Raimond Brucker, tout le long de son livre, — son nom de famille importe peu. Avant de tourner ses yeux vers Dieu, il avait dépensé une longue vie à regarder les hommes pour faire fortune et gagner de la renommée....

« Jean était un de ces esprits de plus en plus rares de nos jours qui pensent encore leur propre pensée au lieu de ravager celle d'autrui..... ce livre fut écrit *presque sous sa dictée.*

« Il m'écrivit un jour de lui dire à propos du titre de ce livre :

« — Pour bien des Français, je crois qu'il faudrait mettre : les *Etapes d'un converti.*

« — A notre insu, me répondit-il, nos joies et nos douleurs, nos triomphes et nos défaites nous rapprochent de Dieu. Ce n'est pas nous qui marchons vers la Conversion, c'est la Conversion qui vient à nous. J'ai voulu marquer les diverses stations de la mienne, et marquer étape par étape, ce mystérieux voyage de la Grâce divine à la rencontre d'une pauvre âme.... »

Plus loin, Paul Féval dit encore, et c'est Jean (Raimond Brucker) qui parle :

« Ce livre s'appelera *les Etapes d'une conversion.* Ne discute pas le titre, je te l'expliquerai. Tu ne donneras point l'œuvre au public comme étant complètement de toi, le public, dès le premier mot, devinerait derrière toi un autre que toi, mais tu reproduiras loyalement nos présentes conventions qui te serviront de préambule.

« *Tu me désigneras sous le nom de* JEAN tout court. J'ai nourri très longtemps l'espoir et l'ambition de rendre mon nom de famille illustre; je n'ai pas pu, tu le diras.

« Tu diras aussi que j'ai fait quelque bruit, un vain bruit dans un genre de littérature qui est le tien, qui a eu son heure et ses hommes, mais qui était déjà en décadence de mon temps. Ce genre, très difficile par le haut, est trop facile par le bas et devait tomber jusqu'aux mains de ceux qui ne savent pas l'orthographe, il va, il ira surtout se vulgarisant, s'abêtissant et se salissant.....

« Mon maître, la réputation que j'avais acquise dans ce genre m'a fait honte, parce que j'ai vu qu'elle ressemblait un peu à d'autres renommées qui me faisaient pitié.

« Je l'ai posée sans bruit derrière une borne et je me suis lavé les mains,

« Si quelqu'un la trouvait par hasard, qu'il soit prié instamment de ne me la point rapporter. Je n'en veux plus.

« Un jour ou l'autre tu feras comme moi... »

Il y a là de l'esprit et du cœur : l'esprit et le cœur de deux hommes qui en avaient beaucoup.

On sent que de tels changements d'idées font changer de vie et de chemin. Plus de hourrahs, plus de profits, pas même d'appointements! La dérision, le dédain, l'oubli, probablement la misère, voilà les suites naturelles d'une conversion. Elles inquiétaient l'homme qui avait demandé la tête des ministres. — La tête, disait-il plus tard, on n'y tenait pas par-dessus tout; mais c'était une façon noble de faire entendre qu'on accepterait la place.

L'ambition cependant n'était au fond qu'un prétexte à garder sa liberté, qu'il sentait compromise par les demandes que Dieu faisait à son cœur. Il voulait (lui-même employait cette expression d'une sévérité railleuse) *rester le propagateur des vices dont il était le produit.* « Dieu, disait-il encore, ne nous prend pas en traître. Quand son esprit commence à travailler sérieusement le nôtre, il nous fait voir toute la peine et nous cache souvent toute la douceur. Quant à moi, du moins, ce fut ainsi. Je refusais de me rendre. Je ne sentais point l'abjection des choses qu'il fallait abjurer, ou j'en sentais l'abjection et je n'en sentais pas l'horreur. Dieu me paraissait dur et révoltant; je fus contraint de mettre les pouces comme un criminel que l'on mène en prison. J'ai dû me convaincre de beaucoup d'amour pour la pourriture. Certes, j'ai été un Lazare épris du tombeau! Mais Jésus m'avait fait ôter la pierre et me commandait de sortir. »

．*．

« Las d'une vie agitée, dit J. Loizeau, où il s'occupait de tout, excepté de son âme, instruit par de nombreuses déceptions, ses illusions disparurent enfin, et il sentit qu'il avait besoin de Dieu.

Errant un soir à l'aventure, l'âme préoccupée de cette pensée, il se rendit chez un ami, un artiste, un homme de génie : c'était Delsarte.

Delsarte, non plus, n'était pas chrétien, mais lui, aussi aspirait à l'être, inconscient même de ses désirs, et cherchant vaguement ce quelque chose sans lequel toute âme demeure fatalement sombre, triste et glacée. Quand Brucker entra, Delsarte avait le doigt sur une touche de son piano...

— Que fais-tu là? lui dit Brucker.

— Ecoute.

Brucker n'était pas musicien et n'avait pas l'oreille très musicale, mais son ami ne lui en fit pas moins comprendre qu'il se trouvait en face d'un incompréhensible mystère.

— N'entends-tu pas, lui disait Delsarte, ce *la* que je viens de frapper?

— Oui.

— Et tiens! ce son se subdivise en trois sons parfaitement distincts: le *la* que je frappe, puis la dominante du *la*, le *mi*, qui est engendrée par la tonique, et de cette tonique et de cette dominante un autre son procède, déterminant le son de la note, c'est le *do dièse* ou la médiante ; et ces trois sons simultanés donnés par une seule corde, mariant leurs vibrations, nécessaires l'une à l'autre et ne produisant qu'un seul son, comment m'expliques-tu cela, Brucker?

— Dame! cela ressemble furieusement à ce qu'on nous enseignait au catéchisme, et qu'on appelait le mystère de la Trinité.

— Oui, mais nous avons tant dit qu'il était absurde.

— *Oui, absurde comme ta tonique engendrant sa dominante, et ta médiante procédant des deux autres. C'est peut-être bien nous qui sommes absurdes!*

— Peut-être.

— Si nous allions nous confesser?

Ils y furent. Et depuis lors, jamais ni l'un ni l'autre n'ont rien cherché. Ils avaient tout, et quand on a tout, il n'y a plus rien de reste. »

***

C'était vers 1839.

« Je ne l'avais pas revu depuis 1830, continue L. Veuillot. Je le retrouvai chrétien. Il était malade et définitivement pauvre, mais d'une solidité éternelle. Attaché à la recherche de la vérité, il avait négligé la littérature, son unique gagne-pain. Il en était venu a ne pouvoir plus rien faire qui eût cours au marché. Ce qu'il produisait semblait trop bizarre, et l'était en effet. Les débitants n'en voulaient pas. Il avait comme perdu le talent d'écrire pour les journaux et le public. La forme n'était plus en harmonie avec sa pensée. Pour ses anciens amis, il était devenu obscur ; les nouveaux, peu nombreux, le suspectaient... **Une transformation** singulière s'était opérée, dont il ne pouvait se rendre compte à lui-même. Il n'était plus écrivain, il était orateur. A la place du talent d'écrire, il avait excellemment le don de parler devant un auditoire, quel qu'il fût, un feu vif, éclatant, impétueux. Il lui fallait sous les yeux la figure vivante, orgueilleuse de l'incrédulité. Alors, il avait toute sa valeur, et je peux dire tout son génie. Il exposait, avec clarté, discutait avec ordre, pressait, exhortait, raillait terriblement. Rien n'était plus ingénieux, plus soudain, plus redoutable et plus persuasif que Brucker dans les combats improvisés qu'il livrait partout.

Lorsqu'il se connut cette force surprenante, il n'eut plus d'autre dessein que de l'exercer, et il devint le chevalier errant du bon sens chrétien sur le pavé de Paris. Assez content de posséder la vérité et de la confesser, il chercha des disputes, ce fut son but. Tout lieu, tout temps, tout adversaire, tout accueil lui étaient bons. Il dînait quand et comme il pouvait; son affaire, son service étaient de parler de Dieu et de l'Eglise. Il faisait son service et laissait à Dieu de lui procurer le nécessaire, comptant pour rien le superflu.

Dieu fit le nécessaire, et Brucker, toute sa vie, continua de parler sans relâche et sans gloire, mais non sans succès. Dans les clubs de science ou de politique, favorables ou contraires, tantôt pour la foule, souvent pour un seul individu, il tenait son perpétuel discours perpétuellement varié.

Dieu faisait ensuite le perpétuel miracle du pain quotidien de son serviteur. Il m'est arrivé souvent de voir ces traits de la Providence.

J'ai eu l'honneur, plusieurs fois, de porter l'aumône de Donoso Cortès, ambassadeur d'Espagne à Paris, qui manquait de chemises, à Raimond Brucker, avocat de Dieu, qui manquait de pain. Ces deux grands orateurs agissaient, en ces rencontres, aussi humblement, aussi noblement l'un que l'autre. Donoso Cortès donnait avec respect, de la part de Dieu, ce qu'il devait à son frère ; Brucker recevait avec reconnaissance et tranquillité, de la part de Dieu, ce que son frère lui donnait. Tous deux étaient de vrais et grands serviteurs de la vérité !

Aux funérailles de Donoso Cortès, Brucker parut serein et gai, comme de coutume. Je lui dis qu'il perdait bravement une rente — « J'en ai le droit, me dit-il ; je viens ici me réjouir, parce que Dieu récompense mon ami et achève de payer ma dette. »

Dieu payait aussi à Brucker. Il a travaillé pendant quarante ans pour la gloire et l'amour de Dieu, avec talent, courage et grandeur. Il a été l'orateur assurément le moins remarqué; mais assurément aussi l'un des plus remarquables de ce temps, et le plus ferme esprit et le plus grand cœur qu'on pût voir. Le clergé, qui a toute intelligence et tout discernement, le faisait parler dans les églises aux réunions de S.-François-Xavier. Il y était aussi digne qu'il savait, en d'autres lieux, se rendre piquant... Il était plein d'érudition, de ressources, d'à-propos, et se servait de l'Evangile en théologie. Beaucoup de prêtres, des plus savants et des plus respectables ont été ses amis. C'est grâce à eux surtout qu'il a pu ne pas mourir de faim tout à fait. Ils ne l'ont pas empêché d'être pauvre : comme lui-même, ils respectaient sa pauvreté dont ils connaissaient le mérite et le prix. »

..

On ferait un volume de ses reparties.

Je n'en veux citer que quelques-unes.

Un jour, dans je ne sais quelle réunion prétendue littéraire et scientifique, il avait parlé de l'Incarnation. Un membre prit la parole après lui, et parmi beaucoup de dédains et d'invectives fort peu parlementaires, il dit qu'il n'admettait pas cette fable de l'Incarnation, qu'il lui suffisait de sentir et d'adorer Dieu dans son cœur. Ce discours fini et applaudi, Brucker répondit sans quitter sa place : « Monsieur ne comprend pas l'Incarnation d'un Dieu dans la nature humaine, mais monsieur admet le séjour de Dieu dans l'individu. Ce n'est pas l'Incarnation, c'est *l'encanaillement*. Si nous allons visiter Dieu par là, prenons du vinaigre des quatre-voleurs. »

Il était plein de ces saillies, de ces hardiesses appropriées à ceux qui l'écoutaient. Souvent, elles le rendaient vainqueur là où la raison semblait devoir échouer. Une fois, en 1848, dans un club, on le mit en joue ; toute la salle était contre lui. Il les regarda de sang-froid et les ramena d'un seul mot que je n'ose redire, quoique V. Hugo l'ait rendu classique dans un récit de bataille. Cette fois-là, Brucker se vit offrir la présidence (1). »

Un de ses anciens amis lui disant, un jour, que la foi chrétienne, qui avait pu être utile aux siècles de barbarie, devenait une superfétation à cette époque de clartés nouvelles, et que l'homme, aujourd'hui, n'avait plus besoin de la révélation pour y voir clair, Brucker lui mit un livre quelconque entre les mains, et l'invita à en lire une page. Pendant qu'il lit, notre ami se précipite vers la fenêtre, et ferme les volets d'un geste rapide.

— Que diable faites-vous? lui dit l'autre.

— Eh! mon cher, je vous livre à vos propres lumières.

On vint lui dire, un jour, qu'un personnage de sa connaissance était sur le point de mourir et refusait obstinément le ministère d'un prêtre. Brucker y court :

— Eh bien! mon pauvre G... ça ne va donc pas? Savez-vous qu'on m'a fort étonné en me disant que vous vouliez partir de ce monde sans faire un brin de toilette?

— Ecoutez, Brucker, lui répondit le mourant, je vous crois chrétien, et chrétien sincère, et je vous trouve heureux de croire. Je voudrais croire aussi, mais je ne le puis pas. Si vous pouvez me démon-

(1) L. Veuillot.

trer l'existence de Dieu comme un théorème de géométrie, je vous promets de me confesser.

— *Que vous êtes bête,* grand Dieu! lui répond Brucker, de me demander de vous prouver l'existence de Dieu comme on démontre un théorème de géométrie!

— Et pourquoi pas? Vous voyez bien que cela ne peut pas se prouver?

— Mon pauvre G..., la maladie vous a fait perdre la boussole. Sur quoi, je vous prie, repose la science de la géométrie? Vous devez le savoir, vous qui êtes un grand mathématicien?

— Sur quoi? dame, sur... sur... répond l'autre, pris au dépourvu.

— Allons, je vois que vous l'avez oublié. Elle repose sur une triple notion : la surface, qui est la négation de la profondeur, la ligne, qui est la négation de la profondeur et de la largeur, et le point, qui est cette double négation, plus celle de la longueur. Et vous voulez que je traite la théologie qui possède la triple affirmation du Père, du Fils et de l'Esprit-Saint, la lumière, la puissance et l'amour, comme la géométrie qui s'assoit sur le trépied du néant! Allons donc, mon pauvre G..., vous n'êtes qu'un imbécile.

L'argument fit effet, et le malade se confessa, dit J. Loizeau.

Dans une autre circonstance, comme H. de Jouy exaltait devant lui les conquêtes de la science moderne, et en particulier les merveilleuses découvertes de la phrénologie, et comme il lui disait : « La dimension du crâne est un indice certain des proportions de l'intelligence, » Brucker, qui avait une tête énorme, prit son propre chapeau et l'enfonça vivement jusqu'au menton du respectable M. de Jouy, en lui disant : « Monsieur, vous avez parfaitement raison. »

.•.

« Il m'a été donné d'entendre plusieurs discours de Brucker, dit à son tour M. Léon Gautier, et je ne saurais jamais les oublier. Il fut dans la force du mot un orateur populaire, et certains auditeurs musqués ne lui eussent pas convenu. Il procédait le plus souvent par récits ou par paraboles. Il « racontait des histoires, » et, en quatre ou cinq mots incisifs, il en tirait la moralité. Jamais il ne recula devant une affirmation catholique; il n'était pas de ces catholiques prudents qui recommandent aux orateurs populaires « de ne pas parler du bon Dieu. » Il en parlait sans cesse, il en parlait partout, et surtout de ce Jésus qui lui avait rendu Dieu visible. Je l'ai vu s'élever, devant un auditoire de cordonniers et de maçons, aux plus hautes théories de la métaphysique. Des académiciens ne l'eussent peut-être pas aussi bien compris, et l'on s'aperçut que ces pauvres gens ont vraiment le sens de la grandeur.

Il est temps cependant de laisser la parole à celui dont nous avons voulu tracer ici le portrait.

« Nous allons, d'après nos souvenirs, dit M. Léon Gautier, et ceux de nos amis, reconstruire deux discours de Raymond Brucker. C'est jauni, c'est incolore, c'est sépulcral; et pourtant ce fut jadis le reflet vivant d'un être vivant. Telle sera tout d'abord, l'esquisse de ce beau discours que l'on pourrait intituler : *Le Genre humain*, et que Raimond a longtemps médité avant de le prononcer à Saint-Laurent :

« En ce temps là, Messieurs, le genre humain tout entier (celui qui a été, celui qui est, celui qui sera) se réunit en une grande plaine. Et il convoqua tous les philosophes présents, passés et à venir.

« Et le genre humain parla ainsi aux philosophes : « J'ai lu tous vos ouvrages. Oui, tous. Et je dois dire que je m'y suis effroyablement ennuyé. J'en bâille encore.

« Le genre humain bâilla, en effet, et rien n'était plus terrible que ce bâillement du genre humain. Il reprit en ces termes : « J'ai donc lu tous vos ouvrages, afin de pouvoir répondre à cette grande question qui me tient en fièvre et en angoisse : Qu'est-ce que la vérité? Et après les avoir lus et relus, je me suis trouvé en de lugubres et épouvantables ténèbres. J'en savais bien moins qu'avant.

« Je vous ai donc convoqués pour vous poser de nouveau le grand problème qui m'agite et pour vous adresser trois demandes. Veuillez, si vous le pouvez, m'écouter en silence.

« Les philosophes écoutèrent et le genre humain leur dit : « Je veux tout d'abord, (j'ai bien le droit de vouloir, je suppose,) je veux un livre, un petit livre de dix ou vingt pages, qui me contienne *toute* la vérité sous une forme très élémentaire et tout à fait transparente ; un petit livre qui puisse se mettre en poche et ne coûte que dix centimes ; un petit livre qui soit également à la portée du penseur, du poète et aussi de ces multitudes vulgaires qui vivent uniquement de la vie pratique et matérielle. Tel est le livre, telle est la leçon que je veux. »

Les philosophes se regardèrent avec stupeur, et se dirent d'un commun accord : « Est-il bête, ce genre humain! Ne s'imagine-t-il pas que nous possédons la vérité? Mais si nous l'avions, ce ne serait certes pas à ce prix-là que nous la vendrions. »

Et plusieurs d'entre eux commencèrent à s'effacer et à disparaître.

Le genre humain, sans les voir, continua en ces termes :

« Non seulement, je veux que vous me donniez la théorie, mais je prétends que vous m'offriez l'exemple. Non seulement je veux un petit livre populaire qui contient toute la vérité en dix pages et qui la vulgarise **universellement** dans le temps et dans l'espace, mais je veux qu'il vienne un jour quelqu'un pour m'offrir l'exemple de toutes les vertus qui sont enseignées dans ce petit livre. Et je veux que cet exemple puisse **être imité aisément** par l'homme, par la femme et par l'enfant, ces trois membres augustes de la trinité humaine.

« Pouvez-vous me donner le livre? Pouvez-vous me donnez l'exemple? »

Les trois quarts des philosophes avaient déjà disparu. Et le genre humain, qui s'en aperçut, commença à être triste dans son cœur.

« Ce n'est pas tout, dit-il encore. Non seulement il me faut une leçon, non seulement il me faut un exemple immortel, mais j'ai encore besoin d'une immortelle Institution qui réponde à la fois à ces trois idées : Science, Richesse et Dévouement.

« Une Institution qui s'appuie sur la science, qui mette la richesse à son service, et qui ait le dévouement pour essence.

« Une Institution qui garantisse et perpétue la leçon et l'exemple en les rendant éternellement vivants sous mes yeux. »

Quand le genre humain eut achevé ces mots, il jeta un regard sur les philosophes.

Épouvantés, tous s'étaient enfuis.

Alors le genre humain, le pauvre genre humain, se mit à fondre en larmes. Et il se roulait par terre, désespéré de ne pouvoir posséder la vérité aimée, et de n'avoir ni la leçon, ni l'exemple, ni l'Institution.

Et comme il était assis dans sa douleur, il aperçut soudain, en je ne sais quel coin, une espèce d'homme, vêtu d'une espèce de blouse, qui portait sur ses épaules une espèce de poutre, un gros morceau de bois tout sanglant. Cette poutre était traversée d'un autre gros morceau de bois, comme qui dirait une croix. Et l'homme avait ses beaux cheveux blonds tout couverts de sang. Le sang lui tombait sur les yeux. Le sang coulait à grosses gouttes sur tout son corps.

Et il regardait le pauvre genre humain si doucement, si doucement, si doucement !

Puis, il s'avança : avec quelle lenteur, avec quelle majesté ! Il marchait, portant ce bois énorme. Et il dit d'une voix si tendre, si tendre : « Tu veux la vérité ? Je te l'apporte Tu veux un petit livre qui contienne en dix pages *toute* la vérité et qui soit compris de tous ?

Tiens, prends ce petit livre. »

Et à la première page, le genre humain lut : *Catéchisme.*

L'homme continua : « Tu m'as demandé non seulement une leçon, mais un exemple vivant. Tiens : regarde-moi. Je suis ton Dieu qui s'est fait homme pour t'offrir un type éternel et te conduire à la béatitude.

» Et enfin, tu m'as demandé une Institution. Tiens, prends, *voici l'Eglise.* »

» Et le genre humain tomba à genoux et adora *Jésus-Christ.* »

Il fallait entendre Brucker prononcer cet incomparable discours avec une sorte de brutalité fiévreuse; il fallait surtout lui entendre jeter à son auditoire cette parole si simple et si profonde, qu'il plaçait sur les lèvres de Jésus-Christ : « Tiens, voilà l'Eglise. » On a dit que parfois il s'arrêtait à ce mot sans avoir besoin de rien ajouter. Mais, de toute façon, l'effet était saisissant, et jamais le P. Lacordaire n'a laissé sous l'empire d'une aussi forte impression le public d'élite qui se pressait sous les voûtes de Notre-Dame (1).

*
* *

« Dans toutes ses discussions, dit L. Veuillot, » Brucker partait de cette règle assurée : « Tout homme, disait-il, qui s'obstine à n'être pas catholique, apostolique, romain, cet homme fût-il un

---

(1) Voici un autre de ses discours contre le système parlementaire qu'il détestait souverainement : « Un jour, Messieurs, le bon Dieu réunit le Corps Législatif des Anges et lui soumit le budget de la création :

« C'est donc, leur dit-il, que je voudrais créer le monde, et il faut s'attendre à quelques dépenses. Et tout d'abord, je voudrais donner sept couleurs à l'arc-en-ciel. » (Murmures à gauche ; bruit au centre.)

Un membre du centre-gauche demande la parole et prouve qu'il serait plus raisonnable de ne donner à l'arc-en-ciel qu'une seule couleur. (Adopté.)

« Maintenant, dit Dieu, je voudrais créer la rose, et pour qu'elle fût belle et agréable à voir, je voudrais lui donner cent feuilles. » (Protestations à gauche ; murmures au centre, bruit à droite.)

Un membre du centre-droit fait remarquer qu'une ou deux feuilles suffiraient parfaitement. (Adopté.)

Le bon Dieu propose alors son budget des cultes : « Il me faut, dit-il, tant d'églises, tant d'évêques, tant de prêtres, tant de sacristains, etc.. » (Tempête effroyable dans la salle ; clameurs... Le budget des cultes est refusé.)

Dieu alors s'indigna, fit un coup d'Etat et décréta... la *Création.* »

puits de science, s'abuse, et eût-il tout l'esprit du monde, *est bête*. Il finira par en convaincre la terre, et bien plus, par se l'avouer à lui-même. A l'entrée du l'éternité, il s'écriera : *Ergo erravi, j'ai donc été un sot!* L'Ecriture nous en donne l'assurance, et Tertullien ajoute : *un sot éternel.* Prévenons-en tout de suite les gens de mérite, qui s'amusent à prétendre que le Saint-Esprit les menace pour rire, et a voulu les instruire de ce qu'ils ne savaient pas. Ils diront : *Ergo erravimus*, je le certifie. S'ils se fâchent, tant pis pour eux; je les avertis comme Dieu m'en donne l'ordre, et comme eux-mêmes m'en donnent le droit. Je veux bien qu'ils sifflent ma crédulité et qu'ils punissent mon obéissance, mais *je ne veux pas être un sot éternel.* »

Souvent, chez lui, la beauté de la forme relève la beauté de la pensée, et Brucker qui n'a jamais pu écrire toute une page vraiment parfaite, a des phrases d'une étonnante perfection. Par exemple : « Je ne m'explique Dieu qu'en voyant Jésus-Christ. — J'ai des ailes d'oiseau, dès que l'on nomme Dieu. » — En décrivant le ciel, il parle « de la transparence des cœurs dans les relations éternelles de l'Infini. » Et pour exprimer comment le plan divin a été restauré par Jésus-Christ, il dit avec une fièvre et magnifique concision : « Dieu met sa main dans la balance, et l'équilibre est rétabli. »

Jésus-Christ a d'ailleurs été le résumé de toute cette existence noble et cachée. Il en a été l'amour, le parfum et la vie. Brucker pleurait rien qu'à prononcer son nom, et ce n'est pas en vain qu'il écrivait comme épigraphe, en tête de son grand travail sur l'Evangile, ces admirables paroles : « Dieu est le mot du mystère du monde, Jésus-Christ est le mot du mystère de Dieu. » Bossuet n'eût pas mieux dit.

Sur la fin de sa vie, Brucker, qui aimait la pauvreté mais qui voyait avec peine souffrir les siens, accepta une petite place dans l'Assistance publique. Elle lui rapportait quinze ou dix-huit cents francs. C'était si peu de chose qu'il put la remplir comme si elle n'était pas payée, avec un grand labeur et un grand zèle. Après quelques années, on jugea bon d'en faire l'économie. Il tomba dans la misère. Le changement ne méritait pas qu'il s'en aperçût : « J'imite M. Thiers, disait-il, je reviens à mes chères études, ou plutôt je les continue. L'Evangile me tient lieu de tout. »

C'est ainsi qu'il est mort en 1875.

BUGEAUD

DUC D'ISLY, GOUVERNEUR D'ALGÉRIE, MARÉCHAL DE FRANCE

(1781-1849)

> « On nous a mal élevés et nous avons fait fausse route, et la société s'est perdue. Mais du moins n'ai-je pas à me reprocher d'avoir jamais attaqué la religion. »
>
> (BUGEAUD).

« Nous avons tous vu le brave Bugeaud, a écrit L. Veuillot. Nous savons qu'il avait la taille des grands citoyens et des grands guerriers, et il a eu la gloire d'être employé à l'œuvre de Dieu. »

Nous ne retracerons pas ici la vie militaire du maréchal Bugeaud, qu'on peut lire dans tous les dictionnaires biographiques modernes, nous dirons seulement que Thomas-Robert *Bugeaud* de la Piconnerie est une des gloires de l'armée française, et surtout de l'armée d'Afrique. Ce fut en Algérie qu'il conquit ses plus beaux titres d'honneur, notamment à la bataille d'Isly, où, à la tête de dix mille

BUGEAUD (v. p 208)

Français, il battit plus de quarante mille Arabes. Ce fait d'armes lui valut le titre de duc d'Isly.

Laissons L. Veuillot, ancien secrétaire du maréchal, esquisser sa vie à grands traits.

« Il faut, disait cet homme de guerre, que nous fassions une France nouvelle, par l'épée et par la charrue. » J'osais lui répondre qu'il oubliait une chose, et la plus importante, la croix; que l'épée et la charrue sans la Croix n'auraient pas fait la France. Il n'avait point encore les hautes idées dont la croix est la source et le centre. Enfant d'une époque malheureuse, élevé dans les champs et dans les camps, toujours occupé de luttes guerrières ou politiques, il avait, comme tant d'autres moins pardonnables que lui, traversé les choses humaines sans y voir Dieu, du moins sans voir l'Eglise de Dieu.

« On nous a mal élevés, me disait-il plus tard, lorsque son ferme et juste esprit, réfléchissant sur nos derniers troubles, y reconnaissait les conséquences de l'oubli et du mépris de la vérité première; on nous a mal élevés, et nous avons fait fausse route, et la société s'est perdue. Mais, reprenait-il, du moins n'ai-je pas à me reprocher d'avoir jamais haï, ni attaqué la religion. » C'était vrai et modeste; il aurait pu ajouter : « Loin de l'attaquer, je l'ai servie. »

Dieu l'avait traité comme ceux qu'il aime. Il avait mis dans son cœur des tendresses infinies pour tout ce qui est bon et pur, dans son âme des

12.

respects pour tout ce qui est grand, dans sa maison, à son foyer, il avait placé des vertus simples, douces, chrétiennes, pleines d'empire sur son cœur.

Ce farouche soldat, dont les journaux se plaisaient à faire de ridicules et odieux portraits, était l'époux et le père le plus tendre, l'ami le plus dévoué, le patron le plus généreux, l'un des hommes à qui j'ai vu le plus aisément oublier l'ingratitude et l'injure... Eloigné, pour le service public, de cette famille si chère et de ses champs si aimés, il allait au combat, portant sur sa poitrine une médaille de la sainte Vierge, que lui avait donnée sa plus jeune fille; et tous ceux qui l'entouraient ont pu se convaincre du prix qu'il attachait à ce talisman. Quel bon sourire illuminait son mâle visage, lorsque le soir, en le quittant, je lui disais : « Maréchal, pensez au Dieu que l'on prie à Exideuil! »

Sans se révéler encore tout à fait, ce grand Dieu se fit bientôt connaître. Lorsque la bonne situation des affaires militaires en Algérie permit au maréchal de s'appliquer davantage à celles de la colonisation, il vit bientôt que *la vie des sociétés se compose d'une quantité de besoins auxquels la religion seule peut pourvoir.* D'autres, avant lui, avaient repoussé brusquement la main de l'Eglise, même en présence de ces maux criants et de ces plaies terribles que nulle autre main n'a le privilège de guérir. L'Eglise s'offrit à lui comme aux autres : il la reçut d'abord, puis il l'encouragea, puis il la seconda. Jamais, sans lui, les Trappistes n'auraient pu surmonter les obstacles de leur établissement à Staouëli.

* * *

Un pauvre prêtre, ne consultant que sa charité, s'était chargé de faire vivre quelques centaines d'orphelins qui vaguaient dans Alger sans appui et sans asile. Le maréchal admira son zèle et fut bientôt son plus utile patron.

Tout à coup on vient lui révéler un grand mystère, on avait fait une étrange découverte : ce prêtre était un Jésuite ! En ce moment-là, (comme aujourd'hui, du reste), les Jésuites étaient désignés en France par la presse, par la tribune et par les corps enseignants, comme le plus grand péril pour la société, et il y avait des gens en Algérie qui les estimaient plus à craindre que les Arabes. Le maréchal se contenta de demander au donneur d'avis, s'il se chargerait de deux cents orphelins que le Jésuite nourrissait.

Vers cette époque, il eut le courage d'écrire la lettre suivante qui montre bien ses vrais sentiments et que nous sommes heureux de publier au moment où les Jésuites viennent d'être expulsés de France.

Alger, fin juin 1843.

« Je ne suis ni jésuite, ni bigot, mais je suis humain, et j'aime à faire jouir tous mes concitoyens, quels qu'ils soient, de la somme de liberté dont je veux jouir moi-même. Je ne puis vraiment m'expliquer la terreur qu'inspirent les Jésuites à certains hommes.

« Quant à moi, qui cherche par tous les moyens à mener à bonne fin la mission difficile que mon pays m'a confiée, comment prendrais-je ombrage des Jésuites qui, jusqu'ici, ont donné de si grandes preuves de charité et de dévouement aux pauvres émigrants qui viennent en Algérie, croyant y trouver une terre promise, et qui n'y rencontrent tout d'abord que déceptions, maladies et souvent la mort?

« Eh bien! oui, ce sont les sœurs de Saint-Joseph et les Jésuites qui m'ont puissamment aidé à secourir ces affreuses misères, que l'administration, avec toutes les ressources dont elle dispose, est complètement insuffisante à soulager.

« Les sœurs de charité ont soigné les malades qui ne trouvaient plus de place dans les hôpitaux et se sont chargées des orphelines.

« Les Jésuites ont adopté les orphelins.

« Le P. Brumeau, leur supérieur, a recueilli plus de cent trente orphelins européens, qui, sous la direction de différents professeurs, apprennent les métiers de laboureur, jardinier, charpentier, menuisier, maçon, etc.

« Il sortira de là des hommes utiles à la colonisation, au lieu de vagabonds dangereux qu'ils eussent été.

« Sans doute les Jésuites apprendront à leurs orphelins à aimer Dieu. Est-ce là un si grand mal?

Tous mes soldats, à de rares exceptions près, **croient** en Dieu, et je vous affirme qu'ils ne s'en battent pas avec moins de courage.

« Je ne puis m'empêcher de sourire, quand je lis, dans les journaux, l'énumération des dangers dont la corporation des Jésuites menace la France. Il faudrait, en vérité, qu'un gouvernement fût bien faible pour redouter quelques prêtres.

« Pour moi, gouverneur de l'Algérie, je demande à conserver mes Jésuites, parce que, je vous le répète, ils ne me portent nullement ombrage, et qu'ils concourent efficacement au succès de ma mission.

« Que ceux qui veulent les chasser nous offrent donc les moyens de remplacer les soins et la charité gratuits de ces terribles fils de Loyola. »

BUGEAUD.

Le jour même où l'une de ses pieuses filles lui avait mis au cou une médaille de la sainte Vierge, le général (a rapporté Mgr l'archevêque d'Alger), dînait à Périgueux, dans une société nombreuse, fort peu chrétienne comme la société officielle de ce temps-là. L'évêque du diocèse s'y trouvait pourtant, et comme il exprimait au général son espoir que Dieu protègerait ses armes :

« — Ah! Monseigneur, répond Bugeaud, je ne suis pas un incrédule; moi aussi j'ai confiance en Dieu, et pour vous en donner la preuve, voici une des armes que j'emporte avec moi! »

Et en disant ces mots, le gouverneur de l'Algérie

tira de sa poitrine la petite médaille suspendue à son cordon.

« — C'est une médaille de la sainte Vierge dont j'ai promis à ma fille de ne plus me séparer ! »

Le vieux maréchal a tenu parole, continue le cardinal Lavigerie, et dans toutes ses guerres d'Afrique, la petite médaille de la sainte Vierge est restée sur son cœur, et Marie s'est plu à récompenser la confiance pieuse de l'enfant, et l'acte de foi du vieux maréchal. Il sortit sain et sauf de tous les périls de ses dix-huit campagnes, où tant de braves tombèrent à ses côtés, sous les coups des Arabes. Aussi, lorsqu'il partit d'Alger, voulut-il garder la médaille en témoignage de reconnaissance. Elle était encore suspendue à son cou lorsqu'il mourut, quelques mois après, d'une mort prématurée, dans les sentiments les plus admirables, et c'est seulement après sa mort que les mains de sa fille ont repris, avec un pieux respect, l'image de Marie sur la poitrine du vieux soldat.

Voici un trait qui confirme la confiance qu'il avait en la Mère de Dieu :

Un jour d'expédition, s'apercevant deux heures après son départ du camp, qu'il avait oublié sa médaille, il appela un spahis et lui dit : « Mon brave, ton cheval arabe peut faire quatre lieues à l'heure. J'ai laissé ma médaille suspendue à ma tente dans le camp ; je ne veux pas livrer bataille sans elle. J'arrête l'armée, et, montre en main, je t'attends dans une heure.

Le cavalier partit à toute bride, et fut de retour une heure après. Quand il présenta la médaille au vieux guerrier, celui-ci la baisa en présence de tout son état-major, la replaça sur sa poitrine et dit à haute voix : « Maintenant, je puis marcher. Avec ma médaille, je n'ai jamais été blessé. En avant; soldats, allons battre les Kabyles. »

.·.

Ce fut dans ces sentiments, dit le P. Huguet, que la mort vint le chercher.

« Sa mort a été chrétienne. Dieu n'a pas oublié que le vaillant soldat avait travaillé à agrandir l'empire de la croix; il n'a pas oublié surtout les œuvres de charité dont il s'était toujours montré prodigue, et il l'a prévenu de toutes les grâces qu'il accorde à ceux qu'il veut récompenser et bénir. Calme comme en un jour de bataille, le vieux guerrier a vu s'avancer, d'un œil ferme, le dernier ennemi dont il dût triompher. Il a reçu avec la foi et la simplicité d'un enfant les secours de la religion, et c'est après avoir suivi avec toute la liberté de son esprit les prières des mourants, qu'il a rendu à Dieu son âme purifiée par le sacrement de pénitence.

Le maréchal aimait passionnément sa famille. La plus grande de ses douleurs a été de n'avoir auprès de lui ni sa femme ni ses enfants. On a pu le deviner, il n'en a point parlé. Aucun de ces noms chéris n'a passé de son cœur sur ses lèvres. Il craignait de faiblir en les prononçant. Seulement, on le voyait parfois lever les yeux et les mains vers le ciel. Il se recueillit et fit face à la mort, simplement, bravement, sincèrement, et tel en un mot qu'il avait toujours été. Depuis longtemps, son âme était toute chrétienne. S'il y manquait encore quelque lumière, elle vint en ce moment-là. Dieu ne tarda pas davantage à se révéler au grand qui s'était plu avec les petits, au puissant qui avait secouru les faibles, à l'homme de guerre qui avait aimé la paix. Ce bon Maître vint donc à lui. Croyant, fervent et tranquille, le maréchal Bugeaud s'était confessé, avait communié, et bientôt après, s'était endormi dans l'éternelle paix du Seigneur. »

A propos des sentiments de piété du maréchal Bugeaud à son lit de mort, l'*Univers* a donné les détails suivants :

« En 1849, le maréchal étant à son lit de mort, ce fut son gendre, le général Feray, qui le premier songea, quoique protestant, à faire appeler un prêtre.

« Plus de vingt ans s'écoulèrent, et on put croire que Dieu ne s'en était pas souvenu. Mais Dieu n'oublie que les fautes. Nous apprenons que le général Feray, dont nous avons annoncé hier la mort, a abjuré ses erreurs, malgré la vive opposition de sa famille, et qu'il est mort dans le sein de 'Eglise catholique romaine. »

BULOZ

PUBLICISTE

(1803-1877)

> « Je confesse que Jésus-Christ, que sa religion est sainte, et que c'est d'elle que j'attends ma consolation en ce monde et dans l'autre. »
>
> Buloz.

Né en Suisse, fondateur en 1831 de la *Revue des Deux-Mondes*, François *Buloz* vécut longtemps dans l'indifférence, sans cependant avoir perdu la foi. Il appela à la rédaction de cette revue les écrivains les plus brillants de l'époque contemporaine, et y donna asile à toutes les opinions, excepté aux meilleures. C'est ainsi que son recueil a pris souvent en littérature, et trop souvent en politique et en religion, un ascendant considérable sur l'opinion dirigeante. A travers les courants d'opinion que traversa sa vie, et au contact de tous les impies et de tous les incrédules qu'il produisit dans le monde littéraire, artistique et politique par le moyen de sa puissante revue, il conserva quelques étincelles de cette religion qu'il avait reçue dans son enfance, comme le prouvent les derniers moments de sa vie.

« Pendant sa longue maladie, lisons-nous dans *Paris-Journal*, il avait dit un jour à la compagne dévouée qui ne le quittait pas une minute : « Je ne « veux pas mourir sans les secours de la religion. » Ces secours, il les a reçus le matin même du jour fatal, au milieu de sa famille en larmes. »

« M. Buloz, ajoute l'abbé Saillard, est donc mort autrement qu'il avait vécu (nous ne parlons que de l'homme public), c'est-à-dire d'une façon chrétienne. Tous les catholiques en éprouveront, comme nous, une grande et consolante joie. M. Buloz avait fait de sa revue la forteresse de la libre-pensée. C'est de là que sont parties, pour la plupart, les calomnies doucereuses, les attaques perfides dirigées contre l'Eglise.

Dans les cent quatre volumes que Buloz a publiés, l'histoire dénigre la religion, la science la nie, le roman la discrédite.

Le prêtre qui est venu à son lit de mort réconcilier avec Dieu son âme troublée, a dû lui annoncer que la condition essentielle de cette réconciliation suprême était le repentir sincère et profond du mal causé à la religion. L'intervention du prêtre n'avait pas d'autre signification.

En l'accueillant, M. Buloz disait en quelque sorte, et plût à Dieu qu'il eût pu le dire à tous ceux auxquels sa revue avait tenu un langage différent :

« Je regrette d'avoir directement, par moi-même ou par ceux à qui j'en ai fourni les moyens, nié Dieu et la divinité du Christ, diffamé l'Eglise, raillé ses saints, outragé sa morale, attaqué ses dogmes, encouragé ses ennemis et combattu ses défenseurs. Je confesse que Jésus-Christ est Dieu, que sa religion est sainte, et que c'est d'elle que j'attends ma consolation en ce monde et mon bonheur dans l'autre. »

BUTET

COLONEL

(1805-1882)

> « Il s'opéra en moi une transformation dont je ne puis me rendre compte. »
> Colonel BUTET.

Le colonel *Butet* fut à la fois un brave soldat et un rude chrétien. Il est mort au lieu de sa naissance à Bessé, à l'âge de soixante-dix-sept ans. Il était revenu à Dieu au milieu de sa carrière militaire.

Pour apprécier sa foi, il nous suffira de connaître les deux traits suivants :

Le 25 septembre 1873, un prêtre du diocèse de S... se préparait à célébrer la messe au maître-autel de la basilique du Mont-St-Michel. Un des petits orphelins qu'on élevait au Mont, avant les décrets, devait la servir et était allé garnir les burettes à la sacristie, mais il ne revenait pas. Alors un beau vieillard, à l'attitude martiale, officier de la Légion d'honneur, s'approche simplement de l'autel et répond. La messe s'achève, il n'avait pas été relevé de son poste, et le prêtre, en le remerciant, le pria, si ce n'était pas indiscret, de lui révéler son nom.

— « Le colonel Butet, » répondit-il en s'esquivant au plus vite.

Mais la ville du Mont-St-Michel n'est pas grande, et le prêtre et le soldat se retrouvèrent le soir à la gare de Moidrey pour reprendre le train. Là, les pèlerins et les touristes étaient un peu pêle-mêle, la conversation devint plus vivante entre l'abbé, ses amis et le colonel; celui-ci, pour satisfaire la curiosité des auditeurs se trouva entraîné à parler de ses nombreuses campagnes.

Voici le trait édifiant qu'il raconta. Il révèle la foi et le courage militaire du brave officier, commandeur de la Légion d'honneur.

« C'était à Magenta, dit-il, j'étais alors lieutenant-colonel, je reçus l'ordre de m'emparer d'une position. Les balles sifflaient aussi nombreuses que les mouches d'un essaim autour d'une ruche.

J'avais déjà perdu bien des hommes, et en arrivant au point désigné une décharge plus formidable a lieu. Je regarde à mes côtés, j'étais seul debout! Tous mes soldats avaient été fauchés comme l'herbe.

— Oh mon Dieu ! m'écriai-je.

A ce moment, j'entendis une voix très douce me répondre :

— Tu me reconnais donc ?...

En se souvenant de ce moment de sa vie, le colonel ne put maîtriser son émotion qui gagna ses auditeurs; il essuya deux grosses larmes.

— Vous dire, ajouta-t-il, ce qui se passa en moi et autour de moi, je n'en sais rien. Tout ce que je sais, c'est que j'échappai à la mort, et qu'il s'opéra en tout mon être une transformation dont je ne puis me rendre compte Vous savez ce qu'est le soldat, eh bien! moi, depuis ce jour que je n'oublierai jamais, j'ai vraiment appris ce qu'il doit être.

Je vis content et heureux dans ma modeste retraite en servant Dieu fidèlement, je vais à la messe, je communie deux ou trois fois la semaine et je m'en trouve bien.

» Ce n'est pas dans mon village qu'on oserait dire en présence du colonel Butet, que les gens d'église sont des lâches, des ignorants et des conspirateurs.

Avec ces pratiques journalières, la mort du colonel ne pouvait être que ce qu'elle a été, pieuse et sainte, embaumée par le souvenir des années passées au service de Dieu comme de celles employées pour le service de la patrie. Il s'endormit dans le Seigneur le 27 septembre 1882, alors qu'il venait de réciter tout haut son *Credo*, avec cet accent pénétré que lui communiquait sa grande foi.

CARPEAUX

ARTISTE SCULPTEUR, GRAND PRIX DE ROME
(1827 1875)

> « Si j'avais vécu comme un bon moine, je serais devenu l'égal de Michel-Ange. Ma plus grande souffrance c'est d'avoir abandonné mes devoirs religieux. Si tu veux être toujours heureux sois toujours chrétien. »
> (Carpeaux).

Carpeaux n'a pas été, dit M. Meignen, l'artiste débraillé et cynique que beaucoup s'imaginent, et ceux qui persisteraient à juger l'homme d'après certaines œuvres du statuaire, commettraient une injustice à son égard.

Jean-Batiste *Carpeaux* naquit à Valenciennes (Nord) le 4 mai 1827, de parents pauvres qui eurent le mérite de lui faire donner une bonne éducation. Son père était maçon et sa mère travaillait à élever ses deux enfants : elle a eu la douleur de veiller au lit de mort de son plus illustre fils.

Ce fut à l'école des Frères, où il passa son enfance,

que se révéla sa vocation. Dans l'intervalle des classes, il fouillait le fond des fossés pour en retirer l'argile qu'il moulait aussitôt en figures bizarres, mais déjà marquées d'un certain cachet. On jugea qu'il fallait cultiver ces dispositions précoces. Envoyé à Paris, il eut pour maîtres le célèbre Rude, puis Duret et Abel de Pujol. Après son entrée à l'Ecole des Beaux-Arts, le succès ne se fit pas attendre.

Il obtint dans la suite quatorze médailles et remporta le prix de Rome en 1854.

Personne n'a oublié le scandale que produisit dans le monde catholique son groupe de la *Danse* placé devant la façade du grand Opéra. Nul ne contestait le talent de l'artiste, on lui reprochait seulement, et avec raison, d'avoir fait dévier l'art de son but si noble en le consacrant à l'expression réaliste de l'ivresse voluptueuse. C'était sa manière à lui d'exprimer la vie dans son énergique réalité.

C'est une opinion sur laquelle on peut discuter dans l'Ecole, mais il ne sera jamais vrai que la sculpture, pas plus que la peinture, ait le droit même dans l'intérêt de l'art, de représenter des réalités que la pudeur et la morale ont toujours condamnées.

Au reste, on verra dans les lignes suivantes ce que lui-même en pensait sur la fin de sa vie, et comment il a été amené à exécuter cette œuvre qui a soulevé tant de critiques.

Carpeaux était plein de son art, devant lequel

tout s'effaçait : il était doué d'une volonté de fer et travailla constamment pour vivre. La mort le surprit au moment où la renommée et la fortune donnaient à son nom un certain retentissement. Ce qu'il laisse de ses œuvres, en particulier la *France*, son groupe d'*Ugolin* et l'*Amour blessé* est bien supérieur à la plupart des produits des sculpteurs de notre époque; mais son grand défaut fut de tomber dans un réalisme trop souvent révoltant pour la pudeur chrétienne.

Après cette critique, nous sommes heureux d'ajouter que le grand artiste, sans avoir jamais perdu entièrement les sentiments religieux de son enfance, revint à la pratique de la religion dans les derniers temps de sa vie. Retiré à Courbevoie, il assistait régulièrement à la messe le dimanche.

.*.

L'Univers a publié sur Carpeaux deux articles dus à la plume du directeur du Cercle Montparnasse, M. Meignen, qui nous font bien connaître l'homme et le chrétien.

« Carpeaux a eu une jeunesse très chrétienne, non seulement pendant le temps qu'il passa chez les Frères à Valenciennes, sa ville natale, mais encore pendant ses premières études à Paris. Il habitait chez une parente qui était loin d'avoir sa piété, car elle se plaignait souvent de ses longues prières du matin et du soir… La vie parisienne, les entraînements de son âge, et surtout la fréquentation des jeunes artistes, ses compagnons, le perdirent. Mais, au milieu de ses folies de jeunesse, il gardait la foi. Carpeaux sans doute n'était pas un idéaliste, mais dans l'œuvre trop célèbre qui lui a valu un si triste renom, il n'est peut-être pas aussi coupable qu'il le paraît. La première esquisse qu'il composa du groupe de *la Danse* n'était pas nue. La commission à laquelle les artistes devaient soumettre leurs esquisses la refusa. Carpeaux refit, alors sa composition telle qu'elle est aujourd'hui, et elle fut acceptée.

» Le fait est certain, et se passe de commentaires.

» La fin chrétienne de Carpeaux devait être prévue de son entourage, dès les premières atteintes de sa maladie qui fut si longue. Alors qu'il jouissait de toutes ses facultés, il était résolu de revenir à Dieu. Tout à l'heure vous verrez que rien ne surpassera la profondeur de son repentir. C'est ce repentir et son immense charité pour les pauvres qui devaient lui obtenir de Dieu la grâce d'une sainte mort, la plus précieuse de toutes.

» Mais, ce qui a notablement contribué à soutenir chez lui le sentiment religieux, est sans contredit l'exemple des vertus chrétiennes de deux jeunes Bretons que la Providence amena près de lui. L'un était employé dans son atelier comme praticien, l'autre comme commis et homme de confiance. On sait la foi et la simplicité bretonnes qu'accompagne ordinairement cette énergie qu'on accuse d'entêtement. Carpeaux comprit la valeur de ces jeunes gens. Il mit en eux toute sa confiance : il les traita bien moins en employés qu'en amis.

» Chez le sculpteur, tout le monde travaillait le dimanche; les deux Bretons en furent dispensés.

» — Mais que faites-vous de votre dimanche? leur dit-il.

» — Nous allons au Cercle Montparnasse.

» Carpeaux se fit décrire l'institution, qui l'intéressa. Ces bons enfants, dans la pensée de l'arracher au milieu funeste où il vivait et de lui procurer quelques impressions salutaires, lui proposèrent de visiter le Cercle; ce qu'il accepta. Carpeaux ne se contenta pas d'une visite; il voulut dîner avec ses jeunes amis et prendre place à côté des ouvriers dans notre humble restaurant. Il passa avec nous toute la soirée, et s'amusa beaucoup d'un petit concert et d'une charade en action improvisée par eux. En attendant le dîner, nous causâmes, et il me dit tout le bien qu'il pensait de mes jeunes gens; et comme l'attente se prolongeait un peu :

» — Avez-vous du papier et un peu de fusain? me demanda-t-il?

» Je lui procurai ce qu'il me demandait, ne sachant ce qu'il voulait faire. Puis il me dit : restez tranquille un moment.

» Et quelques minutes plus tard, il me remettait mon portrait fort ressemblant et esquissé avec une énergie fort étonnante... Se figure-t-on Carpeaux au milieu du Cercle catholique de Montparnasse et faisant le portrait de son directeur?

» Devant ces jeunes gens, jamais il ne lui échappait la moindre parole inconvenante. Il disait à l'un d'eux :

» — Que vous êtes heureux! vous n'avez que de saintes passions... Je vous vénère...

» Un jour, une personne qui était venue lui rendre visite, lui dit :

» — Moi, je n'ai aucune croyance.

» — Eh bien! lui dit Carpeaux, je ne pense pas « comme vous; je crois, *et cette croyance, c'est ma* « *force.*

» La veille de son mariage, il communia avec sa femme. Il disait un jour à l'un de mes jeunes gens.

» — *Les deux plus beaux jours de ma vie sont* « *ceux de ma première communion et de mon ma-* « *riage.* »

*
*

» Je n'ai plus à vous entretenir que des dispositions que montra Carpeaux au commencement de sa maladie.

» Il fut bien vite abandonné de la plupart de ses amis de plaisir; mais les deux Bretons lui demeurèrent fidèles et l'allèrent voir assidûment, l'un d'eux surtout que Carpeaux affectionnait d'ailleurs plus particulièrement. Le sculpteur était heureux de ses visites et aimait à s'épancher avec lui. Il avait consigné sa porte, excepté pour le jeune Breton qui pouvait entrer à toute heure.

» — Crois-tu, disait le pauvre grand artiste à son fidèle ami, crois-tu, dis-moi, que le bon Dieu puisse pardonner à un aussi grand coupable, à moi qui l'ai tant offensé? Comment Dieu pourrait-il me faire miséricorde? Non, c'est impossible!... »

» — Vous vous trompez, lui disait le jeune Breton, voyez donc St Augustin, il a été un grand pécheur; et pourtant Dieu lui a pardonné et il est devenu un grand saint... Vous ne devez pas douter de la miséricorde de Dieu.

» — Oh! St Augustin! reprenait Carpeaux, je l'aime de tout mon cœur, je voudrais bien lire toute sa vie....

» Dans un autre entretien, Carpeaux disait à son jeune confident :

» — Hélas! je mérite bien toutes mes souffrances.. Combien j'ai offensé Dieu dans ma vie!... Comment veux-tu que je me confesse? Je suis trop coupable... Dieu ne peut pas me pardonner...

» Et le Breton cherchait dans sa science, ou plutôt dans son cœur, les arguments dont il se souvenait pour incliner à l'espérance son maître désespéré.

» — Si je reviens à la vie, disait un autre jour le pauvre malade, je promets à Dieu de faire autant de bien que j'ai fait de mal ... Car, avec une petite esquisse d'une heure ou deux, je pourrais soulager **la misère de beaucoup de pauvres gens...**

» La lumière, d'ailleurs se faisait chaque jour dans ce cœur à l'aide de la souffrance.

» — Je m'aperçois tous les jours, s'écriait-il, que je suis un grand coupable !

» Puis se tournant vers son ami :

» — *Ma plus grande souffrance sur mon lit de douleur, c'est d'avoir abandonné mes devoirs religieux... Si tu veux être toujours heureux, sois toujours chrétien !*

» L'an dernier, à peu près à cette époque, il fut si mal, que notre Breton, sans prévenir Carpeaux, courut chercher le gardien des Capucins du couvent de la rue de la Santé, le P. Ubald. Il le fit entrer immédiatement dans la chambre, et dit au malade :

» Voici le bon Père dont je vous ai parlé souvent et qui désire vous connaître.

» Il fit signe à tout le monde de se retirer. Carpeaux tendit la main au religieux, et il la tint ainsi pendant tout l'entretien qui dura une heure.

» Je ne saurais mieux terminer qu'en citant une admirable parole de l'illustre artiste : *Si j'avais toujours vécu comme un moine, je serais devenu l'égal de Michel-Ange.*

» Voici maintenant une lettre de Carpeaux, écrite vers la même époque, et qui montre les sentiments profondément religieux qui l'animaient un an avant sa mort. Elle serait digne d'être imprimée en *fac-simile*. Je la copie textuellement.

Ce 26 Novembre 1874.

« Mon cher ami,

« Depuis que je ne t'ai vu, les douleurs nerveuses ont repris leur intensité. Impossible de sortir. Aussitôt qu'il y aura du mieux dans mon état, je te le ferai savoir.

» En attendant, je conserve avec recueillement la petite médaille de Notre-Dame des Victoires que tu m'as envoyée dans ta lettre. Je désire te donner satisfaction en entrant dans la vie religieuse, j'en sens le besoin moi même; ce sera pour moi un heureux jour.

Tout à toi,

Carpeaux.

» Ce simple billet dit beaucoup : il témoigne des rapports qui existaient entre le grand sculpteur et son humble ami, et l'heureux effet de ses naïves prédications sur le grand artiste. »

Maurice Meignen.

» J'arrive donc au 3 août, où pour la première fois, M. l'abbé X... vicaire de la Madeleine, se trouva en présence du malade.

« Quelques jours auparavant, la fille d'une excellente amie de Carpeaux qui avait fait récemment sa première communion dit, sans autre préambule, à l'artiste :

» — Vous devriez bien venir communier avec moi le 15 Août...

» — Je ne dis pas non, répondit sans hésiter le malade.

» Il aimait beaucoup cette enfant, en qui il avait remarqué une intelligence précoce et un goût très vif pour les arts.

» — Certainement, continua-t-il, je veux bien me confesser, mais alors tu m'amèneras ton confesseur à toi...

» On comprend la joie de la mère et de sa fille... Carpeaux accueillit avec joie M. l'abbé X... et se confessa aussitôt...

Le 15 Août, après s'être confessé une seconde fois, il demanda la faveur d'être traîné dans sa petite voiture de malade jusqu'à la sainte table afin de pouvoir y communier près de celle qui l'avait décidé de revenir à Dieu.

» — Mais, mon cher monsieur, lui disait M. l'abbé X... ne craignez-vous pas que les secousses de la voiture, pendant le long trajet de votre maison à l'église, n'altèrent vos forces?... Il me serait bien facile de vous apporter ici le saint viatique.

» — Non, non, répondit Carpeaux... Elle ne serait pas près de moi, et je tiens à communier près d'elle, comme elle me l'a demandé. Ce sera plus poétique.

» Sa nature d'artiste se plaisait à ces contrastes, Il lui semblait touchant de voir, réunis à la même table, cet apôtre de douze ans et ce converti dont la souffrance avait fait un vieillard. Le voisinage de cette innocence exaltait son repentir.

» Ce fut ce même jour, sous le porche de l'église de Courbevoie, que le prince Stirbey remit à Carpeaux la lettre du ministre lui annonçant sa nomination au grade d'officier de la Légion d'honneur.

» Le temps avait été sombre toute la matinée; mais, pendant le trajet de l'église à la maison de Carpeaux, il s'éclaircit un instant, et M. l'abbé X... qui accompagnait le malade lui dit :

» — Voilà le bon Dieu qui vous envoie un beau rayon de soleil...

» C'est vrai, dit le sculpteur, mais vous, mon Père, vous m'en avez procuré plus d'un aujourd'hui...

» M. l'abbé X... revint voir souvent le malade qui lui avait demandé la permission de l'appeler son ami. Leurs conversations avaient pour sujet la religion ou les arts.

» — Laquelle de vos œuvres préférez-vous? lui demanda un jour le prêtre.

» — Le *groupe d'Ugolin*, répondit Carpeaux... C'est, sans contredit, mon œuvre la plus forte.

» — Et le groupe de l'Opéra? ajouta avec intention M. l'abbé X...

» — Oh! oh! pas trop orthodoxe, celui-là, dit-il, avec un sourire triste. Puis, s'adressant à M. le curé de Courbevoie :

» — Ce n'est pas ça!... dit-il; j'avais de meilleurs

et de plus nobles sujets dans la tête... Mais, que voulez-vous? j'ai été lancé dans une mauvaise voie.

» Le 29 septembre, Corpeaux se confessa de nouveau à M. le curé de Courbevoie. Ce fut sur la belle terrasse du château de Bécon qu'il reçut l'Extrême-Onction et le Viatique. Il s'y était fait traîner, suivant son habitude, afin de reprendre, au contact de l'air salubre du parc et des rayons du soleil, un peu de force et de vie.

» Quand M. le curé de Courbevoie arriva, les domestiques apportèrent une table sur laquelle on plaça le crucifix. Les cérémonies allaient commencer, quand le sculpteur s'aperçut que le prêtre n'avait pas retiré sa houppelande qui dissimulait son surplis.

» — Monsieur le curé, lui dit-il, n'allez-vous point retirer ce vêtement?...

» — Le curé s'empressa d'accéder à la demande du malade; les domestiques se rangèrent respectueusement en face du prêtre et les prières commencèrent. Ce fut Carpeaux lui-même qui remplit l'office du clerc, et il s'acquitta de cette tâche avec beaucoup de piété et toute sa présence d'esprit. Après l'Extrême-Onction il reçut le saint Viatique.

» — Ne me ferez-vous pas embrasser le crucifix? demanda-t-il ensuite.

» Quand on lui eut remis la croix, il attacha d'abord sur l'image de Notre-Seigneur un regard d'artiste.

» Oh!... dit-il d'un ton de reproche, comme ils l'ont traité!... Ah! si je reviens à la santé, je vous ferai un christ qui sera mieux que celui-là. Ce ne sera pas difficile... Enfin, ajouta-t-il, c'est l'image du bon Dieu cependant.

» Et il la baisa à plusieurs reprises.

» Le 12 octobre suivant, il rendait son âme à Dieu (1) »

» Quelques jours avant sa mort, il s'en allait à l'église dans sa petite voiture, quand, en chemin, il fit rencontre du prince Stirbey dont la vaillante amitié pour lui ne s'était jamais démentie.

» — Vous êtes avancé d'un grade dans la Légion d'honneur? dit-il à l'artiste moribond en lui remettant lui-même la rosette d'officier.

» — Ah! reprit l'agonisant, merci, c'est le bon Dieu qui va en avoir l'étrehne. »

(1) Th. de Caer.

CASSAGNAC (Granier de)

PUBLICISTE, DÉPUTÉ

(1808-1880)

> « J'avais honte de mal édifier ces bonnes gens, à qui, à raison de mon instruction supérieure je devais des conseils, des lumières et aussi le bon exemple. »
> (Granier de Cassagnac.)

M. Adolphe Granier de Cassagnac père, député, est mort dans les sentiments d'une foi vive en son château de Couloumé au mois de février 1880, après deux jours de maladie.

Ayant terminé de bonnes études au lycée de Toulouse, il était venu à Paris en 1832, et entra au *Journal des Débats* et à la *Revue de Paris* sous les auspices de Victor Hugo.

Il collabora au *Globe*, puis fonda l'*Epoque*, journal conservateur. En 1857, il créa une nouvelle feuille pour la défense de la religion, de la morale et de la saine littérature, le *Réveil*, qui disparut de bonne heure; et enfin il a pris la direction du journal quotidien *le Pays*.

Granier de Cassagnac (v. p. 236)

Dévoué au gouvernement impérial il fut élu à plusieurs reprises député du Gers, et soutint la politique de Napoléon III.

En dehors du journalisme, M. Granier de Cassagnac a publié plusieurs ouvrages sur les classes ouvrières et les classes bourgeoises, et sur les diverses phases de la Révolution française.

M. Léon Aubineau a consacré à sa mémoire un article dont nous extrayons les détails suivants sur les dernières années de sa vie.

« Il aimait singulièrement les paysans de son village, et c'est d'eux qu'il avait appris le chemin divin et radieux de la foi. Il était touché de la foi de ces paysans; et lorsqu'il se trouvait à l'église de la paroisse aux jours de fête, et qu'il les voyait tous approcher de la sainte table, il ne laissait pas, comme il me le dit un jour, de sentir se remuer quelque chose en lui.

» J'avais honte, ajoutait-il, et je tremblais de mal édifier ces bonnes gens, à qui, à raison de mon instruction supérieure, je devais des conseils, des lumières et aussi le bon exemple. »

« Avec un esprit aussi rigoureux dans sa logique, et aussi pénétrant que celui de M. de Cassagnac, ce sentiment avait été promptement poussé à sa conclusion. Puis qu'il avait un devoir devant lui, il voulut le remplir jusqu'au bout. Son château n'est pas éloigné de Lourdes, et M. de Cassagnac avait, avec tout l'éveil d'un esprit aiguisé et ouvert, suivi le mouvement extraordinaire qui poussait les peuples autour des grottes de Massabielle.

» Il y était allé en curieux, il y alla en pèlerin. Et après avoir bu de l'eau miraculeuse, il mit ordre à sa conscience, se confessa et revint dans sa paroisse, où désormais il n'était plus *comme un paria*, disait-il encore, mais prenait sa part aux fêtes chrétiennes de ses bons amis du pays. »

CAUCHY

ÉOMÈTRE, MATHÉMATICIEN, MEMBRE DE L'INSTITUT.

(1789-1857)

> « Je suis chrétien avec Descartes, Copernic, Newton, Pascal, Euler, Gerdil ; je suis catholique sincère comme l'ont été Corneille, Racine, La Bruyère, Bossuet Bourdaloue, Fénelon. »
> (CAUCHY.)

« Qui pourra peindre le vrai chrétien, remplissant avec foi et amour tous les devoirs de loyauté, e probité, de charité affectueuse, que la religion ous prescrit envers nous-mêmes et envers les utres? Heureux celui en qui Dieu, pour notre xemple, a voulu ainsi mêler les dons du génie et eux du cœur! »

Tel est l'éloge que le célèbre Biot faisait de son ollègue à l'Institut, le baron Cauchy.

Augustin-Louis *Cauchy* né à Paris de parents ès chrétiens, fut élève de l'école polytechnique t de celle des ponts et chaussées, puis attaché une encore, en qualité d'ingénieur aux travaux du port de Cherbourg. Nommé membre de l'Institut et ayant refusé le serment de fidélité au nouveau gouvernement en 1830, il se retira en Sardaigne, où le roi, fier de le posséder, créa pour lui à Turin une chaire spéciale de mathématiques.

En 1832, Charles X l'appela à Prague pour y travailler à l'éducation scientifique du comte de Chambord. En 1838, sa mission accomplie, Cauchy revint à Paris prendre sa place à l'Institut, et après 48 il occupa la chaire d'astronomie mathématique à la Faculté des sciences de Paris. Ses recherches ont porté sur toutes les branches des mathématiques. Il a enrichi plusieurs revues et journaux d'un grand nombre de mémoires sur ce sujet.

C'est là l'abrégé de sa carrière de savant, mais celle de chrétien mériterait de plus longs détails pour lesquels nous renvoyons le lecteur à sa *Vie*, écrite par M. Valson, doyen de la Faculté catholique des sciences de Lyon.

Nous nous bornerons ici à quelques détails édifiants que lui-même nous a fait connaître.

*
* *

Voici un article de son règlement de première communion :

« Je ne me vanterai jamais du peu de science que j'ai acquis par les soins de mon père, me représentant d'abord, que si je sais quelque chose, c'est uniquement à cause des soins que mon père a pris de moi, et ensuite que les sciences humaines ne sont rien auprès de celle du salut, et qu'il ne me servirait de rien de les connaître toutes, si je n'avais cette dernière. »

A l'école polytechnique, où il fut admis à l'âge de seize ans, on le voyait, agenouillé au pied de son lit, réciter ses prières sans aucun respect humain, et à Cherbourg il assistait avec une extrême régularité aux offices de sa paroisse.

Pour rassurer sa mère, inquiète de sa persévérance dans ce milieu, si nouveau pour lui, il écrivait :

« On dit que la dévotion me fera tourner la tête : quelles sont les personnes qui disent cela? Ce ne sont pas celles qui ont beaucoup de religion ; celles-ci ne m'en ont parlé que pour m'encourager dans ma ligne de conduite, et tout ce qu'on m'a rapporté à ce sujet ne prouve pas qu'elles me blâment... Qu'y a-t-il donc dans la religion qui soit propre à faire tourner la tête? Serait-ce d'assister aux offices de sa paroisse? de remplir les devoirs du christianisme, de s'approcher des sacrements plusieurs fois l'année? Je ne le pense pas, et la plus grande obligation que je puisse vous avoir, ma chère mère, est de m'avoir élevé de bonne heure dans ces saints exercices. Grâces soient rendues à vous, bien chers parents, qui ne m'avez jamais donné que de bons conseils à suivre et de bons exemples à imiter! Grâces soient rendues à Dieu, qui m'a fait naître de parents si chrétiens et m'a donné tous les moyens de le servir!

« Si l'on envoyait tous les fous aux Petites-Maisons, on y trouverait plus de philosophes que de chrétiens... En voilà bien long sur ce sujet, mais je tenais à vous prouver que je n'ai pas perdu la tête. Si vous en voulez une autre preuve, ma bonne mère, c'est que je vous aime toujours autant, et que je reste conséquent avec moi-même en vous embrassant de tout mon cœur. »

Il a porté le défi suivant à la science moderne :

« Cultivez avec ardeur les sciences abstraites et les sciences naturelles; décomposez la matière; dévoilez à nos regards surpris les merveilles de la matière: explorez, s'il se peut, toutes les parties de cet univers; fouillez ensuite les annales des nations, les histoires des anciens peuples; consultez sur toute la surface du globe les vieux monuments des siècles passés. Loin d'être alarmé de vos recherches, je les provoquerai sans cesse, je les encouragerai de mes efforts et de mes vœux; je ne craindrai pas que la vérité se trouve en contradiction avec elle-même, ni que les faits et les documents par vous recueillis puissent jamais n'être pas d'accord avec nos Livres sacrés... Je me suis enfoncé dans l'étude des sciences humaines, particulièrement dans celles qu'on nomme les sciences exactes, et j'ai de plus en plus reconnu la vérité de ces paroles de Bacon, que *si un peu de philosophie nous rend incrédules, beaucoup de philosophie nous ra-*

mène à être *chrétiens*. J'ai vu que toutes les attaques dirigées contre la révélation ont abouti à en ournir de nouvelles preuves. »

*
* *

Il était poète à ses heures, dit l'abbé Saillard, et selon son expression, il aimait, tout en suivant les traces d'Euclide à cueillir quelques fleurs sur les tombes d'Homère, de Virgile et d'Horace. Comme on le voit par les vers suivants, il défend la science qu'il aimait tant, dans un langage que n'eussent point désavoué les meilleurs poètes.

> Tandis, qu'avec fureur, d'autres se font la guerre,
> Et, pour un vain caprice, ensanglantent la terre,
> Qui va, dans un moment, disparaître à leurs yeux,
> Plus heureux, l'astronome a regardé les cieux...
> Là se lisent la gloire et la magnificence
> Du Dieu dont l'univers atteste la puissance;
> Là se peignent encore et le calme et la paix;
> Là règne sans partage et triomphe à jamais
> Celui qui des soleils a tracé la carrière,
> De la nuit du chaos fit jaillir la lumière,
>   Allumé le flambeau du jour,
>   Transformé la vile poussière
> En cet homme, le fruit, l'objet de tant d'amour.
>   Mais à des spectacles pareils,
> Mon esprit se confond, je me tais, et j'adore
>   *Celui* dont le nom glorieux
> Se lit, en traits si doux, sur les feux de l'aurore,
>   *Et sur le pavillon des cieux.*

« M Cauchy, continue le même écrivain, fut associé, de son temps, à toutes les œuvres vraiment utiles; son éloquence persuasive communiquait partout son zèle, et la plupart de ses collègues de l'Institut se trouvaient entraînés à une coopération sympathique qui les étonnait parfois eux-mêmes. Il devint un des membres les plus actifs de la conférence de Saint-Vincent de Paul ; il établit une association pour l'observation du dimanche et pour l'instruction des petits Savoyards.

Le membre de l'Académie des sciences et de la plupart des sociétés savantes de l'Europe et du monde, le rival d'Euler et de Lagrange, l'examinateur de l'école Polytechnique, se faisait chaque semaine, à heures fixes, simple maître d'école, pour développer l'intelligence et former le cœur de ces enfants qui, de la Savoie, viennent dans la capitale exercer leur pauvre et pénible métier. Il leur parlait de Dieu, leur enseignait le catéchisme, priait avec eux pour leur apprendre quelques prières.

Il consacra les dernières années de sa vie à l'Œuvre des Ecoles d'Orient, dont il est regardé à juste titre comme le fondateur.

Qu'elle est belle cette fière profession de foi du savant géomètre !

« *Je suis chrétien,* c'est-à-dire que je crois à la divinité de Jésus-Christ avec Descartes, Copernic, Newton, Pascal, Euler, Guldin, Gerdil, avec tous les grands astronomes, tous les grands physiciens, tous les grands géomètres des siècles passés. *Je suis même catholique* avec la plupart d'entre eux, et si l'on m'en demandait la raison, je la donnerais volontiers. On verrait que mes convictions sont le résultat, non de préjugés de naissance, mais d'un examen approfondi. *Je suis catholique sincère* comme l'ont été Corneille, Racine, La Bruyère, Bossuet, Bourdaloue, Fénelon; comme l'ont été et le sont encore un grand nombre des hommes les plus distingués de notre époque, de ceux qui ont fait le plus d'honneur à la science, à la philosophie, à la ittérature, qui ont le plus illustré nos Académies. »

*
* *

En 1845, les Jésuites en butte à des attaques très violentes trouvèrent en M. Cauchy un énergique défenseur. L'illustre mathématicien plaida puissamment leur cause, au point de vue des intérêts de la science, dans un mémoire éloquent intitulé : *Considérations sur les Ordres religieux, adressées aux amis des sciences.* Nous ne résisterons pas au désir d'en citer quelques lignes.

Voici en quels termes s'exprime le célèbre géomètre, dont personne ne récusera certainement la compétence en cette matière : « Vous êtes sans doute l'ami des sciences, vous estimez la littérature, vous vous intéressez à la saine philosophie et au progrès des lumières ? Eh bien ! ces mêmes hommes ont produit une foule d'ouvrages devenus classiques en littérature, en morale et en philosophie ; des traités savants sur les origines des langues, les mœurs, et les institutions des divers peuples ; des découvertes utiles dans les sciences, la médecine et les arts.

» On compte parmi eux des docteurs éminents,

des orateurs illustres. Ils ont donné à la jeunesse les instituteurs les plus instruits et les plus dévoués. Leibnitz, Vincent de Paul, Bossuet, Fénelon les considéraient comme les maitres les plus sages, les plus expérimentés, les plus habiles. A leur école se sont formés les hommes les plus illustres dans tous les rangs de la société... Grâce à leur sage direction, on a vu, avec admiration, des guerriers, des magistrats, des savants, des académiciens dont les noms sont dans toutes les bouches; donner à la pratique des vertus les plus sublimes un temps précieux, consacrer leurs soirées et les heures que les heureux du siècle passent dans les plaisirs, soit à visiter les prisonniers et les maisons de refuge des jeunes condamnés, soit à instruire les enfants des pauvres Savoyards; fidèles en cela à une noble résolution que ces maîtres vénérés leur avaient inspirée :

» Et maintenant, comment serait-il possible de condamner ces hommes et de les poursuivre comme de vils malfaiteurs? Sans doute, vous ne considérez pas comme des ennemis de la civilisation et des lumières ceux-là-mêmes qui ont éclairé et civilisé tant de peuples divers! Vous ne considérez pas comme ennemis des talents et du génie ces habiles instituteurs dont Grotius et Henri IV ont dit qu'ils surpassaient tous les autres par la science et la vertu; ces maîtres éminents qui ont eu pour élèves Corneille, Bossuet, Molière, Montesquieu et ant d'autres. Vous ne considérez pas comme ennemis des gloires de la patrie ceux dont les leçons ont formé les Condé, les Villars, les Molé, les Lamoignon, les Belzunce. Vous ne considérez pas comme ennemis des sciences les instituteurs des Descartes, des Cassini, des Tournefort; ceux dont les travaux ont été souvent cités avec honneur par les Laplace, les Lagrange, les Delambre; ceux qui, de nos jours encore, ont eu pour admirateurs et pour amis les Ampère, les Freycinet, les Coriolis.

» Mais si les Jésuites ne sont atteints et convaincus que d'avoir travaillé pour la plus grande gloire de Dieu, d'avoir aimé les hommes dans la vue de plaire à Dieu et de s'être sacrifiés pour eux avec joie; d'avoir rendu par leurs travaux d'éminents services à la religion, à la philosophie, à la littérature, aux sciences et aux arts; comment expliquer tant de préventions hostiles et incompréhensibles? Pourquoi ne pas rendre justice aux Jésuites comme à d'autres? Pourquoi seraient-ils moins estimés de nous que de nos voisins, plus maltraités par une nation polie que par les sauvages du Paraguay? »

Dans un autre écrit publié à la même époque, et intitulé : « *Mémoire à consulter adressé aux membres des deux Chambres*. Cauchy s'exprime ainsi :

« Quoi donc! vous avez proclamé bien haut la liberté de conscience, la liberté des cultes, la liberté d'enseignement, et vous proscrivez des citoyens français qui font profession de se consacrer à l'exercice des vertus chrétiennes? La loi qui ne veut pas les reconnaître pour les protéger, les reconnaîtra pour les persécuter et torturer leur conscience! Bien plus, on les forcera eux-mêmes d'être les exécuteurs de la sentence portée contre eux... et l'on proposera sérieusement à des législateurs d'adopter une mesure si étrange!

» Vous ne demandez pas à un homme, qui veut se consacrer à l'instruction publique, s'il est ou s'il n'est pas disciple de Wichnou, du grand Lama, de Mahomet; vous ne lui demandez même pas s'il croit ou ne croit pas en Dieu. Mais vous lui demandez s'il est ou s'il n'est pas disciple de S-Dominique ou de S-Ignace, et s'il a le malheur de pratiquer non seulement les préceptes, mais encore les conseils de l'Evangile; s'il a le malheur de s'appeler Bourdaloue, Porée, Lacordaire ou Ravignan, il faudra qu'on se le montre au doigt comme un homme que la loi met en suspicion, qu'elle déclare incapable de rien apprendre à la jeunesse; il faudra qu'il subisse l'ignominie de se voir diffamer à la face de la France, dont il est la gloire, par la voix de ses législateurs. »

Les derniers moments de cette vie de foi et de science furent entourés de toutes les consolations religieuses, et le jour de sa mort, un de ses amis disait : « Tout le monde est convaincu que ce saint homme est allé droit au paradis. Ce bon M. Cauchy! il sera entré au ciel comme il entrait dans nos chambres, sans frapper à la porte. »

Le célèbre abbé Moigno a résumé ainsi son jugement : « Ce fut un puissant génie, une vaste intelligence, un grand caractère : mais ce fut en outre un saint, un ange de pureté et de charité, et sa mémoire sera éternellement bénie. »

CAUMONT (de)

ARCHÉOLOGUE, FONDATEUR DE PLUSIEURS SOCIÉTÉS SAVANTES.

(1802-1873)

> « L'art religieux doit à M. de Caumont d'éminents services. »
>
> N. C.

Narcisse de *Caumont* appartenait à une antique et noble famille de Normandie. Il était né à Bayeux le 18 août 1802, et il a compté dans cette ville de nombreux amis, notamment le savant archéologue Edouard Lambert. Sa science propre, celle dans laquelle il excella et à laquelle il donna une impulsion remarquable, celle enfin qui fut l'occupation de toute sa vie fut l'archéologie. Son *Cours d'antiquités monumentales* en fixe les principes avec une admirable méthode. Son *Histoire de l'art dans l'Ouest de la France* formant six volumes in-8° est un précieux trésor d'érudition : aussi cette œuvre vraiment magistrale valut à son auteur le titre de membre correspondant de l'Institut. Nul n'a contribué autant que lui à propager en France le goût des antiquités et de l'art chrétien.

Il donna aux sociétés savantes une impulsion inconnue jusqu'alors. Il en établit plusieurs et contribua à la création de diverses autres. Outre les nombreux mémoires dont il a enrichi les Annuaires de ses sociétés, M. de Caumont a publié des ouvrages qui font autorité dans les diverses branches de la science qu'il a embrassées. Ce savant eut le rare bonheur d'être apprécié de ses contemporains et de ne pas exciter l'envie de ses émules. La considération publique l'entoura, les savants l'estimaient un des meilleurs maîtres, et les honneurs vinrent le chercher. Déjà nommé membre correspondant de l'Institut de France, il fut appelé à être directeur de l'Institut des provinces, commandeur des ordres de Léopold de Belgique, de l'Aigle-Rouge de Prusse, etc...

L'éminent antiquaire normand est mort en chrétien.

« Frappé de paralysie, dit la *Semaine religieuse de Caen*, notre illustre compatriote a langui près d'un an dans un état de pénible infirmité et de continuelles souffrances. Pour un homme accoutumé à une vie si active, l'épreuve était particulièrement cruelle, d'autant plus même que le malade avait conservé la plénitude de son intelligence. Mais docile aux conseils d'un prêtre respectable, son collaborateur et son ami depuis de longues années, M. de Caumont profita de son inaction forcée et de la possession de lui-même pour se préparer au jugement de Dieu. Avant de mourir, il s'était confessé plusieurs fois; prévoyait-il ce qui devait lui arriver, ou plutôt répondait-il en chrétien soumis, à l'appel mystérieux de la grâce? Rien ne pouvait être plus heureux pour lui, plus consolant pour sa famille et ses amis. Lorsqu'une dernière attaque de paralysie l'enleva subitement le 16 avril, il était prêt, car il aurait fait ses Pâques le lendemain.

» L'art religieux, et par conséquent la religion elle-même doivent à M. de Caumont d'immenses services. C'est un bonheur pour nous, qui avons appris de lui le respect et l'amour des monuments du moyen âge, c'est un bonheur pour nous de savoir et d'annoncer que l'auteur du *Cours d'antiquités* est mort chrétien. »

CAVAIGNAC (v. p. 253)

CAVAIGNAC

GÉNÉRAL, GOUVERNEUR D'ALGÉRIE, DÉPUTÉ, MINISTRE, CHEF DU POUVOIR EXÉCUTIF.

(1802-1857)

> « Elle conjurait le P. de Ravignan de sauver son fils comme il l'avait sauvée elle-même. »
> Madame CAVAIGNAC, sa mère.

Tous connaissent en France les états de service que le général *Cavaignac* (Louis-Eugène) s'est acquis, par son intelligence et sa valeur, dans la conquête de l'Algérie, et le rôle qu'il a joué dans les événements de 1848, comme député, ministre de la guerre et chef du pouvoir exécutif. Aussi nous ne faisons que rappeler ces faits. Mais ce que peu savent encore, c'est le moyen par lequel il fut amené à connaître Dieu et à le servir, en même temps qu'il sauvait son pays, comme aussi l'influence qu'a exercée sur lui le caractère et la sainteté d'un pieux et éloquent religieux, le P. de Ravignan.

Nous empruntons ces intéressants détails au P. de Ponlevoy.

Le général avait un véritable culte pour sa mère. Il fut facile à madame Cavaignac d'inspirer à un cœur si proche du sien les sentiments les plus intimes de son âme, et tout naturellement le général se sentit incliné vers le P. de Ravignan.

Ces faits se rapportent à l'époque où cette *femme vraiment forte* était presque mère d'un roi, puisque son fils était le chef du pouvoir exécutif.

Des ordonnances partaient souvent du grand hôtel Monaco, l'ancienne résidence de Mesdames de France, pour apporter à la petite cellule de la rue de Sèvres des messages sous le sceau du pouvoir exécutif. Nous en avons les originaux sous les yeux (1). C'était tantôt la mère, tantôt le fils qui consultait le P. de Ravignan sur des questions d'un haut intérêt pour l'Eglise, et ce seul fait montre assez la droiture de leurs intentions.

Il y avait alors de la chimère dans beaucoup de têtes. On rêvait la réforme pour l'Eglise comme pour l'Etat, et partout on jouait à la république. Cavaignac, plus fort en tactique militaire qu'en discipline ecclésiastique, savait au moins consulter avant de résoudre, et il ajoutait ainsi le bon sens à la bonne foi.

Au moment où le général Cavaignac achevait sa carrière publique, sa mère, à laquelle il ne devait

---

(1) « M. Cavaigac, dit M. Oscar Havard ne prenait aucune décision où les intérêts religieux pouvaient se trouver engagés sans consulter le P. de Ravignan. » *Monde* du 8 janvier 1886.

presque pas lui-même survivre, expirait avec l'espérance que donne la foi, laissant à son fils un testament, suprême expression de piété religieuse, de tendresse et de reconnaissance. C'était une page sublime, écrite aux accents inimitables d'une mère, d'une chrétienne et d'une mourante.

Après avoir exhorté, béni son fils une dernière fois, elle conjurait le P. de Ravignan de le sauver comme il l'avait sauvée elle-même. Le général, docile à des intentions si chères, donna rendez-vous au religieux et voulut lui-même faire la lecture des dernières volontés de sa mère, et, en les lisant il ne fut pas seul à pleurer. Il promit tout dès lors, *et peu de temps après il alla s'agenouiller aux pieds du confesseur de sa mère.*

En constatant la conversion de cet homme distingué, il nous faut remarquer l'influence de la vertu, de la sainteté sur les hommes politiques même lorsque ceux-ci s'y sont montrés longtemps rebelles ou indifférents.

CÉCILLE

VICE-AMIRAL, DÉPUTÉ, SÉNATEUR.

(1787-1878)

> « J'ai toujours attribué les succès de ma carrière à cet acte de piété. »
> (Amiral Cécille.)

Jean-Baptiste Thomas *Cécille*, né à Rouen le 16 octobre 1787, participa aux guerres du premier Empire. Nommé lieutenant de vaisseau dès 1816, il était contre-amiral en 1844, et vice-amiral en 1847. C'est en accomplissant avec succès et distinction plusieurs missions importantes qu'il parvint rapidement aux plus hauts grades de la marine.

Le département de la Seine-Inférieure le nomma, en 1848, à l'Assemblée constituante, puis à la Législative, où l'amiral soutint la politique du Prince-Président. Admis en 1852 au conseil de l'Amirauté, il fut nommé sénateur l'année suivante et mourut à Saint-Servan, en novembre 1873, dans les plus excellentes dispositions de la piété chrétienne.

Le vice-amiral n'avait pas attendu ses derniers moments pour rendre à Dieu l'hommage de son âme. Elevé pieusement par une digne mère, pendant ses nombreuses campagnes de mer il n'oublia jamais ses leçons. Dans nos stations navales de l'Extrême-Orient, sa haute situation, aidée de ses sentiments religieux, lui permit souvent de défendre les intérêts de la foi catholique en protégeant nos missionnaires.

Il faut lire surtout l'intéressant journal de Mgr Forcade, ancien missionnaire au Japon, pour apprécier les services que l'amiral aimait à rendre aux chrétiens et aux apôtres de la foi. Un jour, le brave marin reçu par l'abbé Forcade dans un port de cette contrée, se jette en débarquant au cou du missionnaire et l'embrasse comme un frère. Celui-ci ajoute :

« Celui qui me prodiguait ces affectueuses démonstrations est l'ami et le bienfaiteur des missionnaires, le libérateur des chrétiens de la Chine. »

Le trait suivant nous donne une idée de la religion de l'amiral.

Il y a quelques années, il visitait l'hospice général de Rouen. Il demanda à être conduit à la chapelle. Après s'y être agenouillé et avoir prié un instant, il en fit le tour, puis revenant au sanctuaire : « C'est mon père, dit-il, qui, modeste entrepreneur, a construit cette chapelle. Tout jeune enfant, j'ai été mis sur cet autel encore inachevé par ma mère, qui voulut ainsi m'offrir de nouveau à Dieu. Elle aimait à me le rappeler dans ma jeunesse. J'ai toujours attribué les succès de ma carrière à cet acte de piété et de tendresse maternelle. Cela m'a porté bonheur. »

Le vieux marin, visiblement ému à ce pieux souvenir, ne put s'empêcher de verser quelques larmes.

CÉZANNE

INGÉNIEUR, DÉPUTÉ, MINISTRE.

(1830-1876)

> « Que ma mort, ô mon Dieu, vous soit plus agréable que ma vie ne l'a été. »
> CÉZANNE.

Ernest *Cézanne* naquit, à Embrun le 25 mars 1830. Admis à l'école polytechnique, il fut à sa sortie nommé ingénieur des ponts et chaussées, et devint successivement ingénieur en chef des chemins russes et autrichiens, chef d'exploitation de la Compagnie du Midi, puis directeur des chemins de fer ottomans. Au moment de l'investissement de Paris, ayant donné sa démission, il partit en ballon, chargé par le général Trochu d'une mission pour la délégation de Tours au sujet du ravitaillement.

En 1871, il s'était présenté comme candidat républicain modéré. Inscrit au centre gauche, il prit peu de part aux débats politiques et s'occupa spécialement des questions de transport et de chemins de fer. Dans une lettre à M. Léon de Say au

24 mai il sembla accepter M. le comte de Paris pour roi de France au cas où l'assemblée elle-même l'accepterait, mais refusait de reconnaître le comte de Chambord. Après le 16 mai, M. de Goulard chargé par le maréchal de Mac-Mahon de former un ministère, y fit entrer M. Cézanne, qui malgré sa nomination devenue publique, refusa obstinément.

Dans sa vie publique, le député se montra toujours sérieux, instruit et pratique; homme d'action avant tout, et ayant acquis une grande expérience par la pratique des affaires et les voyages, il rendit de grands services dans les divers milieux où s'exerça son influence.

Esprit droit et loyal, il reconnut aux catholiques le droit d'enseigner, et, à la Chambre, vota pour la liberté de l'enseignement supérieur. Longtemps il chercha de bonne foi la vérité religieuse à l'aide de Pascal et de Balmès; mais longtemps aussi il la poursuivit en vain à l'aide de la seule raison. Il oubliait que « la raison cesse d'être raisonnable, selon la pensée du P. de Ravignan, lorsqu'elle n'a pas pour but de nous conduire à Dieu. »

Enfin l'heure de la grâce vint à sonner : Dieu voulait récompenser sa sincérité dans la recherche du vrai.

M. le curé de Saint-Julien, où il est mort, fut l'instrument dont le ciel se servit pour convaincre son esprit et toucher son cœur. Jusque-là il avait **toujours trouvé des prétextes pour échapper à** l'argumentation persuasive de l'homme de Dieu

．·．

« Une question suprême fut enfin posée.

— Eh bien! dit le ministre de Dieu heureusement inspiré, puisque votre sincérité est complète, que nous nous croyons réciproquement dans l'erreur et que nous n'avons d'autre désir que de connaître la vérité, prions Dieu l'un pour l'autre qu'il nous éclaire.

Et les deux adversaires d'engager un admirable combat, avec Dieu seul pour juge. Ce n'était pas un défi jeté à Dieu, mais un combat loyal en son honneur. Le ciel bénit tant de naïve confiance. Il ne devait pas y avoir de vaincu dans ce duel, mais deux vainqueurs. Le malade récita scrupuleusement la prière du prêtre, et la vérité lui étant apparue, il appela soudainement M. le curé de Saint-Julien et se confessa en toute simplicité.

Il avait appris que l'amendement intérieur n'est complet que s'il s'opère par le sacrement de pénitence. Le vénérable prêtre malgré son habitude de gagner des âmes, ne put résister à tant de générosité. Il pleura avec le pécheur qui se frappait la poitrine. Cependant il crut devoir ne pas exiger davantage. Ne fallait-il pas que la grâce elle-même achevât manifestement son œuvre? Le lendemain le moribond demandait l'Extrême-Onction. Son confesseur l'administra et le communia.

C'est alors qu'un grand exemple fut donné par le tardif converti. Après avoir distribué des croix à ses enfants, il fit devant sa famille qui l'entourait, cette touchante prière : *Que ma mort, ô mon Dieu, vous soit plus agréable que ma vie ne l'a été !*

Le docteur étant venu le visiter, il prit congé de lui en disant qu'il ne devait plus s'occuper que de Dieu, et il ne voulut avoir pour assistance que sa pieuse épouse, avec laquelle il pria jusqu'au dernier moment.

Une âme venait d'être conquise à Dieu, une famille chrétienne édifiée, consolée au milieu de sa désolation et de ses pleurs. Merveilleux effet de la grâce de Dieu, et magnifique triomphe de la vérité chrétienne, de la sainte religion catholique (1) !

(1) L'abbé Saillard.

CHAMBORD (H. de)

DUC DE BORDEAUX

(1820-1883)

> La parole est à la France,
> l'heure est à Dieu.
> Comte de CHAMBORD

Le 24 août 1883, une grande et noble figure disparaissait de ce monde, et avec elle c'était tout un passé de gloire et de prospérité, tout un monde d'espérance qui s'évanouissait : *Henri-Dieudonné, duc de Bordeaux, comte de Chambord* descendait dans le tombeau.

Plus les circonstances où s'agitaient la France étaient tristes, plus les espérances étaient ardentes. Il était, semblait-il, pour elle comme la dernière planche de salut, et beaucoup comptaient sur ce prince pour la défense de l'Eglise opprimée. Mais les grands sacrifices sont toujours féconds, et le comte de Chambord offrant pour le salut de la France les longues années d'une vie d'exil, qu'il n'a pu employer à la servir, aura beaucoup fait pour la sauver de l'impiété !

Essayons de reproduire rapidement les principaux traits de cette belle existence.

On peut dire que deux amours se sont partagé cette noble vie : l'amour de la France et celui de l'Eglise; pour la France, il subit les douleurs de l'exil; pour l'Eglise, qu'il désirait tant servir sur le trône, il accepta le rôle diminué que lui imposait la Providence.

Le 29 septembre 1820, du haut du balcon des Tuileries, le roi Louis XVIII faisait entendre ces paroles à une foule immense :

« Mes amis, il nous est né un enfant à tous. » C'était Henri-Charles-Marie-Dieudonné d'Artois, duc de Bordeaux, fils de M. le duc de Berry, qui sept mois auparavant expirait sous le poignard de Louvel.

Cette naissance causa un enthousiasme général.

> Il est né l'enfant du miracle!
> Héritier du sang d'un martyr,
> Il est né d'un tardif oracle,
> Il est né d'un dernier soupir!

Ainsi chantait Lamartine, et Victor Hugo lui répondait par l'ode célèbre :

> O joie, ô triomphe, ô mystère!
> Il est né l'enfant glorieux,
> L'Ange que promit à la terre
> Un martyr partant pour les cieux!

Cependant, moins de dix années après, le duc de Bordeaux suivait en exil son grand-père Charles X.

M. Barraude, puis Mgr de Frayssinous et avec lui l'abbé Trébuquet, enfin M. Cauchy présidèrent à son éducation, tandis que M. La Villette, attaché à sa personne dès sa plus tendre enfance, le formait à tous les exercices du corps. D'autre part, le colonel Monnier et le général d'Hautpoul lui faisaient connaitre toutes les parties de l'art militaire, car on voulait faire de lui un vaillant soldat, et nul doute qu'il n'eût été digne par sa bravoure du nom illustre qu'il portait.

.

Si l'esprit du jeune prince fut cultivé par les études les plus variées, son cœur s'ouvrait à tous les sentiments les plus généreux. Les pauvres et les ouvriers, les malades et les vieillards furent l'objet de ses soins constants dès son enfance et toute sa vie. Son penchant naturel fortifié par une excellente éducation religieuse le portait à faire du bien partout et toujours, et c'est avec raison que Bernadille a écrit : « On oublierait un trait essentiel de sa vie si l'on ne parlait de sa charité précoce. »

Pour compléter son instruction, le jeune duc de Bordeaux, à partir de 1836, avait fait de nombreux voyages d'observations et d'études qui ajoutèrent à ses connaissances spéciales.

Mais un grave accident interrompit, en 1841, cette vie active et laborieuse. Dans une chute de cheval, le prince se rompit la cuisse et ne fut rétabli qu'après un traitement long et douloureux.

Un an plus tard, en apprenant la mort du duc

d'Orléans, qui venait de succomber à une chute de voiture, le comte de Chambord écrivait à ses amis de France :

« A la nouvelle du triste événement dont vous me parlez, ma première pensée a été de prier et de faire prier pour celui qui en a été la malheureuse victime. J'ai été plus favorablement traité l'année dernière, et j'en rends grâce à la Providence qui, j'espère, ne m'a conservé la vie que pour la rendre un jour utile à mon pays. »

M. le comte de Chambord, qui, en novembre 1836 avait perdu son grand-père le roi Charles X, devenait par la mort de M le duc d'Angoulême, survenue le 24 juin 1844, le chef de la maison de Bourbon. La notification suivante fut alors adressée par lui aux cabinets étrangers :

« Devenu par la mort de M. le comte de Marnes chef de la maison de Bourbon, je regarde comme un devoir de protester contre le changement qui a été introduit en France dans l'ordre légitime de succession à la couronne, et de déclarer que je ne renoncerai jamais aux droits que, d'après les anciennes lois françaises, je tiens de ma naissance.

« Ces droits sont liés à de grands devoirs qu'avec la grâce de Dieu, je saurai remplir ; toutefois je ne veux les exercer que lorsque, dans ma conviction, la Providence m'appellera à être véritablement utile à la France... »

M. le comte de Chambord ne tarda pas à s'établir

à Frohsdorf, dont il allait faire sa résidence habituelle.

Le 16 novembre 1846, le prince épousait une princesse d'une rare vertu, d'un dévouement qui s'est affirmé jusqu'à la dernière heure, l'archiduchesse Marie-Thérèse d'Este, sœur du duc de Modène.

Désirant que les pauvres de Paris eussent leur part de la joie qu'il éprouvait, M. le comte de Chambord écrivait à M. de Pastoret :

« Monsieur le marquis, je désire qu'à l'occasion de mon mariage les pauvres aient part à la joie que m'inspire cette nouvelle preuve de la protection du Ciel sur ma famille et sur moi, et il me paraît que ceux de Paris ont un droit particulier à mon intérêt, car je n'oublie pas que c'est dans cette ville que je suis né et que j'ai passé les premières années de ma vie. Je m'empresse de vous annoncer que je mets à votre disposition une somme de vingt mille francs que je vous charge de distribuer.

« Dans la répartition de ce secours, vous n'aurez égard à aucune autre considération qu'à celle des besoins et de la position plus ou moins malheureuse de chacun... Je n'ai qu'un seul regret, c'est de ne pouvoir donner davantage. Quand je pense surtout à la misère qui règne en ce moment, et dont l'hiver qui s'approche ne peut qu'augmenter encore les rigueurs, je voudrais avoir des trésors à répandre pour soulager tant de souffrances. Je suis sûr que mes amis sentiront comme moi le besoin de s'imposer de nouveaux sacrifices et de rendre leurs aumônes plus abondantes que jamais. Ils ne peuvent rien faire qui me soit plus agréable ; c'est d'ailleurs le grand moyen d'éloigner de notre commune et chère patrie les maux qui la menacent et d'attirer sur elle les bénédiction qui peuvent assurer son bonheur. »

Quelques jours après, la nouvelle épouse envoyait de son côté dix mille francs pour les inondés de la Loire.

Ainsi, ce fut par des actes de charité vraiment royale qu'Henri annonçait à la France le bonheur que Dieu lui donnait. Celle-ci reconnaissait à ces traits le sang de ses anciens rois, elle retrouvait dans le cœur de Henri V celui du bon Henri IV, quand il écrivait aux Parisiens, en leur envoyant tout ce qu'il possédait : « Le Béarnais est pauvre s'il était riche, il donnerait bien davantage. »

De toutes parts s'élevèrent des prières vers le Ciel qui consolaient enfin l'exilé dans ses longs malheurs. Il y eut des messes d'actions de grâces dans toutes les villes de France, et les églises pouvaient à peine contenir la foule fidèle. On organisa ensuite les banquets joyeux que le gouvernement interdit bientôt.

*
* *

Deux ans plus tard la révolution de 1848 éclatait. Après les premières révoltes, les esprits semblaient ramenés vers des pensées de concorde et de conciliation. C'est alors que M. le comte de Chambord, consulté sur un rapprochement possible entre les deux branches de la maison de Bourbon, répondit à cette ouverture par les paroles suivantes qui montrent bien les excellentes intentions dont il était animé envers son pays :

« *Mes devoirs envers la France seront toujours la règle essentielle de ma conduite.* Tout ce qui peut contribuer à la sécurité, au bonheur, à la gloire de notre pays, je suis prêt à l'accomplir sans hésitation, sans arrière-pensée... Tous les évènements passés disparaissent pour moi en présence des hauts intérêts de la France qu'il s'agit de sauver... J'ai employé les années de mon exil à étudier les hommes et les choses. Si la Providence m'appelle sur le trône, je prouverai, je l'espère, que je connais l'étendue et la hauteur de mes devoirs. Exempt de préjugés, loin de me renfermer dans un esprit étroit d'exclusion, je m'efforcerai de faire concourir tous les talents, tous les caractères élevés, toutes les forces intellectuelles de tous les Français à la prospérité et à la gloire de la France. »

Mais la France ne se rallia pas à « cette politique de conciliation, d'union, de fusion, » selon les termes d'une lettre écrite à Berryer.

Henri de France était alors à Venise ; une terrible insurrection, contre-coup de celle de Paris, y éclata, mais l'auguste exilé, loin de fuir devant elle, voulut rester au contraire pour y étudier de près le fléau. Il était sur la place Saint-Marc au moment de l'émeute la plus acharnée, et plusieurs furent blessés près de lui. Mais les insurgés, ne connaissant Henri de France que par ses bienfaits, ne lui firent aucune injure.

Le comte de Chambord est resté toujours fidèle au programme politique tracé par lui à plusieurs reprises de 1848 à 1851 et plus tard encore, et qu'il résumait en ces termes dans une note du 12 mars 1856 :

« Exclusion de tout arbitraire; le règne et le respect des lois; l'honnêteté et le droit partout; le pays sincèrement représenté, votant l'impôt et concourant à la confection des lois; les dépenses sévèrement contrôlées; la propriété, la liberté individuelle et religieuse inviolables et sacrées; l'administration communale et départementale sagement et progressivement décentralisée ; le libre et égal accès pour tous aux honneurs et aux avantages sociaux. »

**

En 1870, les malheurs de la guerre arrachaient à son âme si compatissante, après la catastrophe de Sedan et la révolution du 4 septembre, un cri de protestation douloureuse :

« Français, il m'est impossible de me contraindre plus longtemps au silence. J'espérais que la mort **de tant de héros tombés sur le champ de bataille,** que la résistance énergique d'une capitale résignée à tout pour maintenir l'ennemi au dehors épargneraient à mon pays de nouvelles épreuves, mais le bombardement de Paris arrache à ma douleur un cri que je ne saurais contenir... Fils des rois chrétiens qui ont fait la France, je gémis à la vue de ses désastres... Qui parlera au monde, si ce n'est moi, pour la ville de Clovis, de Clotilde et de Geneviève, pour la ville de Charlemagne, de Phillippe-Auguste, de saint Louis et de Henri IV; pour la ville des sciences, des arts et de la civilisation?

Non! je ne verrai pas périr la grande cité que chacun de mes aïeux a pu appeler *ma bonne ville de Paris*. Et puisque je ne puis rien de plus, ma voix s'élèvera de l'exil pour protester contre les ruines de ma patrie, elle criera à la terre et au Ciel, assurée de rencontrer la sympathie des hommes et attendant tout de la justice de Dieu. »

Deux ans après, l'union des deux branches de la maison de Henri de Bourbon était affirmée par un acte solennel, et le 5 août 1873, M. le comte de Paris pouvait dire à M. le comte de Chambord : « Si jamais la France exprime la volonté de recourir à la monarchie, nulle compétition au trône ne s'élèvera dans notre famille. » Et l'auguste exilé, sur le point de mourir : « Mon seul regret est de n'avoir pu la servir et mourir pour elle, comme l'a toujours souhaité mon cœur. Soyez plus heureux que moi, c'est tout ce que je désire. »

Tel fut le prince accompli que la France n'a pas

été digne de voir présider à ses destinées : telles furent les paroles de cet homme éminent qui, par la dignité et l'honnêteté parfaite de sa vie, restera comme l'une des plus grandes figures de ce siècle, une de ses gloires les plus pures.

Nous rappellerons l'attachement que le comte de Chambord eut toujours pour le Saint-Siège, auquel il rendit souvent hommage par sa présence et, chaque année aussi, par cette généreuse et magnifique aumône qu'il versait aux pieds du vicaire de Jésus-Christ, comme la plus touchante expression d'une foi vive.

Aussi, lorsque la dernière étincelle de sa vie venait de s'éteindre, le prêtre qui avait adouci les douleurs de son agonie eut raison de dire en pressant la main du prince :

« Montez au ciel, fils de saint Louis. »

CHAMPAGNY (comte de)

PUBLICISTE, HISTORIEN, DE L'ACADÉMIE FRANÇAISE
1804-1887)

> « La science ne tue pas la foi, et la foi tue encore moins la science. «
> C. DE CHAMPAGNY.

Un ami de Montalembert, le comte François-Joseph *de Champagny*, né à Vienne (Autriche) est mort il y a quelques années.

Partageant les idées politiques et religieuses de MM. Beugnot et de Montalembert, il collabora activement à *l'Ami de la religion* et au *Correspondant*, où il défendit avec une louable ardeur la liberté de l'enseignement. Il est auteur de beaucoup d'articles, de brochures et d'ouvrages importants, tels que *l'Histoire des Césars*, qui lui a coûté plusieurs années de recherches, *les Antonins, les Césars du troisième siècle, Rome et la Judée, le Chemin de la vérité*.

Le comte de Champagny fut un des membres les plus distingués de l'Académie française en ce siècle; il eut la gloire de mettre son beau talent et sa vie entière au service de la vérité et de la religion catholique. Il a fait mieux : il a conformé sa vie à ses croyances.

Nous lui devons de belles pages sur le rôle de la science dans la recherche de la vérité, que nous voulons reproduire ici en partie:

« Prenons garde à un penchant de notre siècle. Il exagère la puissance des faits, scientifiques ou historiques, peu importe, nous ne voulons que des faits ; une idée nous paraît méprisable auprès d'un fait. Songeons au contraire que les faits ne sont rien par eux-mêmes ; il faut toujours à côté d'eux la raison qui contrôle...

« Ne médisons cependant pas de la science. Lorsqu'elle est sincère et sérieuse, lorsqu'elle s'élève par le droit chemin, en s'élevant elle rencontre Dieu. Ni Keppler, ni Newton, ni Copernic, ni Euler, ni Leibnitz, ni Pascal, ces grands noms de la grande époque de la science, ne furent athées. En notre siècle, les hommes les plus éminents de la science, Haüy, Cuvier, Biot, Ampère, Cauchy, Herschell, Faraday, pour ne parler que des morts, n'ont certes pas été des athées. Voilà un de ces préjugés qui se sont si facilement accrédités en notre temps de parlage banal et de littérature irréfléchie : l'hostilité prétendue entre la science et la foi.

« L'hostilité contre la foi existe, il est vrai, dans le camp de la demi-science, de la science émiettée en harangues de club et en feuilletons de journaux, dans ce qu'on a très bien appelé le demi-monde de la science. Mais dans la vraie science, la science sérieuse, la science qui étudie pour savoir plus que pour parler, il n'en est pas ainsi, et la négation se trouve là en minorité ; je le prouverai plus tard par des citations. Selon le mot d'un des savants les plus éminents de nos jours : « La science ne tue point la foi, et la foi tue encore moins la science (1). »

.˙.

En 1873, son zèle à combattre pour la liberté de l'enseignement le fit élire président du *Congrès de l'enseignement chrétien*, et il reçut en cette qualité un bref de Pie IX.

En 1874, dans une livraison du *Correspondant*, M. le comte de Champagny a écrit, sur la renaissance religieuse de la première moitié du XVIIe siècle, des pages qu'on ne saurait trop méditer. Il a su grouper admirablement autour de S. Vincent de Paul les hommes et les femmes illustres qui ont travaillé, avec tant de zèle et de succès, à relever la France de ses revers après un demi-siècle de guerres civiles et étrangères. Ces hommes généreux ces généreuses femmes ont travaillé avant tout à ranimer la foi, à corriger les mœurs, à soulager les misères matérielles et morales; et il s'est trouvé qu'au bout d'un demi-siècle, malgré de nouvelles guerres étrangères, malgré d'autres guerres ci-

---

(1) *Eloge de Faraday*, par M. Dumas, secrétaire perpétuel de l'Académie des sciences.

viles, la France s'est tellement relevée qu'elle est devenue la première puissance de l'Europe. Preuve éclatante, conclut l'auteur, que la religion relève les peuples.

C'est ainsi que le célèbre académicien a été partout le premier champion de la vérité dans les lettres, dans l'histoire, dans l'enseignement, à l'Académie, jusque dans la politique. Ce qui lui a fait dire : « La cause de la vérité ne saurait être perdue. Elle ne le sera pas même dans le ciel ni devant Dieu, nous le savons, et cela doit nous suffire pour essuyer nos larmes et rasséréner notre cœur. Elle ne le sera pas même sur la terre, malgré cette coalition de toutes les puissances et de toutes les passions humaines. Au contraire, quand la coupe aura été épuisée, quand le monde sera las de proscription, de violence, de révolutions, de guerres, il comparera les deux ennemis qu'il aura vus l'un frapper, l'autre souffrir; l'un infliger aux hommes tous ces opprobres et toutes ces douleurs, l'autre leur donner tout ce qu'il a reçu d'en haut de soutien, de consolation et d'espérance; il comparera l'un avec l'autre, et il y aura dans cette comparaison, plus frappante qu'elle ne l'a jamais été, une démonstration presque forcée de la vérité du Christianisme. »

Cette vérité, il ne craignit pas un jour de lui rendre hommage en pleine Académie.

Chargé de répondre à M. Littré, libre-penseur, reçu dans cette docte assemblée, il eut le courage de sortir des banalités académiques pour venger la conscience humaine des honteuses humiliations que voudrait lui imposer l'école positiviste et athée. Avec l'accent de sincérité qui lui était propre, il osa dire sa pensée tout entière :

« Laissez-moi vous le dire, Monsieur. Ce n'est pas seulement ici un académicien qui répond à un académicien : c'est une âme sincère qui parle à une âme sincère; elle a besoin de s'expliquer et elle est sûre qu'elle n'offense pas. Vous avez cru que la science, c'est-à-dire la science des faits, la science des choses visibles devait suffire à l'humanité, vous avez interdit à l'homme d'aller au-delà.

« Ce travail naturel et logique qui, des choses visibles, s'élève aux choses invisibles, et qui est le labeur propre et la plus haute mission de notre raison, avec un stoïcisme impitoyable, vous avez cru devoir le supprimer, vous avez mis en interdit l'intelligence humaine. Mais soyez en sûr, Monsieur, pour le bonheur de l'humanité, vous ne la déferez point ni ne la referez. L'humanité restera avec ses instincts qui ont besoin de la terre, mais qui ont besoin d'autre chose que de la terre. La science strictement bornée à l'élément matériel, cette science toute sèche, qui étudie les faits sans remonter à la cause suprême, ne suffira jamais à contenter l'humanité.

« Il faut à l'homme un autre exercice et une autre satisfaction pour sa raison, d'autres consolations pour sa vie, d'autres espérances pour ses douleurs, d'autres fleurs pour honorer le tombeau de ses pères. Il l'a bien éprouvé, celui-là même que vous appelez votre maître et dont vous avez écrit l'éloge : Auguste Comte a éprouvé, dans la dernière période de sa vie, ce que vous appelez une réaction mystique, étrange et confuse, il est vrai, où il se faisait grand-prêtre, célébrant un culte (un culte sans Dieu) et passait des jours à lire, en même temps que les œuvres de certains poètes favoris, *l'Imitation de Jésus-Christ.*

« Vous-même, vous trahissez, malgré vous, cette inquiétude du génie humain lorsque, dans de beaux vers, vous invoquez la terre à défaut d'autres divinités...

« Non, Monsieur, tout n'est pas si vide et si froid Il y a quelque chose, et quelque chose de perceptible, au-delà de la science purement matérielle. Ce n'est pas un Père de l'Église ni un philosophe que je vais vous citer, c'est tout simplement l'homme du peuple, le comédien, mais aussi le grand penseur Shakspeare. Vous vous rappelez ce mot : « Il y a plus de choses au ciel et sur la terre, Horatio, que ne peut en rêver votre philosophie, » à plus forte raison votre biologie et votre physiologie. L'imagination, la raison même ne sont pas si courtes que la science. Cette vérité impalpable qui ne se révèle pas dans le laboratoire du chimiste, cette inconnue qui disparaît au fond des alambics et se cache hors de la portée des télescopes, cette x qu'aucune recherche expérimentale ne parviendra à dégager, nous, plébéiens de la science, **nous la connaissons et nous l'appelons** *Dieu* (1). »

Le comte de Champagny est resté fidèle, jusqu'à la fin, à ces principes de la saine philosophie, et à la foi religieuse qui l'avait animé et soutenu dans les luttes de toute sa vie.

(1) Cette page éloquente nous rappelle le magnifique discours de S. Paul devant l'Aréopage d'Athènes.

CHANGARNIER

GÉNÉRAL, DÉPUTÉ, SÉNATEUR.

(1797-1877)

> Je suis, grâce à Dieu,
> catholique et français.
> CHANGARNIER.

Encore une gloire militaire de la France qui vient de s'éteindre, l'illustre général *Changarnier*, l'ardent et infatigable serviteur de la patrie, qui, à 73 ans, reprenait les armes pour la défendre.

Théodule Changarnier naquit à Autun peu après la Terreur. Voué de bonne heure à la carrière militaire, ce fut surtout en Afrique qu'il s'illustra et rendit son nom immortel.

Presque à chaque page de l'histoire de la conquête de l'Algérie, on le retrouve mêlé aux exploits les plus glorieux. M. A. Blanquet rapporte ainsi la retraite de l'armée française devant Constantine, sous la conduite de Changarnier.

« Le 24 novembre 1836 vit s'accomplir cette retraite de quarante lieues au milieu de périls sans cesse renaissants, sous le feu de la mousqueterie d'ennemis cachés et infatigables, secondés en quelque sorte par les éléments, et qui causaient à l'armée des dommages sérieux et grandissants d'heure en heure. Enfin, harcelé criblé, décimé, le bataillon Changarnier obéit à la voix de son chef qui commande la manœuvre du carré.

Allons, mes amis, dit avec énergie le commandant, voyons une bonne fois ces gens-là en face. Ils sont mille et nous sommes trois cents : la partie est égale. »

« Ce langage énergique électrise les soldats, un feu bien nourri disperse les Arabes dont beaucoup restent sur le carreau, et l'armée peut continuer en toute tranquillité son mouvement de retraite. Le grade de lieutenant-colonel récompensa Changarnier de cet acte d'héroïque sang-froid.

« Adversaire déclaré des institutions républicaines et du Prince Président par lequel il fut banni de France, il demeura longtemps en exil, loin de cette patrie qu'il aimait passionnément. Retiré à Malines, il suivait avec inquiétude les détours de cette politique qui devait aboutir à la guerre de 70. Alors il ne peut plus contenir son patriotisme, et à 73 ans il se trouvait jeune homme pour défendre sa patrie. Il vint offrir son épée à ses ennemis politiques en faveur de la France, qui ne fut point ingrate, et dès les élections de 1871, il fut nommé député, et depuis sénateur. »

Sa vie a été celle d'un illustre guerrier et d'un grand chrétien. M. E. Vial qui l'a résumée en quelques pages bien écrites nous parle de la foi de son héros. « Il n'était pas catholique sincère, mais indépendant, il n'était pas davantage catholique libéral, ni catholique de situation, ni catholique d'occasion, il était simplement catholique. » Il croyait fermement, il pratiquait fidèlement, en toute simplicité de cœur, parce que tel était son devoir, auquel d'ailleurs ne manquaient pas les consolations. Il mourut en Février 1877, en baisant l'image du Dieu qu'il avait toujours adoré, et qui fut, avec la patrie, son seul amour en ce monde.

La France paya sa dette envers lui en lui faisant à ses frais de magnifiques funérailles. Il fut pleuré comme un père par ses anciens soldats.

.*.

Le trait suivant que nous empruntons à un de ses biographes (1), nous montre les sentiments religieux qui animaient le général Changarnier.

A l'époque donc où le général Changarnier était commandant en chef de l'armée de Paris, de zélés laïques, qui se dévouaient à l'Œuvre des Militaires ouvrirent, d'accord avec de bons Frères, non loin d'une caserne ou d'un fort, un cercle-école où les soldats se rendaient volontiers et recevaient avec l'instruction élémentaire, les meilleurs conseils.

On leur apprenait à honorer leurs chefs, à res-

(1) L'abbé Saillard. *Hommes célèbres.*

pecter la discipline par des motifs plus élevés que la crainte du châtiment.

Un colonel cependant, protestant exalté, dit-on, mais bien plutôt libre penseur, c'est-à-dire intolérant, en prit de l'ombrage et défendit sous peine de punition, à ses soldats, de fréquenter la réunion, dont les promoteurs ne furent pas moins désolés que les militaires. On tint conseil, mais longtemps sans résultat; enfin l'un des jeunes gens, tout à coup, se rappela que le curé de Notre-Dame des Victoires, l'abbé Des Genettes, avait un neveu attaché à l'état-major du général en chef. Sans tarder, il se rend chez le curé, lui raconte ce qui arrive, et le prie de faire une démarche à ce sujet auprès du général, qu'il connaît déjà peut-être par son neveu. Le bon abbé promet au visiteur de faire selon son désir, et bientôt, libre, il court à la place Vendôme, mais n'y trouve que son neveu ; il lui dit e motif qui l'amène, en le priant de transmettre sa supplique au général dès qu'il sera de retour. Peu de temps après la sortie du curé, Changarnier rentre, et l'aide de camp est prompt à s'acquitter de sa commission, en ajoutant que son oncle reviendra le soir ou le lendemain.

« — Non pas, reprit vivement le général, je n'entends point que derechef le bon curé se dérange ; c'est à moi de lui rendre sa visite. »

Aussitôt il demande sa voiture et se fait conduire au presbytère de Notre-Dame des Victoires, où le curé rentré depuis peu, et qui ne s'attendait guère à la visite, paraît d'abord non moins ému que surpris.

« — Monsieur le curé, dit le général, le sourire aux lèvres, avec un accent tout à la fois cordial et respectueux, votre neveu m'a dit le motif auquel e devais l'honneur de votre visite. *Je suis, grâce à Dieu, catholique et Français*, et à ce double titre je ne puis qu'approuver votre démarche ; j'ai tenu à vous le dire moi-même et sans retard. Moraliser l'armée, c'est faire une œuvre à la fois patriotique et sainte, et je ne permettrai pas, assurément, qu'on empêche nos braves soldats de se rendre à des réunions où ils n'entendent que de bonnes choses, ne reçoivent que d'excellents conseils. Mieux vaut cent fois les savoir là qu'au cabaret ! Soyez tranquille, et rassurez les dignes messieurs qui se dévouent à l'Œuvre des Militaires ; il sera fait droit à leur réclamation, et leur zèle n'aura plus à craindre d'entraves. »

« — Merci pour eux, mon général, et pour moi, vous faites là une bonne action dont vous saura gré Notre-Dame des Victoires. »

Le jour même, le général expédiait au grincheux colonel l'ordre de lever immédiatement l'interdit et de laisser toute liberté aux soldats de se rendre à l'école. Le colonel se le tint pour dit, retira sa défense à la grande joie des soldats, comme de leur zélés instituteurs, et la réunion, ce soir-là fut un véritable fête.

CHANTECLAIR (de Vouges de)

GÉNÉRAL

(1807-1879)

> « On travaille à réorganiser l'armée, mais on n'y parviendra que lorsqu'on aura replacé Jésus-Christ au cœur des soldats. »
> DE CHANTECLAIR

Le général de Vouges de Chanteclair, l'un des héros de Reischoffen est mort à Besançon, en 1879.

C'était un grand chrétien.

Il a prouvé une fois de plus que le service de la patrie ne saurait empêcher le service de Dieu, et que l'un va bien à côté de l'autre. Ses deux principes étaient la prière fréquente et le sacrifice de soi-même. Il était le premier à la messe militaire, et toujours au premier rang dans les processions. Son exemple a fait revenir au bien un grand nombre de ses amis et subordonnés.

Il vénérait les prêtres et les religieux, saluait en eux le patriotisme le plus pur : car, disait-il, « leur dévouement à Dieu les fait se dévouer aussi à l'éducation de la jeunesse, au soin des malades au soulagement de toutes les infortunes. »

A la vue des outrages que les ministres sacrés ont à subir, et des dangers qui menacent l'enseignement chrétien, il souffrait cruellement et ne craignait pas de dire : « On travaille à réorganiser l'armée; mais on n'y parviendra que lorsqu'on aura replacé Jésus-Christ au cœur des soldats. »

Dans sa maison, les exercices de piété se faisaient en commun, il y présidait toujours. Chaque jour il visitait le Saint-Sacrement, et après avoir prié devant le saint Tabernacle, il s'agenouillait devant l'autel de la sainte Vierge. La dévotion à Marie était sa dévotion favorite.

Sa présence aux dernières processions de la Fête-Dieu a été le dernier acte de sa vie publique. La circulaire du ministre n'autorisait les militaires à y paraître qu'à titre de simples particuliers. M. de Vouges n'hésita pas; revêtant son costume de général et ceignant l'épée, il alla se placer derrière le dais (1). Le général eût répondu volontiers comme ce préfet maritime à un collègue qui lui demandait s'il assisterait en uniforme à la procession du Saint-Sacrement : « Je ne sache pas que depuis l'année dernière Dieu ai baissé d'un grade. »

Dieu récompensa bientôt ce courage si chrétien. Averti par de cruelles souffrances de l'approche de la mort, le brave guerrier la vit venir avec une admirable résignation.

(1) M. Chantrel.

Chanzy (v. p. 237)

CHANZY

GÉNÉRAL, GOUVERNEUR D'ALGÉRIE, DÉPUTÉ, SÉNATEUR INAMOVIBLE, AMBASSADEUR

(1823-1883)

> « La religion est la source du patriotisme, elle met au foyer domestique l'ordre et le bonheur. sans elle il n'y a pas d'homme complet. »
> GÉNÉRAL CHANZY

Le général Chanzy avait pris pour devise : « Bien servir. » Il servit bien, mais ne fut pas toujours heureux. Cœur droit et chrétien, nature énergique, il eut besoin de tout son patriotisme et de toute sa foi pour maintenir son âme à la hauteur du devoir dans les malheurs de la patrie.

Antoine-Alfred *Chanzy*, comme la plupart de nos généraux, était le fils d'un soldat. Né le 18 mars 1823 à Nouart, (Ardennes,) le futur général reçut une éducation chrétienne dont il se ressentit toujours. Il eut de bonne heure la passion des armes et rêva de gloire et de batailles sur les bancs des collèges de Sainte-Ménéhould et de Metz, où son père l'avait mis en pension : la carrière de marin était surtout l'objet de ses rêves. Il passa, en effet près de deux années dans l'escadre de l'amiral Lalande, puis entra dans l'armée de terre, comme sous-lieutenant, en sortant de Saint-Cyr.

Dès lors, on remarqua dans Chanzy cette activité constante pour l'organisation et l'administration des corps, et surtout le talent rare d'entraîner les troupes par son exemple et de se les attacher, auant par sa fermeté dans le maintien de la discipline, que par son empressement à relever les actions du solda. et à exciter son ardeur pour le bien.

Il consacrait, en même temps, ses loisirs à étudier les langues usitées en Algérie, et notamment les différents idiomes de l'arabe. Entré dans l'administration des bureaux arabes, sa bonne administration, sa justice, sa modération, son empressement à conserver dans leurs emplois les fonctionnaires qui jouissaient de l'estime générale, la *protection constante* qu'il accorda aux magistrats et au clergé, sa sévérité pour la discipline, ses talents et sa valeur brillante lui attachèrent ses administrés.

Après avoir pris part à la guerre d'Italie et à l'expédition de Syrie, et chargé des affaires politiques auprès du général de Beaufort, il appartint au corps d'occupation de Rome jusqu'en 1863. Colonel en 1864, il fut promu général de brigade en 1868.

En Afrique, le général Chanzy a fait les campagnes de 1843 à 1859 et de 1864 à 1870. Après les premiers revers de nos armes, il n'abandonna pas l'armée, dans un instant où ses talents lui étaient si nécessaires, il fit partie de l'armée de la Loire. Là, parmi les rares hommes de guerre qui ramènent la victoire sous nos drapeaux, on retrouve Chanzy qu'aucun mécompte ne trouble, qu'aucun revers n'abat, qui défend chaque pouce de terrain avec un tronçon d'épée, qui ressuscite des armées expirantes, et qui éprouve encore le besoin de combattre, même quand il a perdu tout espoir de vaincre. Général en chef de l'armée de la Loire, patient et tenace, il conduit méthodiquement la guerre, réussissant plusieurs fois à déjouer la tactique des généraux allemands dans les combats inégaux livrés sur les bords de la Loire; même après la retraite derrière la Mayenne. Il vota, après l'armistice conclu sans son aveu, contre le projet de loi relatif aux préliminaires de la paix. Obligé de remettre l'épée au fourreau, le pays lui donna, dans le même temps, une marque signalée d'estime en l'envoyant, le 8 février 1871, à l'Assemblée nationale, à la presque unanimité des suffrages.

Mais la faveur populaire dont il jouissait, les fonctions éminentes auxquelles il était élevé, et peut-être la manière noble et indépendante avec laquelle il s'était toujours conduit, avait soulevé contre lui les gens du désordre; il fut arrêté par la Commune, mais il eut le bonheur d'échapper au malheureux sort réservé aux généraux Clément-

Thomas et Leconte. En 1872, il prit, dans le centre gauche une position parlementaire importante.

.•.

Telle est la carrière militaire du général. Elle est toute de gloire, de cette gloire solide et vraie qui arrive sans tache à la postérité.

Toutefois ce n'est pas celle-là seulement que nous avons rêvée pour le vaillant soldat, celle surtout que nous voulons inscrire dans ces pages. Chanzy avait été élevé chrétiennement. Aussi se montra-t-il chrétien partout où la religion eut besoin de son service.

Ce fut d'abord en Algérie. Là il étendit sa protection sur les intérêts religieux. Pour attirer à nous les Arabes, il aurait voulu accorder une plus grande liberté au zèle des prêtres catholiques, mais on sait quelle politique le gouvernement français a toujours fait prévaloir sur ce point en Afrique.

Ce fut également en Syrie, où envoyé avec le général Beaufort d'Hautpoul, il rendit de grands services aux chrétiens massacrés par les Druses, et força Fuad Pacha à sévir contre les bourreaux. « Les chrétiens avaient en lui une confiance aveugle, dit l'historien de l'expédition, et voulaient l'avoir pour intermédiaire de leurs réclamations. »

Voici le témoignage que lui rendait alors l'abbé Lavigerie, depuis cardinal d'Alger et de Tunis, venu de Paris pour distribuer aux populations désolées du Liban les aumônes de la France catholique.

« C'est en Syrie que je vis Chanzy pour la première fois ; je me rappelle son ardeur à prendre la défense des chrétiens qui n'espéraient plus que dans l'épée de la France; Chanzy était dans tout l'éclat de la force et de la vie, déjà également remarquable par sa bravoure, par sa distinction, par sa finesse, et plus encore par sa bienveillance et sa bonté. »

Peu à peu, grâce a son énergie et à son dévouement, les 80.000 réfugiés qui entouraient Beyrouth purent rentrer dans leurs foyers et relever leurs maisons dévastées par les persécuteurs. Sous son impulsion, les soldats français se firent maçons, charpentiers, menuisiers pour aider ces infortunés, et le nom de la France catholique fut béni dans la contrée.

Ces ruines réparées, Chanzy ne voulut point quitter ces pays sans faire un pèlerinage en Terre-Sainte. A la tête d'une caravane d'officiers, où se trouvait le fils de la reine Christine d'Espagne, il visita les saints Lieux au moment des fêtes de Noël.

« Les musulmans, dit M. de Baudoncourt, regardaient avec surprise ces infidèles en grand uniforme visiter pieusement les Lieux sanctifiés par la vie et la mort du Christ. Le frère Liévin les conduisit au Saint-Sépulcre, à la montagne de l'Ascension, au village de Béthanie, au tombeau de Lazare. Ils passèrent la nuit de Noël en prières à Bethléem, et après la messe ils allaient en procession, un cierge à la main, visiter la grotte où naquit l'Homme-Dieu. Le lendemain, ils faisaient bénir leurs épées sur le Saint-Sépulcre, et le jour même Chanzy était nommé officier de la Légion d'honneur.

» C'est la piété qui avait conduit le brillant colonel au Saint-Sépulcre et à Bethléem. Bien différent des politiciens qui règlent leur conduite religieuse sur celle du gouvernement, Chanzy ne rougit jamais dans toute sa carrière d'être chrétien catholique. On lui fit comprendre plus d'une fois que sa foi nuirait à son avancement. Il ne tint aucun compte de ces avertissements qui servirent seulement à mettre en relief son grand caractère. Les grands caractères ne se démentent jamais et obéissent au seul sentiment du devoir. »

Après avoir laissé chez les Turcs et les chrétiens du Liban la même réputation de justice que chez les Arabes d'Algérie, le brave officier revint à Rome reprendre son régiment qui faisait partie de l'armée d'occupation. Comme tous les esprits élevés, Chanzy subit le charme de cette ville si remplie de contrastes et de souvenirs religieux.

« Avant de partir, raconte son biographe, il voulut prendre congé du Saint-Père, de qui il était connu et qui l'avait apprécié. Il lui présenta sa femme et sa fille, demandant pour elles et pour lui un souvenir pieux. Pie IX les bénit tous, et prenant sur son bureau la plume que la jeune Gabrielle regardait avec curiosité, il la lui donna en disant : Vous vous marierez un jour; prenez cette plume, elle servira à signer votre acte de mariage, et la bénédiction du vieux pontife vous accompagnera pour vous porter bonheur. »

Le général, qui fut toujours par excellence l'homme du devoir, répétait souvent à ses enfants, comme il l'a dit à ses soldats : « Faites votre devoir, quoi qu'il advienne, et ne vous laissez détourner par quoi que ce soit. Vous n'aurez de vraie satisfaction que celle que vous procurera le devoir accompli. »

Mais ce sentiment du devoir était fondé en lui sur ses convictions religieuses. Aussi, à Buzancy, il assistait exactement à la messe le dimanche.

La religion, disait-il encore, est la source du vrai patriotisme, elle met au foyer domestique l'ordre et le bonheur, et sans elle il n'y a pas d'homme complet.

» Sa conduite, ajoute M de Baudoncourt, s'accordait avec ses convictions, il ne renia pas plus l'église de son village, où il avait sa place marquée et assistait aux offices, que les traditions chrétiennes de sa famille dans laquelle il était fier de compter de bons prêtres. Il eut même l'intrépidité de sa croyance en déclarant plus d'une fois « qu'il n'est pas donné à tout le monde de se soumettre servilement *à la tyrannie de la libre-pensée* ».

» Bon nombre de puissants du jour voyaient de mauvais œil ces convictions si noblement affirmées; mais le général ne s'inquiéta jamais des accusations de cléricalisme portées contre lui, et quand il perdit peut-être pour cela, son siège au Conseil général des Ardennes qu'il avait présidé pendant neuf ans, il s'en consola, en songeant que les compatriotes de Canrobert avaient bien préféré un tabellion à un illustre maréchal de France, pour les représenter au Sénat.

« Il aimait avec passion ses enfants et les élevait de la manière la plus chrétienne. On en eut une preuve assez rare pour être citée. Tous les membres de sa famille reçurent la communion près de sa couche funèbre, et l'évêque de Châlons put dire devant son cercueil :

« Le voile qui couvrait les mystères charmants de sa vie domestique ayant été soulevé devant mes yeux, j'y ai entrevu des tableaux de famille dignes des temps les plus antiques et les plus beaux de l'Eglise, sans qu'on puisse dire auquel des deux, de sa noble compagne ou de lui, en revenait le principal mérite(1). »

« Quelques mois avant sa mort, Jeanne, sa seconde fille, devait confirmer ; Chanzy était présent

---

(1) A Laval, pendant la campagne de la Loire, auprès de son modeste lit en fer se trouvait un vieux meuble sur lequel le général avait placé une statuette de la sainte Vierge. C'est au pied de cette image que le général aimait à déposer quelques fleurs, sourtout des branches de laurier-thym, qu'il cueillait dans le jardin voisin, et dont un de nos amis, aumônier militaire, détacha un rameau pour le porter à Madame Chanzy, alors séparée de son mari par les malheurs de la guerre et habitant Rochefort avec ses nombreux enfants.

avec toutes ses décorations, et lui, qui n'avait pas fléchi sous les balles et la mitraille, se prit à trembler quand il entendit l'archevêque de Reims appeler sa fille pour l'interroger. Heureusement l'enfant répondit bien, et le rude guerrier en pleura de joie.

« Somme toute, Chanzy restera debout comme une des plus belles figures de notre défense nationale... Sa gloire est de n'avoir point faibli dans l'épreuve, d'avoir été, envers et contre tous, patriote et soldat. Il était de la race des vaillants et des forts. Il a peu parlé et beaucoup agi. C'est ce qui le distingue et l'élève au-dessus de la génération de parleurs avec laquelle il dut vivre. Quels que puissent être l'avenir et les destinées de la France, nous lui souhaitons de trouver toujours des généraux ayant la vigoureuse trempe d'âme et le beau caractère de Chanzy. »

Le 5 janvier 1883, on le trouva mort dans son lit. Il avait succombé à un épanchement de cerveau, à peine âgé de soixante ans.

« Ce qui précède, a écrit M. Oscard Havard (1), donne à peine une idée de l'homme que la France a perdu.

Ajoutons que chez l'ancien commandant du 6me corps, l'homme de guerre se doublait d'un énergique chrétien. Quand l'honorable général vit Gambetta donner un portefeuille à M. Paul Bert, Chanzy eut un tressaillement de colère et de honte.

(1) *Monde* du 10 Août 1885.

A la pensée qu'un tel cuistre était mêlé aux affaires, son âme de Français et de catholique bouillonna. Chanzy ne voulut pas représenter une minute de plus le gouvernement de la République auprès du tsar : il sollicita ses lettres de rappel.

Bien que ses fonctions militaires le subordonnassent au ministre, l'illustre général ne craignit point de combattre ostensiblement, au Sénat, la politique ministérielle chaque fois que cette politique lui parut en désaccord avec les principes catholiques. Aucune considération ne le fit capituler.

Le premier janvier 1882, le commandant du 6me corps alla présenter ses souhaits à Mgr Jourrieu. Dans le cours de sa conversation, l'héroïque soldat n'essaya point de dissimuler quelle grande place l'Eglise tenait dans son cœur. Son langage fut admirable. Catholiques et patriotes, nous ne saurions trop honorer une si grande mémoire. »

On voit que si le général Chanzy ne fut pas toujours un catholique pratiquant, chez lui les convictions religieuses étaient cependant fermement assises. « Chanzy, dit son biographe, M. Arthur Chuquet, avait naturellement l'intrépidité de sa croyance. Il se disait très haut, et même trop haut, peut-être, catholique fervent. Il oubliait que le pays ne demande compte à ses plus illustres serviteurs que de leurs actes et de leurs opinions politiques. Chanzy pouvait regarder la religion *comme la source du vrai patriotisme*, et penser que « les plus nobles croyances ont fait de la France le glorieux pays de la foi, des idées généreuses et de l'honneur. »

CHARETON

GÉNÉRAL, DÉPUTÉ, SÉNATEUR

(1812-1878.)

> « Si vous voulez retrouver la paix du cœur, faites comme moi. »
> GÉNÉRAL CHARETON

Un des généraux les plus distingués de l'armée française, le général *Chareton*, ancien député et sénateur, est décédé au mois de juin 1878 demandant, quelque temps avant sa mort, les consolations de cette religion qu'il se repentait d'avoir oubliée pendant sa longue carrière. Il avait fait avec distinction la campagne de Crimée, et dans ses dernières années, il fut élu sénateur de la Drôme.

Le suprême avertissement de l'heure dernière, a dit l'*Union*, avait réveillé les sentiments chrétiens trop longtemps assoupis du vaillant soldat.

Quelques jours avant de répondre à l'appel de Dieu, il a reçu la visite de deux de ses collègues du Sénat, membres de la gauche comme lui.

Le malade ne leur cacha pas sa conversion; il leur dit avec joie et fierté qu'il avait mis sa conscience en règle, et ajouta : *Si vous voulez retrouver la paix du cœur, faites comme moi; vous ne sauriez croire quelle douceur on éprouve à s'être confessé!* Il ajouta qu'il portait sur lui un scapulaire *depuis de très longues années*, et qu'il lui attribuait sa préservation pendant la terrible guerre de Crimée, où il avait été si exposé, et aussi la grâce de son retour à Dieu. Il termina en disant qu'il espérait retrouver au ciel son ami le général Véronique.

Ainsi le général s'est préparé au redoutable passage avec la foi la plus vive et avec tous les sentiments d'un véritable enfant de l'Eglise. Il a quitté cette terre, muni de tous les sacrements des mourants, édifiant ceux qui entouraient son lit d'agonie

CHATEAUBRIAND

POÈTE, DE L'ACADÉMIE FRANÇAISE, AMBASSADEUR, MINISTRE

(1768-1848)

> « Je suis devenu tout à coup chrétien. Ma conviction est sortie de mon cœur. J'ai pleuré et j'ai cru...
>
> « Jésus-Christ seul sauvera la société moderne. Voilà mon Dieu, voilà mon Roi. »

Chateaubriand occupe parmi les plus illustres apologistes de notre sainte foi une place distinguée, car nul n'a mieux compris le caractère et les besoins de son temps, nul n'a mieux conçu le plan d'une œuvre admirablement appropriée à sa situation, et ramené davantage vers Dieu les indifférents et les impies : son *Génie du Christianisme* fut une véritable prédication.

François René, vicomte *de Chateaubriand* est né à Saint-Malo, d'une famille noble et ancienne. Après de brillantes études au collège de Dol, il entra à dix-sept ans comme sous-lieutenant au régiment de Navarre, et deux ans après il était capitaine. Mais bientôt il quitta l'épée pour la plume, et partit pour l'Amérique.

Le célèbre poète avait reçu une éducation très chrétienne, mais dans les camps et à Paris, dans ses relations avec les hommes du jour il avait commencé à douter de Dieu. Il aimait comme un fruit défendu les sentiments, les idées, les hommes, que ses principes et son honneur l'obligeaient à combattre. Aussi n'eut-il pas pour but tout d'abord de défendre la foi, mais de lutter contre elle : « Je connaissais, a-t-il écrit plus tard, les ouvrages des Pères mieux qu'on les connaît de nos jours : *je les avais étudiés même pour les combattre*, mais entré dans cette route, à mauvaise intention, au lieu d'en être sorti vainqueur, j'en étais sorti vaincu. »

Il était doublement coupable de demeurer dans ces funestes dispositions, car s'il avait eu le bonheur d'avoir pour mère une nouvelle Monique, il était aussi richement doué de Dieu, et il abusait de tous ces dons du Ciel.

Sa mère heureusement priait et pleurait sur lui.

Mais un jour, le jeune homme reçut une douloureuse nouvelle.

Cette pieuse mère était morte, morte comme elle avait vécu, priant encore pour celui qui vivait loin d'elle et de Dieu et qui la contristait. Jusqu'au dernier moment, ses lèvres maternelles avaient murmuré le nom de l'enfant prodigue absent; ses mains l'avaient cherché pour le bénir. Sa recommandation suprême avait été celle-ci : « Ecrivez-lui « que sa mère mourante le conjure de revenir à de « meilleurs sentiments. »

Sa sœur, en effet, lui envoya cette lettre qu'il reçut au moment où l'*Essai sur les Révolutions* commençait sa gloire. Elle était bien propre à le faire réfléchir :

« Mon ami, nous venons de perdre la meilleure des mères, je t'annonce à regret ce coup funeste; quand tu cesseras d'être l'objet de nos sollicitudes, nous aurons cessé de vivre. Si tu savais combien de pleurs tes erreurs ont fait répandre à la plus respectable des mères, combien elles paraissent déplorables à tout ce qui pense et fait profession, non seulement de piété, mais de raison! si tu le savais, peut-être cela contribuerait-il à t'ouvrir les yeux, à te faire renoncer à écrire; et si le ciel touché de nos vœux, permettait notre réunion, tu trouverais au milieu de nous tout le bonheur qu'on peut goûter sur la terre; tu nous donnerais ce bonheur, car il n'en est pas pour nous, tant que tu nous manques, et que nous avons lieu d'être inquiètes sur ton sort. »

Ta sœur : Lucile.

Ces lignes fixèrent à jamais le cœur et le sort de Chateaubriand ; il versa un torrent de larmes et résolut de ne plus écrire qu'en l'honneur de la religion : « Je suis devenu tout à coup chrétien, dit-il je n'ai point cédé, j'en conviens, à de grandes lumières surnaturelles : ma conviction est sortie de mon cœur : J'ai pleuré et j'ai cru. »

∗ ∗ ∗

Dès ce jour, il tourna sa belle intelligence, son génie si poétique vers cette religion catholique faite surtout pour ceux qui pleurent; puis sous les regards de sa mère et pour réparer son égarement passé, il voulut écrire le *Génie du Christianisme*. Le titre de l'ouvrage lui vint à l'esprit comme une inspiration divine. Il se mit à l'œuvre sur-le-champ « avec l'ardeur d'un fils qui élève un mausolée à sa mère ».

A cette époque, on ne lisait plus les grands apologistes chrétiens, on ne les écoutait point : leur voix semblait trop rude et trop sévère. « On souriait avec finesse, dit M. P. Vedrenne, on haussait dédaigneusement les épaules en se déclarant supérieur à des controverses désormais inutiles. Inexpugnable à son tour dans ce nouveau genre de guerre, l'impiété bravait les efforts des Facultés et des docteurs ; elle eût pu braver même ceux du génie. Chateaubriand le comprit comme par une inspiration divine; et renversant tout à coup les termes de l'ancienne apologie, il s'écria : « La religion chrétienne est excellente pour le bonheur de l'homme et la prospérité des peuples, donc elle est divine. Elle combat tous les vices, elle encourage toutes les vertus, elle console toutes les douleurs, elle sanctifie tous les repentirs ; elle élève le génie humain à des hauteurs que le paganisme n'avait pas connues ; elle inspire les talents, elle favorise les arts, elle répand partout la liberté, la charité, la lumière, donc elle ne peut venir que de Dieu... Et, appelant à son secours toutes les grandes œuvres et tous les grand hommes du Christianisme, environné de toutes les muses qu'il forçait à rendre hommage au culte divin, poète lui-même, le front couronné du lauriers et de myrtes, au lieu de discuter, de démontrer la vérité de la religion, il célèbre, il chante ses bienfaits, sa grandeur, sa beauté. »

Par une heureuse coïncidence, le jour même, dit un savant littérateur (1), où la France célébrait la restauration du culte catholique, le *Moniteur* annonçait la publication du *Génie du Christianisme*. Nulle œuvre alors ne pouvait être plus opportune. C'était, après Voltaire, l'éclatante réparation faite par l'esprit français à la civilisation chrétienne. Car, dans son éloquente apologie, le jeune écrivain montrait qu'au lieu d'accuser l'Eglise de retenir les peuples dans l'ignorance et la barbarie, c'était à sa doctrine sainte et à ses institutions, que le monde au contraire, était redevable de tous les bienfait, de la civilisation moderne, de tous ses progrès dans les arts et les sciences. Il faisait partout sentir l'inspiration générale du Christianisme; il relevait

(1) M. Benoît, doyen de la Faculté des lettres de Nancy. *Etude* couronnée par l'Académie française.

la croix sur toutes les avenues de l'esprit humain, où elle avait été abattue par le fanatisme du xviiie siècle.

Mais surtout Chateaubriand redisait avec un charme infini les souvenirs du culte catholique, le retour des fêtes aimables de l'Eglise, ou encore les émotions religieuses de la nef antique, et la poésie des dévotions populaires, s'attachant à raviver ainsi au fond des cœurs mille impressions d'enfance d'une ineffable douceur.

A ces temples désolés le poète rendait une voix, à ce culte oublié, son âme, à la France encore imprégnée de l'esprit de Voltaire, le respect tout au moins, en attendant la foi, pour cette religion ressuscitée.

Nous lisons dans *René* ce beau passage qui rappelle les souvenirs d'enfance de l'auteur et les nôtres :

« Les dimanches et les jours de fête, j'ai souvent entendu dans les bois, à travers les arbres, les sons de la cloche lointaine qui appelait au temple l'homme des champs; appuyé contre le tronc d'un ormeau, j'écoutais en silence le pieux murmure. Chaque frémissement de l'airain portait à mon âme naïve l'innocence des mœurs champêtres, le calme de la solitude, le charme de la religion et la délectable mélancolie des souvenirs de ma première enfance. Oh! quel cœur si mal fait n'a tressailli au bruit des cloches de son lieu natal, de ces cloches qui frémirent de joie sur son berceau, qui annoncèrent son avènement à la vie, qui marquèrent le premier battement de son cœur, qui publièrent dans tous les lieux d'alentour la sainte allégresse de son père, les douleurs et les joies encore plus ineffables de sa mère! Tout se trouve dans les rêveries enchantées où nous plonge le bruit de la cloche natale : religion, famille, patrie, et le berceau, et la tombe, et le passé et l'avenir. »

Les principales œuvres de Chateaubriand furent, avec le *Génie du christianisme*, *Attala et René*, *Les Martyrs*, beau poème et autre chef-d'œuvre de l'illustre écrivain, puis l'*Itinéraire de Paris à Jérusalem* et ses *Mémoires d'outre-tombe*.

Nulle part, la foi si vive de notre grand poète ne s'affirme mieux que dans son *Itinéraire* : « Si je n'ai point, dit-il, les vertus des anciens croisés, du moins leur foi me reste. » Elle lui inspire, devant les ruines de la Cité sainte et les vestiges du Sauveur des accents dignes bien souvent des meilleurs âges et des plus grands saints. « Toutefois dit son biographe M. Vedrenne, quelque chose de sa faiblesse y paraît aussi : s'il ne doute pas de la divinité du Christianisme, il paraît aussi parfois au moins douter de son avenir. C'était le tempérament de ce siècle : aucun homme, aucune œuvre ne devait y échapper. « Je serai peut-être, dit Chateaubriand, le dernier Français, sorti de mon pays pour voyager en Terre sainte avec les idées et les sentiments d'un ancien pèlerin. »

Il se trompait assurément. Qu'eût-il dit s'il avait

vu ces centaines de Français passer la mer chaque année et suivre dévotement toutes les traces du Sauveurs des hommes dans cette contrée bénie (1).

Chateaubriand contribua à fixer Ozanam dans la bonne voie, lorsque celui-ci, venu jeune à Paris, lui fut recommandé par un chanoine de Lyon. Il protégea le littérateur à son début et l'aida de ses conseils, particulièrement au moment où Ozanam, entraîné par quelques mauvais amis, voulait fréquenter les théâtres de la capitale. Le poète qui savait leurs corruptrices influences sur le cœur des jeunes gens, lui demanda s'il se proposait d'aller au spectacle.

« Ozanam surpris, dit le P. Lacordaire, hésitait entre la vérité, qui était la promesse faite à sa mère de ne pas mettre le pied au théâtre et la crainte de paraître puéril à son noble interlocuteur. Il se tut quelques instants par suite de la lutte qui se passait dans son âme. M. de Chateaubriand le regardait toujours, comme s'il eût attaché à sa réponse un grand prix.

« A la fin, la vérité l'emporta, et l'auteur du *Génie du christianisme*, se penchant vers Ozanam pour l'embrasser lui dit affectueusement : « Je vous conjure de suivre le conseil de votre mère ; vous

---

(1) Tous les catholiques connaissent ces pèlerinages de la Pénitence, organisés chaque année au printemps, par les rédacteurs de la *Croix*, et auxquels prennent part quatre ou cinq cents pèlerins qui passent plusieurs semaines à visiter la Terre-Sainte et à prier pour la France.

ne gagneriez rien au théâtre, et *vous pourriez y perdre beaucoup.* »

« Cette parole, ajoute le P. Lacordaire, demeura comme un éclair dans la pensée d'Ozanam, et lorsque quelques-uns de ses camarades, moins scrupuleux que lui, l'engageaient à les accompagner au spectacle, il s'en défendait par cette phrase décisive : « M. de Chateaubriand m'a dit qu'il n'était pas bon d'y aller. »

*
* *

Près d'arriver au terme de sa longue carrière, l'illustre écrivain eut le bonheur de voir, à Londres, Henri V environné de Français fidèles, et de recevoir des témoignages éclatants de son estime.

C'est alors qu'il écrivit la lettre célèbre, où il saluait avec des larmes de joie, dans ce jeune prince, tout un avenir de prospérité, de liberté et de gloire qui se révélait à la France. »

Ce fut sa dernière action publique.

Chateaubriand ne vécut désormais que loin des affaires et des passions politiques (1), où il avait été trop longtemps mêlé, seul avec quelques amis

---

(1) « Parmi les entraînements de la vie politique, Chateaubriand se montra constamment préoccupé des soins de nos libertés au dedans, de notre puissance, ou de notre dignité au dehors. (*Panthéon de la légion d'honneur.*)

Chateaubriand avait exercé les fonctions d'ambassadeur auprès de plusieurs cours étrangères et il fut ministre en 1822.

dans la solitude et la pratique des devoirs religieux.

Un journal du temps ayant voulu mettre en doute la réalité de ses pratiques religieuses, pour seule réponse, il donna au public le nom et l'adresse d'un humble prêtre qui était son confesseur depuis vingt ans.

Il mourut en 1848, pendant cette insurrection de Juin, où périt le courageux archevêque de Paris et tant d'autres nobles victimes.

Un de ses biographes raconte ainsi ses derniers moments :

Le bruit du canon, ou les sourdes rumeurs qui s'élèvent de la grande Ville aux jours d'émeute, troublaient de temps en temps le silence qui régnait autour du lit du mourant. Il arriva qu'un tumulte plus fort, une clameur plus sauvage parvint jusqu'aux oreilles de l'illustre vieillard fatigué de la vie, et lassé d'orages et de tempêtes.

Il prit alors son crucifix, attacha sur l'image du Sauveur un regard ferme et doux, et dit : « Jésus-Christ seul sauvera la société moderne; voilà mon Dieu, voilà mon Roi ! »

Ce furent les dernières paroles de Chateaubriand.

Après cette suprême profession de foi, sa grande intelligence parut éteinte jusqu'au moment où il rendit le dernier soupir. En présence de l'éternité, le grand écrivain voulut arracher de ses œuvres toutes les pages désavouées par sa conscience. Sur son lit de mort, il avait dicté ce billet à son neveu: «Je déclare devant Dieu rétracter tout ce qu'il peut y avoir dans mes écrits de contraire à la foi, aux mœurs et généralement aux principes conservateurs du bien. (Paris le 3 Juillet 1848.) Signé pour mon oncle François de Chateaubriand, dont la main n'a pu signer, et pour me conformer à la volonté qu'il a exprimée : Louis de Chateaubriand. » — Quand cette déclaration fut écrite, le mourant se la fit répéter ; alors la paix dans l'âme, il se rendit sans effort au Dieu qui pardonne. Le P. de Ponlevoy, qui rapporte ce fait, résume ainsi son jugement sur le grand poète : « Le roi de la prose française moderne avait toujours gardé dans son âme et porté haut le triple caractère du gentilhomme, du Breton et du chrétien, l'honneur, la fidélité et la croyance. S'il avait plus d'une fois dévié ; du moins il n'avait pas descendu, et son cœur pouvait faire pardonner à son imagination.

CHOPIN

PIANISTE, COMPOSITEUR

(1810-1849)

> « Maintenant je suis à la
> source du bonheur. »
> (*Ses dernières paroles.*)

Frédéric-François *Chopin*, célèbre pianiste, dont la réputation musicale fut universelle, était né à Varsovie où il étudia le droit. Jeune encore, il quitta la Pologne opprimée par les Russes en 1831, et vint se fixer à Paris, où il mérita ses nombreux succès comme virtuose et compositeur. On l'a surnommé le *poète du piano*.

Ses compositions sont pleines de force et de légèreté, de grâce et de rêverie. Il réunit le culte des traditions classiques aux innovations les plus hardies. Après avoir parcouru l'Europe presque entière faisant admirer partout ses talents d'artiste, il laissa un grand nombre de compositions, bien qu'il soit mort jeune, à peine âgé de quarante ans.

Nous empruntons à un ami de Chopin, écrivain distingué, le récit de sa maladie et de sa mort, où nous apprendrons à le bien connaître tel que l'ont fait sa foi et la grâce divine.

« Mon pauvre ami est mort le 17 octobre 1849.

Depuis plusieurs années la vie de Chopin était comme suspendue à un fil. Son corps faible et chancelant se consumait dans le feu de son génie… Toujours bienveillant, aimable, spirituel, et débordant de sentiment, il vivait, pour ainsi dire, d'une vie détachée de ce monde. Et cependant pour le ciel, rien : il n'y pensait pas. Chopin eut peu de bons amis, mais en retour, il en eut beaucoup trop de mauvais, c'est-à-dire d'incrédules. Ses triomphes dans l'art musical étouffèrent vite en lui les inspirations de l'Esprit-Saint. La piété que lui avait transmise sa mère, une vraie Polonaise, n'était plus pour son âme qu'un souvenir d'enfance. Dans ses dernières années surtout, l'irréligion de ses compagnons et de ses amis avait poussé de profondes racines dans cette nature, et, semblable à un poids horrible, le doute l'étouffait.

» Il en était là lorsqu'il contracta la maladie de poitrine dont il est mort. A mon retour de Rome à Paris, j'appris que Chopin était à toute extrémité. Immédiatement, je me hâtai d'aller voir cet ami d'enfance dont l'âme m'était si chère. Nous nous embrassâmes, et nos larmes à tous deux me confirmèrent dans l'idée que sa fin était prochaine. Il était d'une faiblesse extrême et baissait à vue d'œil, et malgré cela il ne pleurait pas sur lui, mais sur moi qui l'entretenais de la mort de mon frère

Edouard. Je profitai de cette circonstance pour lui rappeler sa mère, et avec ce souvenir je m'efforçai de réveiller en lui la foi qu'elle lui avait apprise. »

« — Ah! je te comprends, me dit-il, pour ne point contrister ma mère il me faudrait recevoir les sacrements, mais vois-tu, je ne puis les recevoir, parce que leur sens m'échappe. L'utilité de la confession, je la comprends, en tant que confidence d'un ami à son ami, seulement comme sacrement elle dépasse ma pensée. Si tu veux, je vais me confesser à toi, parce que tu es mon ami, mais rien de plus. »

» En entendant ces paroles de Chopin mon cœur était navré, et je versais des larmes. Je souffrais tant à cause de sa pauvre âme, j'étais si malheureux! Je le consolai comme je pus, en l'entretenant du Sauveur, de la très sainte Vierge et des infinies miséricordes de Dieu. Comme je m'offrais à lui amener le confesseur qu'il me demanderait, il me répondit : « Si je me confesse, ce ne sera qu'à toi. » Et c'est précisément ce que je redoutais par-dessus tout, moi qui connaissais si bien son existence par ouï-dire ou par les feuilles publiques.

» Jamais personne ne pourra se représenter la nuit épouvantable que je passai après l'entretien que je viens de dire. Le lendemain, nous célébrions a fête de St Edouard, patron de mon bien-aimé fère. J'offris le saint sacrifice pour l'âme de ce cher défunt, et j'adressai à Dieu cette prière : « O Dieu tout-puissant, si l'âme de mon Edouard vous est agréable, donnez-moi, je vous en prie, l'âme de Frédéric » (le surnom de Chopin).

» Mon anxiété ne fit que s'accroître lorsque je me rendis auprès de Chopin. Je le trouvai qui déjeunait, et il m'invita à prendre quelque chose avec lui. Puis je lui dis : « — Mon cher ami, c'est aujourd'hui la fête de mon frère Edouard. »

» Chopin se mit à soupirer, puis je continuai :
— Pour la fête de mon frère tu devrais bien m'accorder une chose, une seule chose.

— Tout ce que tu demanderas, tu l'auras, dit Chopin, et je répliquai.

— Donne-moi donc ton âme !

— Je te comprends, prends-la ! répondit-il, et en même temps il s'assit sur son lit.

» Alors j'éprouvai une joie inexprimable, mêlée d'une angoisse indescriptible. Comment devais-je recevoir cette chère âme pour la donner à Dieu ? Je tombai à genoux et je criai vers Dieu de toute l'énergie de ma foi : « Recevez-la vous seul, ô mon Dieu ! » Et je tendis à Chopin l'image du Dieu crucifié, en la lui serrant dans ses deux mains sans mot dire. De ses yeux tombèrent alors de grosses larmes.

« — Crois-tu ? » lui demandai-je ! « — Je crois, » répondit-il.

« — Crois-tu comme ta mère te l'a enseigné ? »
« — Comme ma mère me l'a enseigné, » répondit-il encore.

» Et les yeux fixés sur l'image de son Sauveur,

il se confessa en versant des torrents de larmes. Puis il reçut le Saint-Viatique et le sacrement de l'Extrême-Onction qu'il réclama lui-même. Après un instant il voulut qu'on donnât au sacristain vingt fois plus qu'on ne lui donne d'ordinaire. Comme je lui faisais observer que ce serait beaucoup trop : « Non, non, répliqua-t-il, ce n'est pas trop, car ce que j'ai reçu n'a pas de prix. »

» Dès ce moment, par la grâce de Dieu, ou plutôt sous la main de Dieu lui-même qui l'avait reçu, il devint tout autre et l'on pourrait presque dire qu'il devint un saint.

» En ce même jour commença l'agonie qui dura quatre jours et quatre nuits. Sa patience et son entière résignation à la volonté de Dieu ne l'abandonnèrent pas jusqu'à la dernière minute. Pendant ses souffrances les plus vives il remerciait Dieu, parlait de son amour pour les hommes et exprimait le désir d'être bientôt avec lui. Il faisait part de son bonheur à ses amis qui venaient le visiter et qui veillaient dans les chambres voisines de la sienne.

» Tout à coup le pauvre malade prit une faiblesse. On crut à sa fin et l'on se précipita vers son lit dans l'attente du dernier moment. Chopin ouvrit alors les yeux, et voyant ceux qui l'entouraient, il demanda : « que faites-vous donc ici? Pourquoi ne pas prier? » Et avec moi tous se mirent à genoux, et je récitai à haute voix les litanies des saints auxquelles répondirent les protestants eux-mêmes.

» Le jour et la nuit, il retint presque constamment mes mains pressées dans les siennes. » « — Au moment décisif tu ne m'abandonneras pas, n'est-ce pas ? » disait-il, et il se penchait doucement vers moi comme un enfant qui se penche sur sa mère, lorsqu'un danger le menace. A tout instant, il s'écriait : « Jésus, Marie! » A tout instant il embrassait le crucifix, témoignant ainsi de sa foi, de son espérance, de sa charité. Parfois il disait avec une grande émotion aux personnes qui l'entouraient. « J'aime Dieu, j'aime les hommes. Il est heureux que je meure comme cela. Ma chère bonne sœur ne pleure pas! Et vous tous aussi, mes amis, ne pleurez pas! je suis si heureux! Je sens que je meurs. Priez pour moi. Au ciel nous nous reverrons! »

» Aux médecins qui s'efforçaient de prolonger sa vie, il disait : « Laissez-moi mourir en paix. Dieu m'a pardonné, le voici qui m'appelle. Laissez-moi, je voudrais tant mourir! » Après une pause, il poursuivait : « Oh! la belle science que savoir faire durer la douleur. Encore si on le faisait pour le bien, pour accomplir un sacrifice ; mais m'accabler et me tourmenter avec tous ceux qui m'aiment! Oh! la belle science! »

» Après quelques minutes : « Vous me faites souffrir bien inutilement, vous me faites beaucoup souffrir. Vous vous trompez peut-être, mais Dieu ne se trompe pas. Il m'éprouve. Oh! comme Dieu est bon! »

» Enfin, lui qui parlait toujours un langage si choisi, il me dit brusquement ; « Vraiment, mon « cher, sans toi *je serais mort comme une bête.* » Chopin voulait m'exprimer de la sorte toute la reconnaissance qu'il éprouvait pour moi, et en même temps me faire sentir l'affreux malheur de ceux qui meurent sans sacrements.

» Au dernier moment, il répéta de nouveau les noms de Jésus, de Marie, de Joseph, pressa de nouveau le crucifix sur ses lèvres et sur son cœur. Et en rendant le dernier soupir il dit encore : « Maintenant je suis à la source du bonheur. » Et en prononçant ces paroles il mourut.

» Ainsi finit le grand artiste Frédéric Chopin. »

CLAUBRY (Dr de)

DE L'ACADÉMIE DE MÉDECINE.

(1785-1878)

> « Embrassons-nous, puisque Dieu n'a pas voulu faire de toi un martyr. »
> (*De Claubry à son fils.*)

Né au siècle dernier, Gaultier *de Claubry* avait vu son père condamné à mort par les révolutionnaires et leur échapper presque par miracle.

Il se destina de bonne heure à la carrière médicale et eut de grands succès dans ses études. Ses talents remarquables lui conquirent vite l'estime et l'admiration de ses confrères, sa fécondité de ressources lui gagna celles de ses malades, car il obtint souvent des cures merveilleuses et inespérées. L'Académie lui ouvrit ses portes avec empressement. La double pensée qui l'inspira constamment dans l'exercice de son art fut d'abord la charité chrétienne, puis le désir de rendre service à ses clients, non l'appât du gain. Aussi les bonnes œuvres eurent-elles toujours en lui un soutien, et il n'en est presque aucune à laquelle il ne prêtât le concours de son dévouement ou de sa bourse.

Il comprenait mieux que tout autre l'importance de la médecine de l'esprit ou la connaissance du moral de l'homme. Il savait que ce ne sont pas toujours les médicaments qui guérissent un malade, mais de sages conseils, des témoignages d'amitié qui touchent son cœur et font réagir le moral sur le physique ; toutes choses qu'il savait prodiguer pour guérir les corps et qu'il puisait dans ses sentiments religieux.

Il a eu le bonheur de donner à l'Eglise un prêtre, son fils, qui fut condamné à mort en 1871, par la Commune, comme son aïeul l'avait été en 93. Mais comme celui-ci, M. Gaultier de Claubry, âgé de soixante-dix-sept ans, eut la joie de le voir sauvé des mains des communards, et le retrouvant après une nuit d'anxiété : »

« — Embrassons-nous, lui dit-il, puisque Dieu n'a
« pas voulu faire de toi un martyr. »

Il expira dans les bras de son fils, plein de mérites et de piété, au mois d'août 1878.

CLERC (Alexis)

LIEUTENANT DE VAISSEAU, JÉSUITE, OTAGE DE LA COMMUNE

(1819-1871)

> « Croyez-vous donc que la religion ait peur de vos objections ? Mais elles ne sont que des bribes de saint Thomas, et on y a répondu depuis longtemps. »
> (A. CLERC, lieutenant de vaisseau.)

Le futur martyr de la Commune, Alexis *Clerc*, naquit à Paris le 12 décembre 1819 sur la paroisse de S.-Germain-l'Auxerrois, et fut élevé chrétiennement. En lisant la vie des saints, il se sentait porté à les imiter : « C'était si beau, que j'avais toute sorte d'envie d'en faire autant. Mais il eut le malheur de perdre sa mère à quatre ans, et d'être confié à l'Université : « Le poison du collège eut vite et longtemps raison de ma naïveté et de mon désir de sainteté. »

Fréquenter l'église, aller à la messe, c'était s'exposer à être bafoué par ses condisciples et ses maîtres : la foi n'avait pas jeté en son cœur d'assez profondes racines pour le rendre fort à ce point. Son père, homme honorable, mais voltairien et quelque peu révolutionnaire, travailla, sans s'en douter peut-être, à détruire en son fils les sentiments de foi de son enfance.

Alexis devint bientôt un indifférent en matière religieuse.

Cette indifférence s'accrut à l'Ecole polytechnique, puis dans la marine où il débuta par une campagne de quatre ans sur la *Triomphante*. Depuis l'âge de 14 ans il ne mit plus le pied à l'église et n'entendit plus parler de religion.

Le voilà loin de Dieu : le triomphe de la grâce n'en sera que plus éclatant. Laissons-le raconter, dans une lettre à son père, l'impression qu'il ressentit en visitant pour la première fois, sur la *Triomphante*, les Iles Gambier, renommées par la férocité et le cannibalisme de leurs habitants.

« Deux missionnaires français s'y établirent, il y a huit ans, en 1834. Par les bons conseils qu'ils leur donnèrent et par leur conduite, ils s'acquirent l'estime et l'affection des sauvages. Les naturels maintenant sont bons chrétiens; ils sont bons, laborieux et très religieux. Le grand-prêtre qui avait égorgé les Anglais, fut un des premiers convertis. Le roi fut plus difficile, mais il y vint, puis tout le peuple.

« Maintenant les enfants vont à l'école. Ils y apprennent à lire, à écrire, à compter... Nous passâmes trois jours dans cet heureux pays, entre autres un dimanche. Tout l'état-major, officiers élèves, et la compagnie de débarquement en armes assista à la messe ; l'église était pleine d'un peuple immense qui chantait dans la langue du pays une prière que les missionnaires ont composée. Cette harmonie simple, pleine de contrastes me produisit une impression comme je n'en ai pas ressenti... Je croyais rêver et voir la réalité d'un chapitre de Natchez. »

Ce grand spectacle le frappa profondément, et plus tard il rapportera à cette date le travail longtemps secret de sa conversion, qui aboutit quatre ans plus tard, sur la côte du Gabon.

A dater de ce moment, le jeune marin devint plus grave et plus sérieux dans tout ce qu'il dit et écrit. Dans ses heures de loisir, il se livra à l'étude des grands écrivains du XVIIe siècle. Il fit mieux encore : il aborda de front S. Augustin et S. Thomas et devint leur disciple, au besoin leur interprète.

.'.

Cependant le travail intérieur se faisait surtout sentir dans l'esprit, non dans le cœur. Ainsi quand l'officier de marine aborda en France, il vint à Paris, mais ne vit le prêtre que de loin : il hésitait entre le bien et le mal. Le respect humain le retint longtemps, il l'avoua depuis dans une de ses lettres.

Quelques semaines se passent encore. Enfin, revenant du Gabon, il écrit à son ami, M. Claude Joubert : « Au moment où je finissais le dernier mot de la lettre précédente j'ai entendu armer un canot... Je ne sais si j'en ai le mérite, mais sans me consulter, je me suis sauvé à terre. Je suis allé chez les prêtres et *je me suis confessé*. J'ai reçu l'absolution, presque moment pour moment, vingt-sept ans après ma naissance. Voilà un pas difficile de fait. »

Revenu en France en 1847, Alexis est un autre homme. Ses anciens camarades n'y comprennent rien ; à leurs yeux, il passait pour très original.

Un jour, il est rencontré par un ancien camarade, devenu depuis capitaine de frégate : « Qu'est-ce donc qu'on m'a raconté, mon cher Clerc, tu es devenu jésuite ?

Alexis qui n'était que catholique, mais qui comprenait le mot jésuite dans le sens que lui donnent les impies : « *Oui, certes*, répond-il, *je le suis comme tout homme de cœur et d'intelligence doit l'être, quand il n'est pas un ignorant.* » Telle fut sa réponse, rapporte l'officier, et « le ton, le geste et les yeux de Clerc étaient tels que je vis qu'il n'y avait pas à discuter. »

Depuis lors, Alexis Clerc fut partout et toujours fidèle à Dieu et à sa religion. Dans ses différentes stations sur les côtes de Bretagne, à Lorient, à

Brest, à Indret, partout il a laissé les meilleures impressions non seulement de religion mais de piété.

Un de ses amis arrive à Indret en 1849 pour le voir. Clerc était alors occupé avec le commandant Bourgeois à suivre sur la Loire des expériences relatives aux diverses formes de propulseurs à hélice. L'ami est désappointé. Un ingénieur des constructions navales lui dit : « Attendez jusqu'à dimanche, il reviendra certainement communier. Alors vous le verrez tout à votre aise. »

*
* *

Alexis, lieutenant de vaisseau, habitant Brest, n'eut rien de plus pressé que de faire partie de la Société de S.-Vincent de Paul : il s'y livra à toutes les œuvres de zèle que lui suggéra sa piété.

Déjà il s'exerçait vaillamment dans des discussions amicales avec les officiers de marine à manier les armes que lui fournissait S. Thomas. Quand ses camarades lui faisaient quelques objections contre la religion, il leur répondait : « Est-ce tout ? vraiment vous n'êtes pas forts, je vous en ferais bien d'autres. » Puis il leur exposait de plus sérieuses objections de S. Thomas et les résolvait comme ce grand docteur : « Tu as raison, lui disait-on.

« — Si j'ai raison, vous devriez faire comme moi. Croyez-vous donc que la religion ait peur de vos objections ? mais elles ne sont, y comprises celles de vos plus fameux philosophes, que des bribes de S. Thomas, et on y a répondu depuis longtemps. »

Un jour, il reçoit à Brest la visite d'un enseigne de vaisseau qui partageait ses sentiments religieux. Du premier coup il se connurent à fond.

« Mais comment se fait-il, demande *ex-abrupto* l'enseigne de vaisseau, qu'avec des idées semblables vous soyez encore dans la marine? »

« — Et vous? lui dit-il.

« — Tiens, c'est vrai, » dit l'autre.

A dater de ce moment, ils ne se quittèrent plus.

De plus en plus, Alexis en usait avec le monde en homme qui n'attend rien de lui. Arrive la fête du Saint Sacrement, il juge que sa place est à la procession, et il escorte le dais en uniforme, le cierge à la main. Le bruit en alla jusqu'à Paris, et indigna son père qui était toujours possédé par les préjugés voltairiens.

Voici le portrait qu'a tracé de lui un ouvrier de la mission de Nankin, qui le connut pendant la campagne de plusieurs années qu'il fit sur le *Cassini* avec M. de Plas, capitaine de frégate : « Dans toutes mes relations avec lui j'ai remarqué dans le jeune officier les marques non équivoques d'une vertu des plus solides et d'une piété des plus aimables. Toujours égal à lui-même, toujours souriant par l'effet d'une bonne et franche gaieté, indice d'une belle âme, le jeune marin montrait déjà par ses paroles et ses actes que la vertu et la piété étaient parfaitement acclimatées dans son cœur, et elles rayonnaient sur toute sa vie d'un éclat si doux, qu'on ne pouvait le connaître sans éprouver un sentiment profond d'amour et de vénération pour sa personne. »

Avant de quitter la Chine, il fit avec ferveur une retraite spirituelle sous la direction du P. Languillat, et c'est là qu'il décida sa vocation : « Je veux viser à la perfection, je veux entrer en religion et je choisis la Compagnie de Jésus. » Telle fut la conclusion de ses méditations.

* * *

Après quatre années d'attente, Alexis de retour de Chine était proposé pour un commandement et pour la Légion d'honneur.

C'était un bel avenir pour lui : mais c'était aussi le bon moment pour faire à Dieu, suivant son expression : *un petit sacrifice*. Il alla frapper à la porte du noviciat de Saint-Acheul.

Nous ne suivrons pas Alexis Clerc dans cette nouvelle carrière, ni dans le professorat, ni occupé aux ambulances en face des Prussiens autour de Paris, car après avoir écrit ces lignes, notre but est atteint : montrer le jeune marin incrédule, puis croyant et martyr de la foi par la puissance de la vérité catholique et la grâce de Dieu.

Le récit de la mort des otages sous la Commune est assez connu pour que nous n'ayons pas à en donner des détails en ce qui concerne le P. Alexis Clerc. Nous les résumons ici cependant.

Dans la nuit du 4 avril 1871, l'école Sainte-Geneviève où le P. Clerc venait de faire sa profession solennelle, le 19 mars, était cernée par un bataillon de gardes nationaux. Plusieurs pères Jésuites furent emmenés avec lui à la Conciergerie. Le 6 Avril, le nouveau religieux était enfermé à Mazas. En entrant dans sa cellule, il aperçoit une croix tracée sur la muraille, et nouvel André, il s'écria : « *O bona Crux* ! Etre fusillé ! quelle bonne fortune ! Aller tout droit au Paradis ! »

C'est de là que quelques jours après il écrivait à son neveu une lettre où il signait : « Ton oncle prisonnier pour le nom de Jésus, qui t'embrasse affectueusement dans son Cœur. » Il put communier dans sa prison. Le président Bonjean était son voisin de cellule.

*
* *

L'heure du dernier sacrifice, et en même temps du bonheur suprême, approchait.

Le 24 mai, le soleil se levait radieux et Paris brûlait. Les exécuteurs des hautes œuvres arrivèrent à la prison. On proclame les noms des condamnés : Bonjean, Deguerry, *Clerc*, Ducoudray, Allard et Darboy. Les voilà tous à la merci de l'impiété sauvage. Le P. Ducoudray et le P. Clerc font œuvre de charité, accompagnant et soutenant le vénérable curé de la Madeleine, chargé de ses quatre-vingts ans.

Après une longue marche dans le chemin de ronde, les victimes sont rangées sur une seule ligne au pied de la muraille d'enceinte. Un feu de peloton se fait entendre, puis les cris de « Vive la Commune ! (1) »

C'est fini. Il n'y a plus de victimes, mais des martyrs.

Détail attendrissant : le P. Clerc ouvrit sa soutane et présenta son cœur pour recevoir le coup de la mort.

Espérons qu'un jour viendra où l'Eglise placera sur les autels avec ses quatre compagnons de souffrance et de gloire Alexis Clerc, marin, jésuite, otage de la Commune, mis à mort en haine de la foi, à l'âge de cinquante-deux ans.

(1) Se souvenant de son passage aux îles Gambier, le P. Clerc dut constater comment, avec la religion les sauvages sont vraiment civilisés, et sans la religion, les hommes civilisés deviennent terriblement des sauvages féroces et cruels.

CLINCHANT

GÉNÉRAL DE DIVISION

(1820-1881)

> « La vérité entre dans un esprit de bonne foi comme une douce lumière dans les yeux délicats.»
> (De Genonde.)

La vie du général *Clinchant* ressemble à celle de beaucoup de soldats au point de vue religieux. Indifférent pendant sa carrière militaire bien que croyant au fond de son cœur, il sentit sa foi se ranimer aux approches de l'éternité. Il a insisté pour avoir un prêtre, s'est confessé et a reçu les sacrements des mourants.

Il est donc mort en chrétien. Aussi retraçons-nous ici les grandes lignes de sa vie de soldat.

Le général Justin *Clinchant* était né à Thiaucourt (Meurthe) en 1820. Après de brillantes études à l'école de Saint-Cyr, il entra dans l'armée active en 1841 et franchit rapidement les premiers degrés de la hiérarchie militaire. En 1862 il était colonel, et c'est avec ce grade qu'il participa à la guerre du

Mexique. Les services qu'il rendit pendant cette campagne lui valurent le grade de général de brigade. Vint la guerre franco-allemande ; il servit alors sous les ordres du maréchal Bazaine et brilla au premier rang dans les sanglants combats qui précédèrent le siège de Metz. Il fut enfermé dans la ville lorraine et condamné, pendant des mois, à une inactivité dont son honneur de soldat souffrait.

La capitulation de Metz signée, il fit tous ses efforts pour s'évader.

Il y réussit. Arrivé à Tours, il reçut le commandement du 20e corps, à la tête duquel il livra, à Villeneuve, un des rares combats qui aient tourné à l'avantage de l'armée française pendant cette néfaste campagne. Après la défaite d'Héricourt il succéda à Bourbaki comme commandant de l'armée de l'Est.

La paix conclue, le Gouvernement récompensa les services du général en l'appelant, en 1873, au commandement du 1er corps d'armée. En 1879 Clinchant passa au 8e corps, et peu après fut appelé à la haute situation de gouverneur militaire de Paris jusqu'à sa mort, au mois de mars 1881.

CLOT-BEY (D)

FONDATEUR D'UNE ÉCOLE DE MÉDECINE EN ÉGYPTE,
GÉNÉRAL, COMTE-ROMAIN.

(1795-1868)

> « Quoi, maître, tu crois que le Dieu Tout-Puissant qui a créé le ciel et la terre est entre les mains de ce prêtre ?
> — Oui, je le crois, dit Clot-Bey, vous autres, vous connaissez sa puissance, vous ne connaissez pas son amour. »

Antoine *Clot*, dit *Clot-Bey*, médecin, né dans le christianisme près de Marseille, quoiqu'il ait passé pour être né musulman, commença de bonne heure ses études médicales en France, et y fut reçu docteur en 1820. Peu après, il s'en alla en Égypte, où appelé par le vice-roi, il s'occupa d'organiser l'enseignement complet de la médecine, alors inconnu en ce pays. Près du Caire, il fit construire un hôpital et une école de médecine, avec toutes leurs dépendances sur le même pied qu'en France. L'armée égyptienne compta bientôt de nombreux et intelligents chirurgiens sortis de cette école naissante.

Ces importantes créations, accomplies malgré les préjugés d'une population malveillante et hostile à toutes ces innovations, suscitèrent contre lui le fanatisme arabe, et on tenta de l'assassiner. Il n'en continua pas moins à donner tous ses soins à cette œuvre de progrès et de soulagement, et il mérita beaucoup de l'humanité et de la civilisation chrétienne. Il avait obtenu, malgré les préjugés musulmans, et non sans peine, que les chrétiens eussent les mêmes avantages que les Arabes.

Le vice-roi Méhémet-Ali fut reconnaissant de ses services, il l'honora de son amitié et lui conféra, dès 1831, le titre de *bey*, qui n'avait encore été accordé à aucun chrétien, et plus tard le grade et le rang de général.

Revenu plus tard, après la mort du vice-roi se fixer en France, il alla à Rome, obtint une audience du Pape, qu'il assura de son respect et de sa vénération. Grégoire XVI, admirant son dévouement au bien-être des chrétiens et des musulmans et appréciant ses services passés, l'honora de sa bienveillance et le nomma comte-romain.

Le *Citoyen* de Marseille a rapporté au sujet de Clot-Bey un fait édifiant, prouvant bien la foi vive qui l'animait, au moins dans les dernières années de sa vie.

Il venait en France faire prendre le doctorat à ses élèves.

Un jour, qu'avec eux il fumait un cigare, en se promenant de long en large sur le trottoir de la Cannebière, à Marseille, où il a habité et où il est mort, vint à passer le saint Viatique avec son cortège habituel.

En entendant la cloche, Clot-Bey s'arrêta, enleva son tarbouch et s'inclina profondément, l'un de ses ulémas (docteur turc) s'approche de lui et lui demande pourquoi ce respect et cette attitude.

— *C'est le bon Dieu qui passe*, répond Clot-Bey.
— Quoi! maître, reprit l'uléma, tu crois que le Dieu Tout-Puissant, qui a créé le ciel et la terre, est entre les mains de ce prêtre?
— Oui! je le crois; vous autres, *vous connaissez sa puissance, mais vous ne connaissez pas son amour*.

Parole sublime, qui découvre dans celui qui l'a prononcée une foi profonde, et qui justifie bien cette devise donnée par le pape Grégoire XVI à Clot-Bey, en le nommant comte-romain : *Inter infideles fidelis*, fidèle au milieu des infidèles.

COCHIN (Aug.)

DE L'ACADÉMIE DES SCIENCES MORALES
ÉCONOMISTE, ADMINISTRATEUR, PUBLICISTE.

(1823-1872)

> « Que mes enfants apprennent en me voyant ce que c'est que la paix d'une mort chrétienne. »
> A. Cochin

La mort de M. Cochin fut une perte pour toutes les bonnes œuvres en France en 1872.

Né à Paris le 12 décembre 1823, Augustin *Cochin* comptait depuis longtemps dans sa famille des membres distingués dans les arts, le barreau, l'administration et le clergé. On se souvient d'Henri Cochin un des célèbres avocats du vxiii° siècle ; du vénérable Cochin, doyen des échevins de Paris, botaniste distingué ; de Denis Cochin, curé de St-Jacques du Haut-Pas, véritable héros de piété et de charité, fondateur de l'hospice qui porte son nom. Enfin l'aïeul et le père de M. Augustin Cochin furent maires du 12° arrondissement et députés.

Préparé par son éducation et les traditions de sa

famille aux fonctions administratives, le héros de cette notice a fait partie, jeune encore, d'une foule de sociétés de bienfaisance et de commissions importantes. Sa fortune lui permettant l'indépendance, son temps fut consacré à d'incessants travaux d'assistance charitable et d'économie sociale. L'Académie des sciences morales les avait consacrés en l'admettant parmi ses membres. Il fut nommé adjoint, puis maire du Xe arrondissemement en 1853. Envoyé, en 1871, comme administrateur d'un de nos départements les plus importants, il avait pris sa mission tellement à cœur qu'il est mort littéralement à la peine au bout de quelques mois.

Il avait publié un grand nombre d'articles sur l'économie sociale dans les *Annales de la charité* et le *Correspondant*. L'*Univers* lui a consacré les lignes suivantes :

**

« La bonté, telle est la première et la plus grande des qualités de l'homme, ce fut aussi le caractère fondamental du serviteur de Dieu que la mort nous a si prématurément enlevé. Il était parfaitement bon, il l'était par nature et par grâce, pour toutes personnes et pour toutes choses, mais particulièrement pour tout ce qui est petit, souffrant et déshérité des biens de la terre.

C'est de ce côté que l'inclinait le penchant chrétien de son âme.

Qui dira sa bonté pour les malheureux, son active charité, son zèle pour les bonnes œuvres, ses tendresses pour les vieillards des Petites-Sœurs des pauvres, et pour les enfants incurables qu'il se plaisait à visiter, à consoler, à servir dans l'asile qu'il avait contribué à leur élever : « Bienfaiteur des pauvres, disait-il à la sœur qui le veillait dans sa dernière maladie, quel beau titre ! c'est le seul que j'ai ambitionné ! »

Causeur aimable et brillant, il était un lecteur incomparable : un sermon de Bossuet lu par lui était un plaisir de roi. Le soir, on s'agenouillait dans le salon, et la prière faite en commun à haute voix, à laquelle il présidait, avec une voix grave et recueillie terminait dignement des jours où la pensée de Dieu avait toujours été présente. C'était bien la maison chrétienne, demeure de la vertu, foyer du devoir et de cette joie robuste, qui est l'épanouissement de la bonne conscience.

Partisan des idées libérales, il eut des adversaires, mais il n'eut pas d'ennemis. Il comptait au contraire des amis très dévoués et très chers dans toutes les opinions. Pour moi qui ne partageais nullement ses espérances, et ne voyais dans les prétendus principes modernes qu'un piège et un danger pour la liberté chrétienne, au lieu d'y voir, comme lui, une nécessaire garantie, j'ai salué le Syllabus comme une parole aussi souverainement raisonnable que divinement vraie, je ne me suis jamais aperçu que ce dissentiment ait jeté le moindre trouble dans nos relations intimes, et notre mutuelle affection.

Si, dans ces questions délicates, son jugement faillit quelquefois, ainsi que l'a prouvé le mot suprême, prononcé par l'Esprit-Saint, qui a clos toute discussion, sa volonté resta toujours attachée à ce qu'il considérait comme la justice et la vérité. Son cœur, profondément chrétien, se soumit absolument, je le sais, alors même que son esprit eût été tenté de résistance, et après avoir vécu en catholique fervent, il mourut dans la paix humble et obéissante d'un véritable enfant de l'Eglise romaine.

Ses derniers jours furent remplis de souffrances chrétiennement supportées, de paroles et d'actes d'amour qui se ressentaient déjà du voisinage du ciel. Il comprit, du premier moment, que le coup était mortel; il mesura toute l'étendue de son sacrifice, il l'accepta et l'accomplit héroïquement. Au milieu de ses souffrances, tout en lui respirait la résignation et la sérénité.

« Que mes enfants apprennent, en me voyant mourir, répétait-il, ce que c'est que la **paix d'une mort chrétienne**. »

Aux approches de la mort cette paix se changea en une joie ineffable, et la béatitude céleste devint visible sur ses traits mourants. Plus d'une fois, il dit avec sainte Thérèse ; « Mon Dieu, il est temps que je vous voie ! »

Son dernier mot, la veille de sa mort, fut celui-ci :

« Je suis si heureux » ! Après cela, il perdit la parole.

C'est ainsi que mourut Augustin Cochin, après une courte vie de quarante-huit ans, pendant lesquels il ne voulut que le bien et ne fit que des heureux.

COHENN (P. HERMANN)

PIANISTE, COMPOSITEUR.

(1821-1871)

> « La divine Providence a montré par moi combien l'on peut revenir de loin. »
> Hermann COHENN.

Hermann *Cohenn* est né à Hambourg le 10 novembre 1821 d'une famille juive fort attachée à sa religion. Laissons-le raconter lui-même sa vie d'artiste dans une lettre qu'il a écrite :

« J'avais à peine atteint ma douzième année, qu'ayant fait des progrès extraordinaires, je pus donner en public un premier concert de piano dans ma ville natale. Puis bientôt à Paris, dans toutes les sociétés on me choyait, on me fêtait, et on s'efforçait de m'inculquer tour à tour toutes les affreuses doctrines qui venaient du fond de l'enfer, pulluler dans cet antre appelé Paris. Athéisme, panthéisme, socialisme, massacre des riches, terreur, partage des biens, licence complète des mœurs, etc., tout entra dans mon cerveau dès l'âge de treize ans. J'étais même devenu un propagandiste des plus zélés, et par conséquent le Benjamin de chaque nouveau prophète venu de l'enfer. Je possédais tous les vices, lorsque, accompagné d'un autre artiste aussi célèbre qu'il était impie, nous parcourûmes l'Angleterre, la Suisse, l'Italie et l'Allemagne, cherchant partout des prosélytes à nos doctrines empoisonnées; les prêtres étaient pour nous des êtres antisociaux, et nous regardions les moines comme des monstres à l'égal des anthropophages.

« La divine Providence a montré par moi combien « l'on peut revenir de loin. »

Il devint l'enfant adoptif du célèbre Listz, e fonda avec lui un conservatoire de musique à Genève. Puis ils voyagèrent avec Georges Sand dans différentes contrées de l'Europe, chargés des lauriers qu'ils recueillaient partout sur leur passage. A cette époque, les productions les plus immorales de la presse faisaient mes délices.

« De retour à Paris, qui aurait pu me prédire que la divine Providence avait le dessein de montrer en moi combien elle peut ramener de loin une créature égarée? Certes, je ne le prévoyais pas moi-même.

« Je ne tardai pas à retrouver dans la capitale la brillante position que j'y avais eue auparavant. Tout me réussit avec un succès incroyable; le faubourg Saint-Germain m'adopta; je fus, par cette adoption comme le favori et l'enfant gâté de la vogue; toutes les fortunes, toutes les séductions du monde s'emparèrent de mon esprit; je ne regardais plus en arrière, ni en avant, et je vivais au jour le jour, sans songer au lendemain. Toutefois, cette existence si belle, si digne d'envie dans l'opinion de tant de gens, je n'avais pas le temps d'y réfléchir et j'étais en réalité toujours inquiet. »

* *
*

Il demeura dans ces dispositions jusqu'en 1846 époque à laquelle son âme fut vivement impressionnée par les cérémonies du mois de Marie et l'exposition du Saint-Sacrement dans une église de Paris. Dès lors, pressé par la grâce, il s'adressa à un prêtre, qui l'instruisit de la doctrine catholique, et il ne tarda pas à commencer d'assister à la messe chaque dimanche. En vain, le démon, le monde et la chair avec tous leurs plaisirs venaient our à tour et tous ensemble pour renverser l'édifice que la divine miséricorde et sa généreuse volonté avaient édifié dans son cœur, la grâce polissait de plus en plus son ouvrage. Mais bientôt l'enfer réunit toutes ses forces pour livrer au néophyte un nouveau et terrible combat.

C'est la ville d'Ems qui sera le théâtre de la victoire ou de la défaite. Malgré ses anciens amis il se rend à la messe du dimanche. Un combat terrible se livre dans son cœur entre la grâce et la nature, le ciel et l'enfer, Dieu et Satan... La grâce triomphe enfin; le Ciel est dans la joie, Dieu est vainqueur.

Laissons le nouveau converti parler de son bonheur.

« Je vais à la messe. Là, peu à peu, les chants, les prières, la présence invisible, mais cependant sentie par moi, d'une puissance surhumaine, commencent à m'agiter, à me troubler, en un mot la grâce divine se plaît à fondre sur moi de toute sa force. Au moment de l'élévation, tout à coup, je sens éclater à travers mes paupières un déluge de larmes qui ne cesse de couler, avec une voluptueuse abondance, le long de mes joues enflammées. O moment heureux ! je t'ai là, présent à mon esprit, avec toutes les sensations célestes que tu m'apportais d'en haut... J'éprouvai ce que saint Augustin dut éprouver au moment où il entendit le fameux *tolle! tolle!* Je me rappelle bien avoir pleuré dans mon enfance, mais jamais de semblables larmes ne m'avaient été connues. Cependant je sentis surgir du fond de ma poitrine, soulevée par ma conscience, les remords les plus déchirants au souvenir de ma vie passée. Tout à coup et spontanément, j'offris à Dieu ma confession intérieure, générale et rapide, de toutes les énormes fautes que j'avais commises depuis mon enfance : je les voyais là étalées devant moi par milliers, innombrables, repoussantes, hideuses, méritant toute la colère du juste Juge. Et cependant, je sentis aussi, à un calme inconnu qui bientôt vint répandre son baume consolateur sur toute mon âme, que le Dieu de miséricorde me les pardonnerait, qu'il détournerait son regard de mes crimes, qu'il aurait pitié de ma sincère contrition. Oui, je sentis qu'il me faisait grâce, et qu'il accepterait, en expiation, ma ferme résolution de l'aimer par-dessus tout et de me convertir à lui désormais. En sortant de cette église d'Ems, j'étais déjà chrétien ; oui, aussi chrétien qu'il est possible de l'être, quand on n'a pas encore reçu les sacrements. »

**

Le jour si désiré de son baptême arriva : il s'y était préparé par une retraite fervente. Il reçut ce sacrement à Paris dans la chapelle de Notre-Dame de Sion, et prit le nom d'Augustin à la place de celui d'Hermann, qui ne lui rappelait que sa vie de désordres et d'impiété. « Dieu, écrit-il à cette occasion, permit que moi, pauvre pécheur et misérable ver de terre, je fusse admis, par une grâce à laquelle on ne trouve plus de nom, à entrevoir, pendant un instant, ce qui restera caché généralement même aux plus justes jusqu'à leur dernier jour. » Il lui avait semblé, pendant la cérémonie, voir le ciel ouvert aux yeux de son âme.

Lancé dans cette voie nouvelle, avec son ardente et généreuse volonté, il devait aller loin. Sa pensée se porta vers la vie religieuse, mais il se vit arrêter par de grands obstacles. C'était d'abord les dettes qu'il avait contractées dans les folies de sa jeunesse, puis sa famille encore israélite qui ne comprenait rien à cette nouvelle vie. Dieu vint son aide. Il put gagner assez d'argent pour satisfaire à tous ses engagements passés; quant à ses parents, bien qu'ils lui aient tout d'abord refusé leur consentement, ils imitèrent ensuite le sacrifice d'Abraham, et Dieu les bénit à cause de leur fils.

Hermann entra donc au Carmel. Là, il trouva enfin dans la connaissance de Dieu lui-même le bonheur que longtemps il a cherché en vain dans le monde, Dieu! la vérité absolue, le souverain Bien! Il va droit à Dieu même dans le sacrement de l'Eucharistie. On peut dire qu'il fut l'amant de l'Eucharistie, le dévot du saint Tabernacle. Ses plus beaux cantiques ont été inspirés par cet amour de Jésus-Hostie. C'est là son unique trésor, c'est là que l'on trouve toujours son cœur : voilà pourquoi il s'appelle *Augustin* du Très Saint-Sacrement.

Ecoutons les accents de son âme dans ce beau chant d'amour, mis par lui en musique :

> Seigneur, vous avez dit vous-même
> Cette parole vraiment d'or,
> « Quel que soit le trésor qu'on aime
> Le cœur est avec le trésor.
>
> Aux pieds de la divine hostie
> J'ai compris ce mot du Seigneur :
> Mon trésor c'est l'Eucharistie;
> C'est donc aussi là qu'est mon cœur.
>
> Mon trésor, serait-ce l'idole
> Qu'on appelle l'argent ou l'or,
> Que ronge le ver ou qu'on vole?
> Non, ce n'est pas là mon trésor.
>
> L'or de la richesse infinie
> Seul a pour moi de la valeur.
> Que puis-je vouloir sur la terre?
> Que puis-je désirer au ciel?

Tout mon ciel est dans ce mystère
Mon univers est à l'autel.
Jésus est mon unique envie,
Puisque seul il fait mon bonheur.
L'autel est la divine école,
Où s'éclaire et grandit ma foi ;
Je m'y nourris de la parole
Qui fait aimer la sainte loi.
J'apprends la douce modestie,
L'humble charité, la ferveur (1).

* *

Après sa conversion, Hermann consacra ses talents à la gloire de Dieu et de sa sainte Mère. Il publia les *Chants à Marie* et les *Cantiques au Saint-Sacrement*, avec une admirable introduction où le génie de l'art se déploie dans toute sa puissance. Sous l'inspiration d'une foi profonde, ses accents sont autant de prières et d'élévations, et l'on ne sait ce qu'il faut le plus admirer, ou des paroles enflammées ou de la musique inspirée par son ardent amour pour Dieu.

L'art chrétien y soutient la prière du fidèle ; il sert d'auxiliaire à la parole et se traduit dans cette belle langue musicale dont Hermann connaissait si bien les secrets, et qui raconte si parfaitement la gloire et les perfections de Dieu.

Il avait demandé comme une grâce d'avoir sa cellule attenante à la chapelle du couvent, où se trouvait son Trésor. Oh ! si les murs pouvaient nous dire tous les beaux moments de son bonheur !

(1) Mgr de la Bouillerie.

Aussi, demandez-lui s'il désire avec ardeur aller au ciel. Il vous répondra avec une naïveté charmante :

« Oh ! pourvu que je puisse communier tous les jours, je ne crois pas que Dieu me réserve un plus grand bonheur là haut. »

Après avoir exercé, raconte le P. Huguet, le saint ministère pendant plusieurs années en France et en Angleterre, le P. Hermann, comme s'il avait senti que sa fin approchait, voulut se retirer dans une des maisons de retraite de son ordre. La Providence lui ménagea une épreuve bien sensible. Il perdit la vue qui lui fut rendue par N. D. de Lourdes.

On voit, dans la crype de l'église, un ex-voto en marbre sur lequel sont gravées ces paroles touchantes :

1er Novembre 1868,

GUÉRISON DES YEUX DU P. HERMANN.

Gloire à Marie, qui, en 1847,

L'arracha à l'aveuglement judaïque.

Les malheurs de la France, dans la guerre contre la Prusse, firent sortir le P. Hermann de sa solitude. Il se rendit en Allemagne pour donner ses soin aux prisonniers français décimés par les maladies contagieuses, et eut l'insigne bonheur d'y mourir victime de son dévouement, sur le champ d'honneur de la charité chrétienne en 1870.

CORNULIER-LUCINIÈRE (de)

AMIRAL, SÉNATEUR.

(1811-1886)

> « La vue de ces braves gens me rappelle qu'ils me considèrent comme leur ami. »
> Amiral DE CORNULIER.

En 1886, Nantes voyait s'éteindre un grand chrétien, éminent marin, type d'honneur et de loyauté, l'amiral de *Cornulier-Lucinière*.

Le vaillant Breton, né en 1811, s'est endormi dans le Seigneur, la main dans celle de sa vénérable compagne, Melle de la Tour du Pin Chambly, et au milieu de ses enfants dont il fut l'édification et la gloire.

Il n'avait pas vingt ans, quand il débarqua, comme simple élève de la marine, devant Bône en 1832, à la tête d'un petit détachement de trente marins de la goëlette « *La Béarnaise* » commandée par son compatriote, l'enseigne de vaisseau du Couëdic de Kergoualer. Cette poignée de braves, sous la direction de deux hommes devenus célèbres, les capitaines d'Armandry et Yusuf, parvint à escalader les murs de la Casbah, et à remplacer le drapeau de l'Islam par celui de la France, après avoir dompté la garnison.

« Voilà comment Bône fut remise à la France. C'est un des beaux faits d'armes de notre siècle », s'écriait le maréchal Soult à la tribune. Il valut à l'élève De Cornulier la croix de la Légion d'honneur.

Plus tard, le jeune marin se distinguait à Bougie En 1838, il commandait la compagnie de débarquement de *la Dordogne* mise à terre pour châtier le village de Mouké sur la côte de Sumatra, et punir l'assassinat d'un capitaine de navire français ; il prit aux Malais dix-neuf pièces de canon. On le voyait ensuite à Messine, aux Antilles, en Islande, au Groënland, et il mérita en 1855 l'honneur de conduire en Crimée la batterie flottante *la Lave*, l'un des trois premiers cuirassés français qui reçurent le baptême du feu sous les murs de Kilburn, dont ils pulvérisèrent les remparts, aux yeux de l'escadre alliée tout entière.

En confiant cet important commandement au capitaine de frégate de Cornulier-Lucinière, le ministre lui avait dit : « Je compte sur vous. »

Sa confiance ne fut pas trompée.

A la suite de cette affaire, il fut nommé capitaine de vaisseau.

Promu trois ans après contre-amiral, M. de Cornulier-Lucinière commanda en chef l'escadre de Chine et devint bientôt gouverneur de la Cochinchine. En cette qualité, il reçut la mission d'appuyer les démarches de notre chargé d'affaires, le comte de Rochechouart, dans le but de faire cesser les persécutions contre les chrétiens de ces régions.

C'est alors qu'éclata la guerre franco-allemande.

Malgré ses sollicitations pressantes, il ne put obtenir de rentrer dans sa patrie, pour en défendre le sol avec nos jeunes armées; sa consolation fut de savoir que trois de ses fils, plus heureux que lui, participaient aux évènements qui se déroulaient en France.

L'amiral était frère aîné d'Alfred de Cornulier-Lucinière, commandant des chasseurs à pied de la garde, tué sur la brèche de Sébastopol, en criant : « En avant » ! à ses héroïques soldats.

Les quatre fils de l'amiral se montrent dignes de ces nobles exemples. Tous officiers au service de la France, ils conservent au fond du cœur ces traditions d'honneur militaire, qu'ils passeront un jour à leurs enfants, en leur répétant qu'on doit tout à Dieu et à la patrie.

∗∗∗

Le vaillant marin avait ressenti à Saïgon les premières atteintes de la cruelle maladie à laquelle il allait succomber plusieurs années après.

Rentré dans la vie privée en 1873, il fit partie du

conseil supérieur de l'Instruction publique durant six années, et accepta les fonctions de maire. Nous verrons dans quelles circonstances. Ceux qui l'ont secondé dans son administration sont unanimes à rendre hommage au zèle et à l'entier dévouement avec lesquels il s'acquitta de ces importantes fonctions. Depuis quelques années, l'amiral était entré au Sénat comme représentant de la Loire-Inférieure, et il y soutenait les principes conservateurs et catholiques dont il se glorifiait d'être le défenseur.

Voici comment il accepta d'être maire de la ville de Nantes :

En février 1874, le préfet de la Loire-Inférieure s'était adressé à M. de Cornulier pour lui offrir officiellement les fonctions de maire de Nantes. L'amiral, pris à l'improviste, avait carrément répondu, avec la spontanéité qui était de sa nature : « Monsieur le préfet, j'ai rempli toute ma carrière dans la marine sans casser un fil de caret, et voilà que vous m'offrez de courir le risque de naufrager au port en sortant de mon village. Je ne puis qu'être flatté de la pensée que vous avez eue. Mais à plus capable que moi le poste ! »

L'entrevue avait fini là.

Le lendemain matin, de bonne heure, l'amiral était à sa fenêtre avec un vieil ami, quand vinrent à passer trois frères de la Doctrine chrétienne. Ils étaient couverts de poussière, paraissaient harassés de fatigue et portaient chacun un petit sac de voyage.

Apercevant l'amiral, ils le saluèrent respectueusement. Visiblement ému, celui-ci répondit au salut des Frères par le salut plein de dignité sympathique d'un chef de corps au défilé de vaillantes troupes. Se retournant alors vers son ami :

« Mon cher, lui dit-il, j'ai refusé au préfet d'être maire, ce refus coulait de source. Mais la vue de ces braves gens me rappelle qu'ils me considèrent comme leur ami. Je possède la question pendante et redoutable d'où doit dépendre leur existence. Peut-être pourrais-je leur être utile au poste de maire qui m'a été proposé hier. Ma foi! si le poste n'a pas été donné encore, arrive que plante, je vais l'accepter. A Dieu va! »

Et sortant sans voir aucun des siens, sans ajouter un mot, il s'en fut résolument droit à la préfecture.

Voilà un noble exemple pour les catholiques en situation de rendre des services aux œuvres religieuses. Mais quelle leçon aussi, dans ces paroles d'un vaillant serviteur du pays, à l'adresse de ces tyranneaux de petite ville ou village, qui ne croient pouvoir mieux s'illustrer qu'en chassant les Frères et les Sœurs des écoles publiques ou des hôpitaux.

Inutile d'ajouter que l'amiral a vécu et est mort fidèle à ces religieux sentiments.

COROT

ARTISTE PEINTRE

(1796-1875)

> « Croyez-moi, quand on veut lutter contre Dieu, on est battu d'avance...
> « Que c'est donc bon d'être en paix avec Dieu, comme ça repose, comme ça fortifie! »
>
> J. B. COROT.

Les Beaux-Arts ont perdu, en 1875, un artiste renommé, le peintre paysagiste, Jean-Baptiste *Corot* né à Paris en 1796.

Sa vocation artistique se révéla tardivement et il fut employé de commerce jusqu'en 1822. A cette époque, il s'adonna à la peinture malgré ses parents, puis alla se perfectionner en Italie. Sa réputation ne tarda pas à grandir, et ses toiles à être fort recherchées, car elles impressionnent par un vif sentiment patriotique plein de profondeur et un mystérieux parfum de solitude. Il exposa au Salon de 1827, et ses tableaux ont été très admirés et couronnés dans les expositions des Beaux-Arts qui ont suivi. Il excellait surtout à rendre les phénomènes du matin et du soir.

Corot toute sa vie fut honnête homme, mais non chrétien : il fit le bien par goût non par vertu et ne connut pas les avantages de la religion. Il s'est converti quelque temps avant sa mort. A cette occasion, l'*Univers* a publié une lettre du prêtre qui a été l'instrument de sa conversion et que nous sommes heureux de reproduire. Ce changement, au reste, était commencé depuis un certain temps, puisque Corot lisait l'*Imitation* et l'*Evangile*.

« Il est parfaitement vrai que Corot est mort en chrétien.

« Ce mardi, 9 février, il avait prié le docteur Gratiot, son ami, de m'écrire qu'il désirait me voir le plus tôt possible. Le mercredi des cendres, 10 février, à deux heures, j'étais auprès de lui, je le trouvai au lit. Son accueil fut comme toujours, le plus cordial.

« Eh bien, comment allez-vous, mon bon ami? lui dis-je.

« — Moi? comme quelqu'un qui croit devoir mettre ses affaires en règle... A mon âge, on ne sait pas ce qui peut arriver, il est bon de prendre ses précautions. J'avais prié le docteur Gratiot de vous demander de venir me voir; puisque vous voilà, je vais profiter de l'occasion, car je suis catholique, apostolique, etc.. »

« Vous comprenez sans peine, Monsieur, que j'ai profité des bonnes dispositions de mon cher malade, et que sans tarder nous avons commencé la confession. Ce que je puis vous dire sans indiscrétion, je crois, c'est qu'elle a été ce qu'elle devait être de la part d'un homme comme Corot. Lui, la franchise; lui la loyauté; lui qui ne sait jamais mentir, il a accompli cet acte avec le sérieux et la franchise de son caractère. Quand arriva le moment solennel, et qu'au nom de Dieu, j'ai prononcé la sentence du pardon, j'aurais voulu que tous ses amis fussent présents et vissent avec quel recueillement cet homme illustre priait et inclinait sa tête vénérable sous la main du prêtre. J'étais profondément ému, je vous l'assure; aussi quand mon vieil ami, les yeux mouillés de bien douces larmes, me tendit les mains pour me remercier, je trouvai à peine quelques paroles à lui dire.

« — Que c'est donc bon! répétait-il, d'être en paix avec Dieu! Comme ça repose! comme ça fortifie!.. Maintenant, n'est-ce pas, je puis partir?

« — Oh! oui, mon bon ami, vous pouvez compter sur la miséricorde, car vous avez été bien miséricordieux.

« — C'est vrai, j'ai fait pas mal de bien; mais que voulez-vous? Je n'ai pas eu grand mérite, c'était mon bonheur. Dieu me récompense, dès ce monde, par l'affection et la reconnaissance dont je suis entouré.

« Il fallut le quitter; mon devoir me rappelait dans ma paroisse... Le lendemain jeudi, 17 février, à huit heures du matin, sur sa demande *expresse*,

M. Le curé de Saint-Eusèbe lui porta le saint viatique et l'Extrême-Onction. Je n'ai pas pu être témoin de l'accomplissement de ce dernier devoir, mais M. le curé m'a affirmé qu'il avait été édifié de la manière dont mon vieil ami avait reçu la sainte communion.

« Quelques heures après, les médecins se préparaient à pratiquer la ponction, il dit doucement à l'oreille du bon docteur Gratiot :

« — J'ai vu hier le curé de Coubron et je me suis confessé ; le curé de Saint-Eusèbe est venu ce matin m'apporter la communion : c'est bien bon, ça donne du courage... Maintenant à l'œuvre. »

« Tout le monde sait qu'à la suite de cette opération, il éprouva un soulagement qui fit espérer à ses amis qu'ils pourraient le conserver encore. Malheureusement ces espérances ont été déçues, et il s'est endormi du sommeil du juste au moment où l'on finissait les prières de l'agonie, prières auxquelles, m'a-t-on assuré, il s'associait de cœur et par instants de bouche.

« J'ai pu le voir sur sa couche funèbre : aucune trace de douleur... il souriait à ce Ciel auquel il croyait, qu'il aimait et qui l'a fait un artiste qu'on ne remplacera pas.

*
* *

« Que vous dirai-je de sa conduite ?
Le libertinage le révoltait. Dans ses conversations

je l'ai toujours vu d'une réserve et d'une convenance parfaites : jamais de mots risqués, de phrases à double entente, encore moins de mots graveleux. Sa conviction profonde était que l'obéissance à la *bête* atrophie l'intellect, et qu'un homme dissolu peut devenir peintre, mais *jamais artiste*.

Qu'il était beau à entendre lorsqu'il manifestait ses sentiments d'admiration pour les œuvres de la Création : un brin d'herbe chargé de rosée, une pâquerette, une feuille étaient le sujet des digressions les plus intéressantes.

« — Quel dommage, disait-il, que l'homme soit impuissant à reproduire ces magnifiques tableaux ! »

Des flatteurs, (car lui aussi en avait, mais il n'en était pas dupe,) essayaient de lui persuader que son pinceau faisait plus beau que nature.

« — Certainement, disait-il d'un air infiniment moqueur. Puis il ajoutait sérieusement :

« Croyez-moi, *quand on veut lutter avec le bon Dieu, on est battu d'avance.* »

A quoi bon parler de sa charité? Elle est devenue proverbiale. A une époque où, (selon son expression) *il ne roulait pas sur les pièces de dix sous*, il fut appelé à recevoir une somme assez importante. Celui qui la lui remit, homme de finance, lui demanda ce qu'il entendait faire de cet argent.

« — Le garder donc ! répondit le bon Corot.

« — Comment ! vous n'allez pas le placer? Moi, quand j'ai une somme, je me hâte d'acheter de la rente, et si quelqu'un vient m'emprunter, je puis dire qu'il m'est impossible de l'obliger.

« — Eh bien, moi, dit Corot, c'est tout le contraire; je vais placer cet argent dans mon secrétaire, de sorte que si quelque ami en a besoin, ce sera tout de suite prêt. »

Ce trait vous donne la mesure de l'homme.

Corot, absorbé par son travail, lisait peu. Ce qu'un certain public ne voudra pas croire, mais ce que je puis affirmer, c'est que l'*Imitation de Jésus-Christ* et l'Evangile étaient ses livres favoris. Il ne se passait guère de jours sans qu'il n'en lût quelques chapitres, et toujours avec une admiration qu'il ne cachait pas : « Comme c'est beau ! répétait-il, et *c'est beau, parce que c'est vrai !* »

« — Vous n'êtes donc pas libre-penseur? lui demanda un jour un de ses clients.

« — Libre-penseur ! libre-penseur ! pour qui me prenez-vous? Pour un peintre en décor? »

Je ne finirais pas, si je voulais vous raconter les mille reparties de chaque jour. Je me résume en un mot : il fut *bon* dans toute l'acception du mot. Les regrets unanimes qu'il laisse justifient pleinement mon dire.

Je vous autorise à faire ce que bon vous semblera de ma lettre écrite, vous le voyez, au courant de la pensée..... »

Corot est mort à Barbizon (Seine-et-Marne) le 23 Février 1875.

COURBET

VICE-AMIRAL
(1827-1885)

> « Il était d'autant plus attaché à sa foi que les habitudes sévères de son esprit lui en avaient fait creuser davantage les fondements. C'est ainsi que le savant fortifiait le croyant, et le soldat se doublait du chrétien. »
>
> Mgr FREPPEL.

Le 15 juin 1885, la France apprenait avec une immense douleur que le vaillant amiral Courbet était mort en rade de Makung, à bord du *Bayard*, loin de ses parents par le sang, mais entouré de sa famille maritime, des officiers, et des marins de son escadre qui lui avaient voué un véritable culte.

Le vice-amiral Anatole-Amédée *Courbet*, né à Abbeville en 1827, perdit, jeune encore, ses parents qui étaient très chrétiens. « La plus grande faveur que Dieu puisse accorder à un homme, dit Mgr Freppel dans l'Eloge funèbre du vaillant marin, c'est de le faire naître d'une famille chrétienne. Anatole Courbet eut ce bonheur dont les souvenirs allaient le suivre tout le long de la vie. Au lendemain de Fou-Tchéou, il pourra écrire ces lignes, touchant hommage à la piété maternelle : « C'est la Vierge Marie, que notre mère invoquait avec tant de confiance, qui me préserve d'une façon manifeste (1). »

Après avoir été élève du petit séminaire de Saint-Riquier, le jeune Courbet entra à l'Ecole polytechnique, d'où il sortit aspirant de première classe.

Ce qui le distinguait des autres officiers de marine, c'était son ardent amour du travail. Aussi comme lieutenant de vaisseau, embarqué sur le *Suffren*, vaisseau-école des canonniers, il se fit remarquer par des études scientifiques importantes autant que par son jugement droit, sa générosité de cœur et sa merveilleuse aptitude pour les sciences.

Il nous est impossible de retracer en ces quelques pages la carrière entière de ce brave marin. Avec son panégyriste nous dirons au lecteur : « Vous n'attendez pas que je suive dans tous ses détails cette carrière maritime de trente-six ans... Tour à tour enseigne de vaisseau sur la *Capricieuse*, second sur le *Coligny*, officier instructeur de l'école des canonniers sur le *Montebello*, directeur de l'école de torpilles, chef d'état-major des divi-

(1) *Lettre à sa sœur,* du 31 août 1884.

sions cuirassées de la Manche et de la Méditerranée, Courbet montra partout cette précision scientifique qui était le trait dominant de son esprit, ces habitudes de calcul et d'observation, si précieuses à une époque où l'art des Duquesne, des Tourville et des Destrées a subi des modifications profondes; où, sur mer comme sur terre, la tactique et la stratégie sont constamment gouvernées par des problèmes de mécanique et de chimie; où hier encore, sous l'armure d'airain qui les protège, nos vaisseaux semblaient invulnérables, tandis que le lendemain il a suffi pour donner un tout autre cours à la guerre maritime, de susciter un adversaire que l'on ne peu plus guère combattre que par la fuite, de faire jouer le salpêtre sous l'eau, et de refouler la masse liquide, qui par un choc irrésistible entr'ouvre les flancs des navires et détruit en un clin d'œil ces forteresses mobiles, la veille encore l'orgueil et l'espoir d'une nation.

A l'esprit scientifique qu'il possédait à un si haut degré, le commandant Courbet joignait cette patience de travail, qui sans négliger les vues d'ensemble, n'oublie aucun détail dans le service; ce sens ferme et droit que ni les préjugés, ni les illusions ne parviennent à troubler; cette énergie de caractère aussi incapable de se laisser arrêter par les obstacles que par les contradictions; ce sentiment de la justice, qui avec la bonté d'âme, concilie au chef l'affection de ses subordonnés; cet ascendant que donne une haute intelligence servie se doublait du chrétien. Dieu et la France, telle est la devise à laquelle il a rattaché toute sa vie dans les années de préparation où nous venons de le suivre, comme dans celles où l'exercice d'une plus haute charge devait le signaler à l'admiration et à la reconnaissance de sa patrie. »

En 1874, le ministre confiait à Courbet, alors capitaine de vaisseau le gouvernement de la Nouvelle-Calédonie, où il déploya autant de fermeté que de sagesse.

« Mais, dit Mgr Freppel, en même temps qu'il s'appliquait à développer tous les éléments de la prospérité nationale, le nouveau gouverneur n'oubliait pas que la religion est la condition essentielle et la base même de toute colonisation. Il savait que toujours et partout, les missionnaires ont été l'avant-garde de la France chrétienne; que de Madagascar en Cochinchine, ils nous ont frayé la voie à travers toutes les régions où nous sommes allés planter le drapeau national; qu'ils ont fécondé chacune de nos conquêtes par les sueurs de l'apostolat et par le sang du martyr; et que, d'ailleurs, aucune contrée ne s'ouvre à la civilisation, à moins que la croix ne vienne se dresser au milieu d'elle comme le symbole de la lumière et du sacrifice. Aussi, lorsqu'une politique aussi étroite qu'imprévoyante voulut le contraindre à expulser de leurs établissements les Pères Maristes, sans le concours et l'influence desquels la Nouvelle-Calédonie serait aujourd'hui une terre anglaise, le noble officier peu soucieux d'une disgrâce qui allait suivre de près sa résistance, refusa énergiquement de prêter la main à des mesures que la reconnaissance, à défaut de la loi et du respect de de la propriété, aurait dû suffire à écarter de l'esprit d'un pouvoir quelconque. Grand exemple, amiral, que vous avez donné par là aux dépositaires de la puissance publique! Vous leur avez enseigné qu'il y a des droits supérieurs, auxquels le caprice de l'homme ne saurait porter atteinte; que, dans ce qui touche à l'ordre religieux et moral, la soumission a des limites au-delà desquelles elle deviendrait une faiblesse; et que la conscience, placée entre l'intérêt et le devoir, doit toujours aller du côté où la loi de Dieu lui indique le droit chemin de la justice et de la vérité. ».

.*.

Nous arrivons à l'époque la plus glorieuse de sa vie, la campagne de Chine, qui a rendu le nom de l'amiral Courbet célèbre dans tout l'univers.

L'amiral Krantz la résumait ainsi à l'occasion de ses funérailles : « Bien qu'il fût arrivé jeune encore au grade de contre-amiral et qu'il eût exercé des fonctions importantes, les circonstances n'avaient pas favorisé Courbet. Il n'avait pris part à aucune expédition de guerre jusqu'au moment où il fut appelé au commandement de la division navale du Tonkin, dont la mort tragique du capitaine de vaisseau Rivière nécessitait la formation. Courbet allait enfin trouver de nombreuses occasions de mettre en lumière le savoir et la haute capacité qu'il avait acquis par le travail, la décision réfléchie et l'énergique courage dont la nature l'avait doué.

Chacun a gardé le souvenir de l'impression profonde que firent successivement dans le pays la prise de Thuan-An, la prise de Son-Tay, la destruction de la flotte chinoise devant Fou-Tchéou et les belles opérations de la rivière Min.

L'homme de guerre se révélait par des coups de maître.

Mais c'est dans la suite de cette campagne, pendant le blocus de Formose que Courbet allait donner la mesure de sa capacité comme homme de mer, de sa fermeté d'âme et de ses qualités de chef. Ce blocus mémorable et sans précédent restera son éternel honneur dans l'histoire des marins.

Cette campagne n'était pas terminée que, selon la parole de son éloquent panégyriste, Courbet touchait à ce moment, où les honneurs de la terre n'ayant plus rien qui puisse égaler le mérite, Dieu seul se réserve de décerner aux hommes des récompenses aussi grandes que leurs œuvres.

Vainement le pressait-on de toutes parts d'aller demander à la terre natale la réparation de ses forces épuisées sous la zone torride : « Moi, répondait-il en montrant ses marins, quitter ces braves **enfants? jamais !** »

La paix ne lui semblait pas assurée; dès lors sa résolution était prise : « Mon devoir, disait-il en se dérobant aux instances les plus vives de l'amitié, mon devoir est de rester ici, et j'y resterai jusqu'au bout. »

C'est au milieu de ses braves qu'il allait montrer comment savent mourir les hommes qui ont fait du devoir la règle de leur vie. Ils l'avaient vu calme et intrépide sous le feu de l'ennemi; ils le verront opposer à la souffrance une égale sérénité, s'oublier lui-même pour ne s'occuper que des autres, remplir sa charge comme si la fatigue et la douleur n'avaient aucune prise sur son âme; descendre à terre chaque jour pour visiter les blessés, et conserver jusqu'à la fin cette force de volonté qui n'avait jamais connu de défaillance.

Comme cet empereur romain près d'expirer et disant d'une voix ferme au centurion qui venait tous les matins lui demander le mot d'ordre : « *Laboremus*, travaillons, » on verra l'amiral Courbet se trainer à son bureau la veille de sa mort, et là, d'une main tremblante, rédiger ses derniers ordres en vrai soldat chrétien, qui en face du trépas, attend tranquillement sous les armes que Dieu et la patrie viennent le relever de son poste.

Dieu! ah! Messieurs, comment n'aurait-il pas tourné vers Dieu le dernier regard de son âme? Avant de partir pour le Tonkin, n'était-il pas allé, pèlerin plein de foi, se placer, lui et son escadre sous la protection de sainte Anne d'Auray? En réclamant avec tant d'instance le ministère des prêtres de Jésus-Christ pour ses frères d'armes, n'avait-il pas mérité que la religion vînt le consoler et le fortifier lui-même à ses derniers moments? Aussi quel calme et quelle touchante simplicité dans l'accomplissement des actes qui préparent le chrétien à paraître devant le Juge suprême ! Comme toutes les âmes vraiment fortes et qui ont senti par elles-mêmes le néant des choses de ce monde, l'amiral a compris que la vie présente n'est qu'un passage à la vie future; que pour être admis à contempler le Saint des saints face à face, l'homme a besoin d'être purifié de ses fautes, et que seule la religion, avec les pouvoirs du pardon dont elle est dépositaire, peut ouvrir devant nous les portes de l'éternité bienheureuse.

C'est avec la foi la plus vive qu'il s'incline sous la main bénissante du prêtre, en serrant sur sa poitrine le signe de la piété chrétienne, *qui ne l'avait jamais quitté* au milieu des hasards de sa périlleuse carrière.

Il pourra désormais mourir comme il a vécu sans peur et sans reproche, le regard vers le ciel, après un adieu suprême à sa famille, objet d'une affection si tendre, à sa patrie dont les joies et les tristesses ont été constamment les siennes, et quand la fatale nouvelle de sa mort aura jeté la consternation d'un navire à l'autre, quand le morne silence d'un équipage en pleurs lui aura fait un éloge funèbre auprès duquel pâliront tous nos discours, en face de cet Océan qui prête sa majesté aux grands deuils comme aux grands triomphes, devant ces îles, derniers trophées d'une série de victoires sans revers, debout sur le *Bayard* devenu un cercueil après avoir été le théâtre de la gloire, la religion pourra redire pour l'instruction de tous les âges, en montrant les dépouilles du héros chrétien : « *Confiteantur Domino qui descendunt mare in navibus, facientes operationem in aquis multis.* Rendez hommage au Seigneur, vous qui descendez sur mer dans les navires, et qui faites vos opérations au milieu des grandes eaux. »

Enfin, terminons par ces belles paroles de l'amiral Krantz, paroles qui sont bien le cri du cœur et de la foi d'un vieil ami : « Oui, Courbet, tu as fait ton devoir, tout ton devoir! Tu as vaillamment servi le pays, et ton nom sera impérissable dans le corps de la marine que tu as honoré.

« Que tes cendres reposent en paix dans la terre de France, et que ton âme jouisse du bonheur éternel! C'est le vœu d'un de tes vieux amis, de tes camarades; c'est celui de tous les officiers qui t'ont connu, de ces soldats et de ces marins auxquels tu as si souvent montré le chemin de l'honneur et donné l'exemple de tous les courages.

Adieu !

COUSIN

LITTÉRATEUR, PHILOSOPHE, MEMBRE DE L'ACADÉMIE FRANÇAISE, MINISTRE.

(1792-1867)

> « C'est dans le trioniphe et la propagation du Christianisme que je place toutes mes espérances.
>
> V. Cousin.

Le 14 janviers 1867, mourait à Cannes un des plus grands écrivains et des plus grands philosophes du XIXe siècle, *Victor Cousin*.

Né à Paris de parents pauvres, son intelligence précoce le fit remarquer de ses maîtres. Après de brillantes études au lycée Charlemagne, il entra à l'Ecole normale, où deux ans plus tard il devint maître de littérature, puis de philosophie, encore aussi jeune que ses élèves, qu'il fascinait par la supériorité de son esprit, par l'éclat de l'imagination et du langage.

Nous ne suivrons pas Victor Cousin dans les différentes phases de sa carrière littéraire, philosophique et politique; tel n'est pas notre but. Il nous suffira de constater qu'il fut emporté loin de l'orthodoxie de la foi catholique, et que comme tant d'autres il revint de bien loin à la religion de Jésus-Christ. Il a composé un grand nombre d'ouvrages où sont exposées et défendues les opinions les plus fausses au point de vue chrétien, mais à mesure qu'il étudiait et avançait en âge, son jugement devenait plus sain, et il se rapprochait des enseignements de l'Eglise. « On le voyait, dit M. Baunard, rechercher les sociétés chrétiennes et les entretiens religieux. Au sein de l'Académie, il votait énergiquement contre les ennemis de Dieu, comme il s'élevait hardiment contre les ennemis du pape et de la Papauté. Le parti de la libre-pensée se faisait déjà peur de son apostasie, et un écrivain bien connu annonçait que *le philosophe allait faire naufrage dans le bénitier.*

« Jeunes gens, disait-il, n'écoutez pas ces esprits superficiels qui se donnent comme de profonds penseurs, parce que après Voltaire, ils ont découvert quelques difficultés dans le Christianisme. Mesurez vos progrès en philosophie par ceux de la tendre vénération que vous ressentirez pour la religion de l'Evangile. »

M. de Resbecq a rapporté le trait suivant :

Un jour, M. Cousin était venu entretenir M. Duruy d'une grave question de liberté de conscience qui préoccupait fort l'opinion publique ; j'eus la bonne fortune d'assister à leur conversation, que je me suis toujours rappelée. J'étais tout yeux, tout oreilles, (les hommes de ma génération n'avaient point eu le privilége d'entendre l'éminent philosophe) lorsque tout à coup M. Cousin se retournant vers moi, me dit :

« — Jeune homme, savez-vous votre *Credo* par cœur ? »

M. Duruy voulut bien lui répliquer : « Oh pour celui-là, cher maître, je vous réponds qu'il ne doit point l'avoir oublié. »

« — Je vous félicite, me dit alors M. Cousin, je vous félicite, mon ami ; c'est là toute la vérité, et on ne saurait trop l'enseigner aux enfants. Il ne faut jamais l'oublier, votre *Credo*. »

Un jour, il disait d'un ton profondément ému à M. Cochin : « — Si je devais écrire que Jésus-Christ n'est pas Dieu ou monter sur l'échafaud... *Oui, plutôt que de l'écrire, je monterais sur l'échafaud.* »

*
* *

M. Cousin se promenait un jour dans la cour de l'Institut avec un savant professeur de philosophie, lorsqu'un jeune prêtre vint à passer ; M. Cousin s'arrêtant tout à coup, le suivit des yeux et s'écria : « Nous avons, toute notre vie, professé la philosophie et tâché de démontrer qu'il y a une âme ; pendant ce temps que fait ce jeune prêtre, et où va-t-il ? Il va combattre le vice dans l'âme d'un méchant, la tentation dans l'âme d'une jeune fille, le désespoir dans l'âme d'un malheureux, et nous

nous voudrions jeter ces gens-là à l'eau! Il vaudrait mieux qu'on nous y précipitât nous-mêmes, avec une pierre au cou. Ayons l'honnêteté de reconnaitre ce qu'ils font pour les âmes, pendant que nous tentons de reconnaitre l'existence de l'âme. »

En 1857, M. Cousin chargé d'une mission officielle en Hollande publiait à son retour le résultat de ses observations, et il ajoutait : A Dieu ne plaise, que jamais je puisse songer à exclure personne de l'éducation populaire. Loin de là, je ne cesserai d'appeler à cette noble tâche tous les gens de bien, tous les hommes éclairés, sans aucune acception de cultes ni de méthodes. Mais, je l'avoue à mes risques et périls, c'est *surtout aux Frères de la Doctrine chrétienne* qu'il me paraitrait convenable de confier les écoles communales absolument gratuites, comme c'est surtout aux Sœurs de la charité que nous confions le soin des malades dans les hospices. D'abord, c'est au service du peuple que les Statuts des Frères les consacrent. Ensuite, par un retour naturel, le peuple les aime. Le peuple est fier, il ne veut pas qu'on le méprise, et avec les meilleures intentions du monde, on peut avoir l'air de le mépriser, pour peu qu'on ait des façons trop élégantes.

« Les Frères ne nous méprisent pas, » dit le peuple. La tournure un peu lourde et commune de ces bons Frères, qui les expose à quelques railleries; leur humilité, leur patience, surtout leur pauvreté et leur désintéressement, (car ils ne possédent rien en propre) les rapprochent et les font bien venir du peuple au milieu duquel ils vivent. Le peuple et l'enfance demandent une patience sans bornes. Quiconque n'est pas doué d'une telle patience ne doit pas songer à être maître d'école.

« Enfin, par leurs Statuts, les Frères enseignent gratuitement : il leur est interdit de rien demander aux enfants, et il se contentent de très peu de chose pour eux, et pour leurs écoles.

« Voilà des gens qui semblent faits tout exprès pour l'instruction primaire gratuite (1). »

.*.

La publication récente des œuvres de Mérimée est venue remettre en question, pour plusieurs, l'orthodoxie de Cousin à la fin de sa vie. Mérimée a affirmé qu'il resta fidèle jusqu'au bout à la libre pensée. Les quelques pages que nous venons d'écrire ne le font déjà guère supposer ; heureusement nous avons d'autres documents qui attestent au contraire le changement opéré dans l'âme du célèbre philosophe, quelques années avant sa mort.

M. Baunard avait déjà dit de lui, — et il avait pour cela de bonnes raisons — : « Parmi ces démarches de l'esprit, son cœur se sentait touché de je ne sais quelle grâce qui lui venait d'en haut. Il ne supposait pas qu'on pût mourir en paix sans l'assistance et l'absolution de l'Eglise, ne louant et

(1) *De l'Instruction publique en Hollande.*

n'estimant que les morts consacrées par la religion. On l'a entendu dire que ce serait peut-être un *prêtre de campagne qui recevrait les confidences religieuses de son âme*. On sait qu'il *avait repris le chemin de l'église*; il n'y avait rien dans l'attitude du vieillard qui n'y fût selon le respect et l'adoration. »

Mais nous avons des preuves plus positives de sa conversion. Un ecclésiastique qui eut l'occasion de faire sa connaissance aux Eaux-Bonnes, dans les temps qui précédèrent la mort de M. Cousin, a conservé quelques-unes des conversations qu'il eut avec lui, sur des sujets religieux. Nous en détacherons deux passages relatifs à la nécessité d'une révélation et à la personne de Jésus-Christ.

« Nous parlâmes de révélation, raconte notre auteur. M. Cousin me dit : « Sa nécessité éclate à chaque pas : voyez ces hommes (à ce moment passaient devant nous trois pauvres montagnards), ont-ils le temps de sonder les plis et les replis des questions philosophiques? En auraient-ils d'ailleurs la force intellectuelle? Non. Dès-lors quel moyen pour eux d'atteindre la vérité? Il leur faut Jésus-Christ. » — Je dis alors : « Je crois, monsieur, qu'il nous le faut autant à chacun de nous, car devant les vérités éternelles, notre âme n'est guère plus puissante, livrée à ses seules forces, que l'âme de ces pauvres gens. »

M. Cousin m'a répondu : « Eh! sans doute, monsieur, c'est ainsi que je l'entends. Eh! mon

Dieu, quand je vous montre ces pauvres montagnards, c'est *l'homme* que je vous montre, et *l'homme*, c'est nous. Un peu plus, un peu moins de barbouillage n'y fait rien. »

Je lui dis : « Nous avons souvent regretté, Monsieur, de voir ces idées absentes de vos ouvrages, et surtout des ouvrages de vos disciples. »

M. Cousin m'a répondu : « D'abord, Monsieur, mes disciples m'ont quitté sur ce point, par conséquent, je ne réponds que de moi. Je réponds ensuite qu'on a tort de m'opposer toujours mes premier écrits. Quel est l'homme qui ne change pas en vieillissant? Pour moi, Monsieur, je marche tous les jours ; oui, je marche, ou plutôt, si vous voulez (faisant allusion à une montée rapide que nous gravissions en ce moment) comme je suis vieux, je me traîne... »

* * *

Un autre jour, nous parlions de Jésus-Christ, M. Cousin me dit : « Si j'avais maintenant à faire un cours public, je voudrais ne traiter que d'un seul sujet, de Jésus-Christ. Je voudrais montrer comment le sentiment de Jésus-Christ est le seul qui, aujourd'hui, puisse relever les âmes. Il faudrait faire comprendre ce que peut le sentiment de Jésus-Christ pour élever le magistrat, le soldat, l'écrivain, le marchand. Il faudrait (mais il n'y a qu'un saint qui puisse entreprendre cette œuvre), il faudrait faire pour les gens du monde ce que l'auteur de l'*Imitation* a fait pour les moines : faire pour eux une *Imitation de Jésus-Christ*. Encore une fois, la main d'un saint est seule capable d'une telle entreprise, mais je regrette que ce saint ne se soit pas rencontré, qu'un saint François de Sales, par exemple, ne l'ait pas accomplie. — Beaucoup d'hommes ont la lettre de Jésus-Christ, mais trop peu en ont le sentiment, c'est-à-dire ce qui ne reste pas dans l'esprit, mais passe de l'esprit au cœur, du cœur dans la vie de chaque jour. Quelques-uns, parmi nous, l'avaient : par exemple notre pauvre Ozanam, mélange de douceur et de force... Oui, tout est là, le sentiment de Jésus-Christ. »

Je lui dis : « Je suis sûr, Monsieur, d'après ce que vous me dites, que la vie d'une sœur de charité est pour vous une des meilleures démonstrations de la divinité de Jésus-Christ. »

Il m'a répondu : « Oui, quand je vois un crucifix dans les mains d'une sœur de charité, je dis : « Voilà mon Dieu ! »

Il revenait encore à ses précédentes pensées et me disait : « Le sentiment de Jésus-Christ, voilà l'important ; auprès de lui la lettre est bien peu de chose. »

Je lui dis : « Il me semble cependant, monsieur, que la *lettre* est d'une importance fondamentale, ne serait-ce que pour autoriser le *sentiment* de Jésus-Christ, sans la foi explicite et formelle à Jésus-Christ. »

Il m'a répondu : « Vous ne m'avez pas compris. Je suis loin de faire peu de cas de la *lettre* prise dans ce sens. Vous croyez peut-être que les formules exactes, consacrées par l'Eglise sur Jésus-Christ, ont peu d'importance à mes yeux? Mais alors que fais-je donc, monsieur, quand, soir et matin je les recite à ma prière? et quand *chaque dimanche je les récite à la messe*, que fais-je donc si je ne crois pas (1) ? »

Assurément, quand un homme *dit chaque jour sa prière* dans les termes où un bon catholique les récite, quand *il va à la messe* chaque dimanche et qu'il tient un tel langage, il faut bien avouer qu'il est *chrétien* et *catholique*. Ce que nous dirions de tout autre en ce cas, nous devons l'avouer de M. Cousin.

Or, il n'est aucune raison de douter de l'authenticité de ces paroles et de leur parfaite exactitude. Le prêtre qui nous les a conservées avait soin de consigner chaque jour, par écrit, les conversations qu'il avait eues avec l'illustre philosophe, et il est en mesure de donner les noms de plusieurs personnes laïques qui en ont été de même les témoins.

Et maintenant on peu juger si Mérimée a raison de dire que Cousin resta fidèle à la libre pensée jusqu'au dernier instant de son existence. Il devint chrétien de cœur et de sentiments. Sans doute il le

---

1) *Correspondant* du 10 juin 1881, et *Controverse* de juillet.

fût devenu plus pratiquement, si la mort n'était venue subitement le frapper sans lui donner le temps de se reconnaître.

Espérons, qu'au dernier moment, Dieu aura achevé son œuvre!

CRUVEILHIER (D^r)

DE L'ACADÉMIE DE MÉDECINE
(1791-1874)

> « L'étude du corps humain ne lui fit jamais oublier qu'on a une âme à sauver. »
> J. M.

Jean *Cruveilhier*, membre de l'Académie, né à Limoges, avait fait ses études médicales à Paris, où il eut pour maître Dupuytren.

En 1825, à la mort de Béclard, le célèbre anatomiste, le grand-maître de l'Université ayant besoin, pour le remplacer, d'un homme dont il connût les tendances religieuses, choisit M. Cruveilhier.

Le cours d'anatomie du nouveau professeur, préparé par d'infatigables études fut le plus suivi et eut un grand succès. Aussi après d'importants travaux du célèbre docteur et la publication de son ouvrage : *Anatomie pathologique*, l'Académie de médecine lui ouvrit ses portes en 1836.

Cruveilhier croyait en Dieu et était chrétien avant d'étudier la médecine, mais plus il examina le corps humain, plus ses croyances religieuses s'affirmèrent, et l'un de ses amis a dit de lui : « L'étude du corps humain ne lui fit jamais oublier qu'on a une âme à sauver. »

On a rapporté plusieurs traits qui prouvent bien la sincérité de sa foi.

« Alors qu'il était à l'Hôtel-Dieu il se prit un soir de discussions religieuses, avec un de ses collègues, Lallemand, de Montpellier, qui devait être lui aussi un savant distingué. On discuta longtemps avec opiniâtreté, avec feu, et comme toujours chacun resta dans ses premières idées.

Le moment vint de se mettre au lit, mais l'esprit des deux jeunes gens resta en éveil.

Soudain, Lallemand se persuade qu'il vient de trouver un argument sans répliques ; il saute à bas de son lit et court à Cruveilhier, bien sûr de le ramener, cette fois, à sa manière de voir.

Mais il se heurte dans l'ombre contre un obstacle imprévu... c'était Cruveilhier agenouillé au pied de son lit et priant.

Que faire contre une foi pareille ? Lallemand regagna son lit sans rien dire.

— Sa charité et sa religion étaient souvent unies.

Au plus haut de sa célébrité, il réservait le dimanche aux consultations gratuites. Si quelque malade opulent recourait, ce jour-là, à ses bons offices, les honoraires reçus passaient intégralement dans la main des indigents. Ni la hauteur des étages ni l'heure avancée de la nuit ne le rebutaient ; il laissait toujours derrière lui d'abondantes aumônes, disant aux malheureux : « Mes enfants ; vous prierez Dieu pour moi ! »

Un jour, il apprend qu'une pauvre jeune femme, dont le mari était employé au ministère de la guerre, est gravement malade. Il va la voir, la soigne pendant un mois et la guérit.

Au bout de ce temps, il voit que le mari cherche le moyen de lui demander sa note, et du temps pour le payer. Il ne veut pas l'humilier, et avisant un tapis algérien qui valait bien 15 fr.

« Quel joli tapis, » s'écrie-t-il! « Quel merveilleux tapis!

« — Mon Dieu, docteur, s'il pouvait vous être agréable, » s'écria le mari.

« — Je crois bien! qu'il me serait agréable! Tenez, faisons une affaire, vous me devez 200 francs de visites, votre tapis en vaut 300.

« Voici cinq louis et je l'emporte.

Et il sortit, heureux d'avoir ainsi sauvé la fierté de ces pauvres gens (1).

(1) Saillard.

CZARTORYSKI

PRINCE, SÉNATEUR, AMBASSADEUR, MINISTRE
(1770-1862)

> « J'ai acquis la conviction que toutes les fois que la main de Dieu s'est appesantie sur nous, ce n'était pas pour nous perdre, mais pour nous rendre meilleurs. »
> (Adam CZARTORYSKI.)

Personne, dit le comte de Montalembert, ne comprenait mieux l'alliance entre le Catholicisme et la véritable liberté que l'illustre et vénérable prince Adam Czartoryski, qui vient de descendre dans une tombe à jamais vénérée, après une vie presque séculaire et consacrée tout entière au service de sa patrie. Seule, la religion dont il était le fils tendre et soumis, pouvait lui inspirer l'abnégation nécessaire pour subir les sacrifices que son patriotisme lui imposait, et personne en Europe n'a jamais sacrifié ce qu'il a sacrifié à son pays et à l'honneur.

Adam Georges *Czartoryski*, prince polonais, né à Varsovie, fit ses études en Angleterre. Il prit de bonne heure les armes contre les Russes, ces éternels ennemis de son pays et de sa foi. Vaincue, la Pologne le vit partir, comme otage, à la cour de Catherine II. Ses excellentes qualités lui gagnèrent bientôt l'amitié de ses adversaires politiques, et le czar Paul I lui confia l'ambassade de Turin. Diplomate et ministre des affaires étrangères en 1802, en 1805 il donna sa démission et redevint soldat : il s'attacha à la personne d'Alexandre I qu'il suivit sur tous les champs de bataille, et jusqu'à Paris et à Vienne en 1814. Nommé sénateur de Pologne, il renonça à l'amitié d'Alexandre.

Après 1831, il perdit ses biens immenses, et vint se retirer à Paris, où il vécut entouré de l'aristocratie des émigrés qui le considéraient comme le roi constitutionnel de la Pologne. Après la tentative d'insurrection en 1846, qui menaça le gouvernement autrichien en Gallicie, la cour de Vienne confisqua ses biens dans cette province. En mars 1848, il revendiqua les droits de son pays dans une lettre adressée aux représentants de l'Allemagne, puis abolit la corvée dans ses domaines, qui peu après venaient de lui être rendus par l'Autriche, et donna des terres en toute propriété aux paysans, dont il relevait ainsi la condition aux yeux de tous. Pendant la guerre d'Orient, le prince a tenté, mais en vain, d'unir la cause de la Pologne à celle de la Turquie et des puissances occidentales. Ses efforts ont échoué, malgré les marques d'estime et de considération accordées à sa personne par divers **gouvernements.**

Ayant ainsi lutté la plus grande partie de sa vie pour la cause de l'indépendance et de la liberté, il mourut en 1832 à Paris, où il s'était retiré, aimé et honoré de tous ceux qui le connaissaient.

※

« Le prince Adam Czartoryski, ajoute M. de Montalembert, a noblement accepté toutes les chances et les a toutes subies. Proscrit, condamné à mort, dépouillé de son immense patrimoine, dédaigné trop souvent par les heureux du monde, insulté par les écrivains aux gages de la Russie, méconnu, calomnié, accusé d'ambition dynastique par ses compagnons d'exil ; témoin impuissant des événements qui renversaient tous les trônes de l'Europe, sans toucher aux fers de la Pologne ; trébuchant toujours d'illusion en illusion, de mécompte en mécompte, aucune épreuve ne lui a été épargnée, mais aucune n'a pu l'abattre.

« Nous l'avons vu, pendant trente ans, doux, calme, intrépide, portant le deuil de sa patrie, mais dressant parmi nous la sereine gravité de son front et de ses beaux cheveux blancs, comme un témoignage de ses inébranlables convictions et une protestation contre l'iniquité dont l'Europe était complice... Quelle leçon que celle d'une vie si prolongée, qui atteint les dernières limites assignées à l'existence humaine, à travers les vicissitudes les plus diverses sans avoir jamais bronché, jamais dévié du chemin de l'honneur, du devoir, du sacrifice..... Soldat de Kosciusko, ministre d'Alexandre, presque roi dans un pays insurgé, plus grand qu'un roi dans l'exil, il a légué à la Pologne, si fertile en héros, l'exemple d'un héroïsme nouveau et digne d'une éternelle mémoire.

« Remercions hautement un évêque français de s'être honoré lui-même en convoquant ses fidèles dans sa cathédrale pour honorer la mort du grand patriote qui fut avant tout un grand chrétien, et qui a imprimé la science des fortes croyances, dont sa vie a été le miroir, dans les dernières pages de son testament politique. Puis, citons cette page écrite la veille même de sa mort, comme la meilleure justification de toutes nos assertions sur l'indissoluble alliance de la foi chrétienne avec l'amour de la liberté :

« Avec un profond sentiment d'humilité et d'attendrissement, je remercie Dieu de m'avoir permis de vivre jusqu'au moment où l'avenir de ma nation commence à s'éclaircir après un long siècle d'incertitude. J'ai, dans ma longue existence, acquis la conviction, que toutes les fois que la main de Dieu s'est appesantie sur nous, ce n'était pas pour nous perdre, mais pour nous rendre meilleurs.

« Espérons donc en sa miséricorde, en l'intervention de notre Reine céleste, et, dans chacun de nos actes, ayons plutôt en vue le triomphe éternel que ce qui semble promettre un succès passager.

« Que votre volonté soit faite, Seigneur, Dieu tout-puissant!

Signé : A. CZARTORYSKI. »

« Monfermeil, 14 Juillet 1861. »

Ce grand serviteur de sa patrie et de son Dieu est mort en saint et en martyr de la liberté de son pays. Nous ne l'entendrons plus redire ici-bas avec une confiance mélancolique les beaux vers d'Esther qu'il aimait à répéter :

« Je reverrai nos campagnes si chères,
J'irai pleurer au tombeau de mes pères. »

DAMESME

GÉNÉRAL, COMMANDANT DE LA GARDE NATIONALE DE PARIS.

(1807-1848)

> « Mon Dieu, vous savez combien j'aurais été heureux de vivre encore pour apprendre à mon fils à vous aimer et à servir la France. »
>
> (Général Damesme.)

Le général Marie Déodat *Damesme* fut une victime des Journées de Juin 1848. Né à Fontainebleau, il fit la campagne de Belgique en 1832, et fut envoyé l'année suivante en Algérie, où il s'illustra en plusieurs rencontres. Il était général de brigade et commandant de la garde nationale mobile de Paris en 1848, lorsqu'il reçut dans les funestes Journées de Juin, à la tête de cette garde, une blessure mortelle. Un insurgé eut la cruauté de lui tirer dessus à bout portant du fond d'une cave.

Le général se sentant blessé mortellement, interrogea le docteur sur la gravité de sa blessure, et comme celui-ci ne répondait rien, s'étant recueilli un instant, il adressa à Dieu cette prière : « Mon Dieu, vous savez combien j'aurais été heureux de vivre encore pour apprendre à mon fils à vous aimer et à servir la France, mais que votre volonté soit faite ! »

Se tournant ensuite vers la sœur de charité qui lui prodiguait ses soins : « Ma sœur, lui dit-il, il faut que vous me rendiez un service. Voilà cinq francs, veuillez, je vous prie, faire dire deux messes, l'une pour celui qui a eu le malheur de m'assassiner, l'autre pour moi. » Il expira dans ces sentiments d'héroïque charité chrétienne.

Une statue par E. Godin lui a été élevée sur une place de Fontainebleau.

DAUMESNIL

GÉNÉRAL

(1776-1832)

> « Mon devoir, c'est le cri de ma conscience. »
> (Gén. Daumesnil.)

Fils d'un capitaine de cavalerie, Pierre *Daumesnil* s'était engagé dès l'âge de quinze ans. Peu de temps après, il guerroyait en Espagne, où il fut blessé à la jambe. On désespéra longtemps de le guérir : enfin il se remit et partit joyeusement pour l'armée d'Italie. Attaché à la fortune et aux dangers de Bonaparte, et proclamé *le brave* en Egypte, il assista aux immortelles batailles de Marengo, d'Iéna, d'Eylau, de Friedland. Il eut la jambe emportée par un boulet à Wagram ; déjà c'était sa vingt-troisième blessure. Dans tous ces combats, l s'illustra par de brillants faits d'armes. Plusieurs fois il avait sauvé la vie à Bonaparte, qui aimait l'avoir près de lui dans les circonstances périlleuses, et dont le maréchal Bessières, duc d'Istrie, disait : « Il est convaincu que Daumesnil lui porte bonheur. »

Il lui porta si bien bonheur qu'il l'arracha plusieurs fois à la mort. C'était d'abord au pont d'Arcole où Bonaparte, renversé dans le fleuve, fut sauvé par Daumesnil et Musy qui se précipitèrent à l'eau pour l'en retirer; puis en Egypte, au siège de Saint-Jean d'Acre, où il couvrit de son corps son général en chef, au moment où une bombe tombant à ses pieds éclata sans blesser Bonaparte. Enfin à Aboukir où Napoléon, debout sur une pièce de canon était occupé à observer l'ennemi. Daumesnil s'apercevant que cette pièce était le point de mire d'une batterie ennemie saisit son général à bras le corps et l'enlève : un lieutenant d'artillerie monte aussitôt à la même place, un boulet siffle et emporte le lieutenant, à l'instant où Daumesnil disait au général qu'il déposait à terre : « Excusez, mon général. »

Tel était le dévouement de cet homme de cœur.

Surnommé *Jambe-de-bois* par ses soldats, le général Daumesnil reçut le commandement de Vincennes en 1814, et vit l'étranger lui demander la forteresse. En réalité, le matériel immense qui couronnait les hauteurs de la capitale devait être livré à l'ennemi le lendemain. Pendant la nuit, le général à la jambe-de-bois sort de Vincennes à la tête de deux cent cinquante chevaux. Il enlève et introduit les canons, les fusils, les munitions, et le matérie entier qui plus tard fut estimé à plusieurs millions de francs.

Le lendemain, les alliés réclament ce qu'ils

pensent leur appartenir. Des généraux prussiens se rendent dans la forteresse, et par droit de conquête, réclament fièrement cet immense matériel : « Rendez-moi ma jambe, je vous rendrai la place.

« — Eh bien ! général, nous vous ferons sauter !

« — Venez, leur dit le gouverneur en montrant un magasin rempli de dix-huit cents milliers de poudre, venez, nous sauterons ensemble. »

On respecta cette énergie.

*
* *

L'année suivante, l'ennemi le sachant pauvre, lui offrit en secret un million, pour qu'il rendit la même forteresse. Daumesnil témoigna son mépris aux corrupteurs, et le sourire du dégoût sur les lèvres, il répond : « Mon refus servira de dot à mes enfants. »

Rendu en 1830 au gouvernement de Vincennes, le général Daumesnil eut encore l'occasion de montrer quel trésor de courage et de vertu Dieu avait mis dans son âme

Les ministres de Charles X, emprisonnés dans le donjon et attendant des juges, voient une populace ivre de carnage demander leur tête à grands cris. Mais Daumesnil est là, ils n'ont rien à craindre. Il s'avance seul au-devant de ces masses stupides et furieuses :

« — Vous demandez les têtes des prisonniers, s'écrie-t-il de sa voix de commandement, vous ne savez donc pas que ces têtes n'appartiennent qu'à la loi ? Vous ne les aurez qu'avec ma vie. »

Les ministres sont sauvés.

Vers 1818, au nombre des amis intimes de Daumesnil, se trouvait le colonel Planzeaux, vieux grognard intraitable, qui reprochait à l'ancien gouverneur de Vincennes sa douceur pour quelques hommes du gouvernement. Le général lui répondit : « Et qui vous dit qu'ils ne vous valent pas. Dieu seul voit le fond des cœurs. »

Jamais une pensée malhonnête ne vint effleurer cette âme naturellement chrétienne. Un ministre, prisonnier dans cette forteresse, lui disait un jour : « Dans les désordres politiques, le difficile n'est pas de faire son devoir, mais de bien connaître ce devoir. Il y faut de longues et profondes méditations. »

« — Ma foi, s'écrie le gouverneur, je ne suis pas si habile, mon devoir c'est le cri de ma conscience. Je n'ai qu'à la suivre, à marcher à sa suite, à écouter attentivement sa voix ; elle me pousse en avant, et son cri étouffe tous les autres, que je n'entends même pas. Je vais droit mon chemin, sans souci du qu'en dira-t-on. »

Si Daumesnil ne fut pas toujours bon chrétien dans le milieu difficile où il vivait, dans les camps et sur les champs de bataille, il le fut dans les dernières années de sa vie. Les sentiments religieux se réveillèrent en lui, et la mort le trouva prêt à paraître devant Dieu, avec une conscience purifiée par le sacrement de pénitence. Il fut victime du choléra en 1832.

Le général Ambert résume ainsi ses vertus : « Il possédait les qualités qui semblent s'exclure, tant elles sont rares chez le même homme. Jamais magistrat ne fut plus intègre que Daumesnil; jamais époux ou père n'eut en son cœur plus de tendresse; jamais religieux ne fut plus compatissant aux souffrances; jamais citoyen ne fut plus dévoué à la patrie; jamais esprit ne fut plus indépendant; mais il était, avec toutes ces qualités, intrépide, joyeux, sans prétentions et fort bon chrétien sans le dire. Il eut tour à tour le cœur de Bayard et le cœur du bon La Fontaine. En un mot on le vit toujours naïvement héroïque.

« A l'heure de sa mort, il se montra plein de piété. Son âme remonta vers Dieu, comme remontaient celles des vieux Croisés, compagnons de St Louis. »

DÉJAZET

ARTISTE DRAMATIQUE
(1798-1875)

> « Elle s'est souvenue de sa première communion. »
> (Victor FOURNEL.)

A Paris en 1875 s'est éteinte une célébrité du théâtre moderne, Pauline-Virginie *Déjazet*, actrice dès l'âge de cinq ans.

Nous ne parlerions pas ici de cette femme célèbre, dont la vie publique ne fut pas toujours édifiante si les actes de charité et de générosité qu'elle a multipliés ne lui avaient valu la grâce d'une mort vraiment chrétienne.

Elle entra tout enfant au théâtre des Capucines, puis elle créa au Vaudeville la *fée Nabotte* dans la *Belle au bois dormant* de Bailly. Après avoir joué en province, elle revint à Paris, entra au Gymnase; mais c'est au Palais-Royal qu'elle acquit une réputation méritée. C'est là qu'elle a créé *Vert-Vert*, les *Premières armes de Richelieu*, *Louis XIII*, *Indiana* et *Charlemagne*, etc. En 1844, elle passa aux *Variétés*. De toute l'Europe, on accourait pour l'applaudir. Elle se délia alors de tout engagement et pendant plusieurs années, se partagea entre le Palais-Royal, les Variétés et la province, allant et venant avec une intrépidité rare. En 1859, elle obtint le privilège du théâtre des *Folies-Nouvelles*, qui prit alors son nom. Là, elle passa en revue tout son répertoire et fit même quelques créations nouvelles. Elle jouait encore au Vaudeville en 1875 l'année de sa mort, et quitta ce monde en quittant la scène.

Le goût, l'entrain, la finesse, une rare distinction, une gaieté paisible mais fascinante, dit Maurice Cristal, telles étaient les qualités de Déjazet dans sa vie mondaine. Parlons maintenant de ce qui fit son mérite devant Dieu.

.•.

Quoique élevée en dehors de toute religion, et comme on l'est dans le monde du théâtre, qui couvre tant de misères et tant de tortures sous les brillants dehors de la renommée et de la faveur publique, Melle Déjazet avait des aspirations religieuses dont témoigne une lettre écrite par elle, il y a une vingtaine d'années, à une comédiennne Melle Leroux, qui tombée malade lui avait écrit : « On me presse de me confesser et de me convertir. Quel est ton avis? Que me conseilles-tu? Que ferais-tu à ma place? » Déjazet répondit par une fort belle lettre, dit M. Victor Fournel, dans le *Journal de Bruxelles*, dans laquelle elle conseillait vivement à sa camarade, de se confesser, de faire sa paix avec Dieu. Elle lui disait qu'elle-même au milieu du tourbillon où elle était condamnée à vivre, elle avait senti bien des fois l'envie d'en sortir, et de suivre l'impulsion secrète qui la sollicitait. Elle l'aurait déjà fait si elle n'avait été retenue par une mauvaise honte et par le respect humain. Mais puisqu'on la consultait, elle ne pouvait que répondre : « Ne m'imitez-pas ; soyez moins faible que moi. » Voilà le sens de cette lettre.

En 1868, on apprit tout à coup que Melle Déjazet âgée de plus de soixante-dix ans, venait de faire sa première communion. Pourtant elle ne renonça pas définitivement au théâtre. Mais elle s'est souvenue sur son lit de mort de sa lettre à Melle Leroux et de sa première communion, et les charités qu'elle avait faites intercédaient pour elle. Melle Déjazet était entourée à son lit de mort, d'acteurs et de journalistes qui songeaient plus à l'abuser sur son état qu'à lui préparer un éternel bonheur. Les artistes étaient indifférents mais non hostiles aux idées religieuses : il y avait, nous le savons, des journalistes assez cruels, dit M. Chantrel, pour sacrifier la pauvre femme au plaisir d'avoir une manifestation d'impiété à ses funérailles. Melle Déjazet eut assez de foi et d'énergie pour déjouer leurs hideux desseins Le prêtre fut prévenu et parfaitement accueilli elle se confessa.

Lorsque la malade sentit que la vie l'abandonnait, elle se confessa de nouveau et reçut la communion. Dès lors elle resta calme et recueillie. Ce fut après avoir donné ce nouveau témoignage de sa foi et de son repentir qu'elle expira doucement. Nous sommes heureux, dirons-nous avec M. Chantrel, de pouvoir consigner ici ces détails, que n'a pas reproduits la presse qui a le plus applaudi et glorifié Melle Déjazet.

DÉLECLUZE

ARTISTE, LITTÉRATEUR, ET CRITIQUE,

(1781-1863)

> « Il faut bien que Jésus-Christ soit Dieu, puisque les plus habiles en sont réduits à ramasser et à lui jeter de pareils traits. »
> (J. DÉLECLUZE).

Voici une conquête religieuse d'un nouveau genre, une conquête faite par M. Renan, à son insu, il est vrai, et sans doute contre son gré. C'est ainsi que les coups portés contre la religion par l'impiété font la honte de celle-ci.

Etienne-Jean *Délecluze* étudia la peinture dans l'atelier de David, obtint la grande médaille au salon de 1808 pour un tableau de la mort d'Astyanax, et depuis 1816, se livrant exclusivement aux lettres, fit la critique des œuvres d'art dans plusieurs journaux. Il inséra également dans la *Revue de Paris* et la *Revue des Deux-Mondes* de nombreuses études, savantes et judicieuses, sur les écrivains, les savants, les artistes du moyen âge et de la Renaissance. On lui doit aussi un *Traité de peinture* e un certain nombre d'autres ouvrages parmi lesquels des *Romans, Contes et Nouvelles* qui ne sont pas sans valeur.

M. Délecluze, élevé chrétiennement n'a jamais perdu complètement la foi, mais pendant la plus grande partie de sa vie elle fut faible et stérile. Depuis longtemps cependant, il s'était pris à considérer de plus près les fondements du catholicisme, et hésitait encore à lui donner l'hommage de son cœur et de sa vie, lorsque parut le pamphlet de M. Renan contre la personne adorable de Jésus-Christ. M. Délecluze lut ce livre, et arrivé à la fin, il s'écria : « *Voilà qui me décide tout à fait.* Il faut bien que Jésus-Christ soit Dieu, puisque après dix-huit siècles d'attaques incessantes, les plus habiles en sont réduits à ramasser et à lui jeter de pareils traits. »

Et il alla se confesser. Voilà une conséquence de sa mauvaise action que l'auteur du livre n'avait pas prévue. M. Délecluze vécut encore quelques temps dans ces heureuses dispositions et mourut chrétiennement en 1863.

DELVIGNE

OFFICIER DE LA GARDE ROYALE, INVENTEUR.

(1799-1876)

> « Il a regardé venir la mort avec calme et la foi du chrétien. »
>
> C. B.

Le célèbre inventeur des balles explosibles et de la carabine rayée à balle forcée et cylindro-conique, Gustave *Delvigne*, est mort religieusement à Toulon, en 1876.

Fils d'émigrés, il naquit à Hambourg et vint en France à la suite des Bourbons. En 1830, étant officier dans la garde royale, fidèle à sa foi politique, il donna sa démission et se consacra dès lors à l'étude des armes qui devait désormais remplir sa vie.

Frappé dans le cours de sa carrière militaire du peu de justesse que comportait la plupart des armes en usage, il étudia particulièrement la carabine, la transforma et donna en 1837 la nouvelle carabine qui porte son nom. Il a produit les balles-obus, les balles cylindro-coniques, des canons doubles, rotatifs, de fer forgé à rubans, des obus portatifs, des mousquetons de cavalerie. Ces divers engins ont figuré avec succès aux expositions industrielles depuis 1834. Tout le monde sait que ce sont ces importants travaux qui furent le point de départ des merveilleux progrès accomplis depuis quelques années dans la fabrication de nos armes rayées. Mais ce que tous ne savent pas, c'est que cet inventeur qui dota la France d'une de ses armes les plus meurtrières lui donna aussi un de ses engins de sauvetage les plus utiles : c'est la flèche porte-amarre Delvigne, destinée à lancer de loin une corde aux naufragés et arracher ainsi ses victimes à la mer. Cet appareil aujourd'hui réglementaire pour notre marine a déjà rendu de nombreux services sur nos côtes.

M. Delvigne est mort en chrétien : il a regardé venir la mort avec le calme, la foi du chrétien et la force d'âme qui l'ont toujours caractérisé dans les luttes qu'il eut à soutenir toute sa vie.

DONNADIEU

GÉNÉRAL, DÉPUTÉ.

(1777-1849)

> « Oui, certes, je veux mourir catholique, apostolique romain.
> (Général Donnadieu.)

Gabriel *Donnadieu* avait embrassé avec ardeur les principes de la Révolution au siècle dernier. Incarcéré en 1801 pour avoir trempé dans les intrigues contre le premier consul, Bonaparte, puis amnistié en 1806, il fit les campagnes de Prusse, d'Autriche et de Portugal.

Nommé maréchal de camp par Louis XVIII en 1814, il avait essayé vainement d'entraîner ses troupes contre Napoléon au retour de l'Ile d'Elbe et suivi les Bourbons à Gand.

Après avoir été destitué à cause de sa répression énergique de l'insurrection de Grenoble, les électeurs de Tarascon l'envoyèrent à la Chambre. La révolution de 1830 le rendit à la vie privée.

C'est là que Dieu l'attendait.

« Le général Donnadieu, célèbre en son temps et

toujours fidèle à son passé, vivait à Courbevoie, dans la banlieue de Paris, retiré de la politique et méditant de consacrer encore au service du pays sa plume après son épée.

Il était protestant, mais d'heureuses circonstances l'avaient mis en rapport avec le P. de Ravignan, et de telles relations étaient déjà une espérance. Le religieux commença par gagner son cœur en devenant son ami, et bientôt il obtint cette promesse formelle :

« Je jure que je mourrai catholique. »

Dès lors, et avant même de rentrer effectivement dans le sein de l'Eglise, le vieux général lui exprimait ainsi naïvement dans ses lettres sa reconnaissance et sa vénération : « Je pense à vous, mon cher et excellent Père, j'envie votre bonheur, la sérénité de votre âme. Oui, soyez mille fois heureux, mon cher Ravignan, d'être sorti de ce monde. Si le chemin m'était ouvert comme à vous, qu'avec bonheur j'y entrerais ! J'ai confiance dans la bonté divine. J'ai souffert, beaucoup souffert : ma seule consolation et mon espérance sont dans la divine miséricorde. A vous, tout à vous d'admiration et de profonde affection ! »

On voit comme le cœur de ce vieux soldat souffrait dans l'hérésie protestante.

Un autre jour, le général écrivait encore : « J'ai passé pour vous voir, mon cher Père ; vous étiez à vos douces et calmes occupations. Que Dieu vous les conserve! Si vous pouviez me les donner, en partager le soin avec moi, quel bonheur ne vous devrais-je pas ! »

Dès 1846, pensant que son titre d'ami lui donnait le droit de suggérer quelques idées au grand orateur de Notre-Dame de Paris, il ajoutait : « Pardon, mille fois pardon, d'oser, moi, pauvre pécheur, moi, né hors de la vraie loi d'unité chrétienne, hors de la croyance à cette autorité religieuse au-dessus de celle des rois, d'oser, dis-je, indiquer une pensée à mon maître! Ce que je sens vaut, sans doute, mille fois mieux que ce que je dis. Sur cette foi, j'invoque votre indulgence, en vous priant de me croire le plus sincère de vos admirateurs et le plus affectionné des chrétiens. »

» Le P. de Ravignan apprend, au mois de Juin 1849, que son vieil ami est atteint du choléra. Il accourt aussitôt, et, comme il entrait dans la chambre, il se croise avec un ministre protestant, qui s'esquive en annonçant son prochain retour. Demeuré seul avec le malade, il le presse de tenir la parole donnée. « Oui, certes, dit le loyal guerrier, je veux mourir catholique, apostolique et romain. » Le P. de Ravignan reçoit son abjuration, le baptise, le confesse. Quand, le soir, le ministre protestant se présenta de nouveau, la porte se trouva fermée. Selon sa promesse, le général mourait catholique, et celui qui l'avait admis dans l'Eglise ne cessa de l'assister jusqu'à ce qu'il l'eût introduit dans une patrie meilleure (1). »

(1) P. de Ponlevoy.

DEMETZ

MAGISTRAT, FONDATEUR DE LA COLONIE DE METTRAY.

(1796-1873)

> « Sa vie, aussi pleine d'œuvres que de jours, ne fut qu'un long et continuel apostolat.
> « Par son inépuisable charité, il fut l'œil de l'aveugle, le pied du boiteux, le bras du paralytique. »
> (M. Drouyn de Lhuys.)

Le deux novembre 1873, est mort à Paris, M. Frédéric-Auguste *Demetz*, le vénérable fondateur de la colonie agricole de Mettray, près de Tours, (Indre-et-Loire). M. Demetz, né le 12 mai 1796 à Paris, était entré de bonne heure dans la magistrature : il était conseiller à la cour d'appel de Paris.

C'est là qu'il fut frappé de ce fait, que bien des fautes, qu'il avait eues à punir, n'avaient d'autre cause que l'influence de milieux malsains sur des enfants dépourvus de toute éducation morale, et il comprit que la répression était inefficace, puisqu'elle n'empêchait pas la récidive. Dès ce moment, il rechercha avec l'ardeur de ses religieuses convictions les moyens de ramener au bien les enfants dépravés dès le berceau, et à faire, de ces jeunes détenus alors fatalement destinés à la honte et au déshonneur, des citoyens utiles et honorables.

Après avoir fait un voyage aux Etats-Unis pour y étudier le système pénitentiaire, il prit en 1840, sa retraite avec le titre de conseiller honoraire, et fonda de concert avec son ami, M. de Bretignères qui mourut en 1854, cette colonie agricole de Mettray, qui devait servir de modèle à tant d'œuvres du même genre, tant en France qu'en Europe et en Amérique.

Le but de cette institution était de régénérer, par une éducation spéciale et solidement chrétienne, les jeunes détenus acquittés comme ayant agi sans discernement. Il construisit d'abord une maison pour dix enfants de la maison centrale de Fontevrault. Le nombre en fut porté à trois cents dès la fin de l'année. Aujourd'hui, huit cents enfants sont élevés à Mettray ; en outre, 3.200 jeunes détenus, devenus d'honnêtes gens, sont inscrits sur les registres du patronage de la colonie, qui ne les perd jamais de vue, et où ils sont eux-mêmes heureux de revenir quelquefois, pour se retremper dans les moments difficiles, comme au sein d'une famille aimée.

M. Demetz ne borna pas là sa tâche. A côté de l'enfance pauvre et délinquante, il voyait l'enfance riche et insubordonnée dont il ne fallait pas prendre moins de soin, car le mauvais exemple donné par les fils de famille, partant de plus haut, étend plus loin son action. Les forcer au travail, les soumettre à la règle, préserver les familles honorables de grands mécomptes et peut-être de grands chagrins, tel est le but de la *Maison paternelle*, véritable collège de répression d'où sont sortis déjà plus de 1.200 jeunes gens qui ne se connaissent pas entre eux, et dont le nom est ignoré même de leurs professeurs.

On a de M. Demetz, qui agissait plus qu'il n'écrivait, plusieurs rapports sur les pénitenciers des Etats-Unis et la colonie de Mettray.

* * *

L'œuvre de M. Demetz reçoit des visiteurs de toutes les nations qui viennent admirer là ce que peut une volonté ferme, douce et intelligente, inspirée par les convictions religieuses et aidée par les pratiques de la foi. Aussi la colonie de Mettray et son sage fondateur, qui sont une des gloires de notre pays, ont-ils souvent reçu les encouragements et les félicitations des plus hauts personnages étrangers, et lord Brougham a dit en plein parlement anglais que cette célèbre colonie « suffisait à l'orgueil de la France ».

Nous ne saurions mieux terminer cette courte notice sur M. Demetz qu'en reproduisant les paroles suivantes que M. Drouyn de Lhuys a prononcées le jour de ses funérailles :

La vie de M. Demetz, a-t-il dit, aussi pleine d'œuvres que de jours, ne fut qu'un long et continuel apostolat.

« Par son inépuisable charité, qui savait si bien se produire sous toutes les formes, il mérite qu'on lui applique ces paroles de Job : « Il fut l'œil de l'aveugle, le pied du boiteux, le bras du paralytique. »

« Bien plus encore, il fut le père, que dis-je? il fut la mère des orphelins. Magistrat et chrétien, il ouvrit sur la frontière des deux domaines de la justice et de la miséricorde un asile agricole où l'enfance prématurément flétrie pût renaître à la vie, et retrouver pour ainsi dire sa fraîcheur sous la salutaire influence d'une éducation honnête et religieuse.

« J'ai nommé la colonie de Mettray dont vous connaissez la devise : Améliorer la terre par l'homme, et l'homme par la terre. » Admirable institution que plusieurs Etats de l'Europe et du nouveau monde ont empruntée à la France. Mon dessein n'est pas de prononcer une oraison funèbre; notre cher défunt est un de ceux dont la sainte Ecriture a dit : Leurs actes les loueront. »

Ici-bas, le nom de M. Demetz restera gravé en lettres ineffaçables au frontispice de Mettray, et dans le ciel, il sera inscrit sur le Livre de vie parmi ceux des fervents apôtres de la charité chrétienne.

DONOSO-CORTÈS

LITTÉRATEUR, PHILOSOPHE, AMBASSADEUR, SÉNATEUR.

(1809-1853)

> « Le mystère de ma conversion est un mystère d'amour... Je n'aimais pas Dieu, il a voulu être aimé de moi... et je l'aime. »
> (Donoso-Cortès.)

Donoso-Cortès est, avec Balmès, un des hommes les plus distingués de l'Espagne contemporaine. Le comte de Montalembert et Louis Veuillot ont immortalisé la mémoire de ce célèbre diplomate dans des pages pleines d'une éloquence émue, que nous allons reproduire en les abrégeant.

Juan Donoso-*Cortès*, marquis de Valdegamas, né le 6 mai 1809, a été pendant plusieurs années ambassadeur d'Espagne à Paris. « Au milieu des labeurs et des succès de sa jeunesse, dit M. de Montalembert, il était resté étranger à toute pensée sérieusement chrétienne. Il n'avait jamais renié, il est vrai, la foi de son enfance. Son langage était toujours respectueux; ses mœurs étaient restée pures; son âme avait été même conviée de bonne heure à goûter le calice salutaire de la douleur. Mais ni la majesté, ni la miséricorde de Dieu, ni la triomphante vérité de l'Eglise ne s'étaient encore révélées à lui. L'heure du réveil sonna, pour cette âme prédestinée, un peu avant qu'elle semblât sonner le deuil de toutes les monarchies du continent. »

Ses études furent rapides et brillantes. A seize ans, il les avait terminées avec éclat. Son assiduité infatigable à l'étude de l'histoire, de la philosophie et de la littérature témoignait dès lors de sa vocation pour la carrière qu'il allait parcourir. Donoso-Cortès termina ses cours de jurisprudence à dix-neuf ans, c'est-à-dire avant l'âge requis pour être avocat. La réputation qu'il appelait de tous ses désirs, accourait au-devant de lui. Chargé par le conseil royal de prononcer le discours d'inauguration du collège de Cacerès, il le fit avec un applaudissement général des auditeurs, émerveillés de ses pensées, de son langage, de sa gravité et de sa jeunesse. Ce discours porte à la fois la teinte du rationalisme qu'il devait à son éducation et la trace du fond chrétien de son esprit.

Son professorat à Cacerès n'eut guère d'ailleurs que ce premier beau jour.

A cette époque, en 1830, il fut éprouvé par de grands malheurs de famille, qui jetèrent sur toute sa vie une ombre invincible de chagrin et de regret. Il perdit sa fille et bientôt sa femme. Il avait vingt-cinq ans. Livré alors aux vanités de l'ambition e de la gloire, et se fiant dans la beauté de son esprit, il songeait surtout à s'avancer dans le monde. « J'ai eu le fanatisme littéraire, a-t-il écrit, le fanatisme de l'expression, le fanatisme de la beauté dans les formes. » Dieu le frappa dans son intérieur de famille pour le guérir dans son âme : cette terrible épreuve ne tarda pas à porter ses fruits. Forcé de se détacher de tout, il dut s'attacher à Dieu seul.

*
* *

Donoso-Cortès avait un frère nommé Pedro, plus jeune que lui d'une année, compagnon fidèle de ses études et tendrement aimé depuis son enfance. La communauté de leurs premières études n'avait pas enfanté l'uniformité de leurs opinions. Pedro avait montré plus de goût pour la théologie que pour la politique; il était resté chrétien sincère, pratiquant. Il avouait sa préférence pour la monarchie absolue et pour la cause de don Carlos. Ces dissentiments n'altéraient en rien l'union des deux frères. « Je l'aimais, disait Donoso, autant et peut-être plus qu'il n'est permis d'aimer une créature humaine. »

« En 1847, Pedro tomba mortellement malade. Juan Cortès, alors absent de Madrid, vola auprès de son frère. Les souffrances et le danger du malade amenèrent naturellement l'entretien sur ce terrain où la vérité suprême attend tôt ou tard les esprits faits pour elle. Au milieu de ses anxiétés, Juan raconta à son frère sa rencontre à Paris avec un compatriote dont la vertu, la charité, la simplicité l'avaient singulièrement frappé, et lui donnaient à penser qu'il y avait, dans la profession d'honnête homme, un degré dont il restait encore éloigné, tout fier qu'il se croyait de son honneur et de sa vertu. Il s'était senti subjugé par cette vertu, différente de toutes les vertus de sa connaissance. Il en avait parlé à l'Espagnol, et celui-ci lui avait simplement répondu :

« En effet, vous êtes un honnête homme et mo aussi; mais il y a quelque chose dans mon honnêteté de supérieur à la vôtre.

« — A quoi cela peut-il tenir?

« — A ce que je *suis resté chrétien*, tandis que vous ne l'êtes plus. »

En entendant ce récit le moribond se tourna vers le narrateur et lui dit : « Oui, mon frère, il t'a donné la vraie raison. »

Et là-dessus, avec la double autorité de l'amour et de la mort, il se mit à lui expliquer le sens de cette parole. La grâce parla en même temps à ce grand cœur trop longtemps dépaysé. Pedro mourut le lendemain en léguant à son frère la vérité, la foi et son confesseur.

L'ambassadeur d'Espagne racontait lui-même ces détails avec une noble franchise dans un salon de Paris, au mois de mars dernier. Quelqu'un lui dit : « En vérité, Dieu vous a fait là une grande grâce, en vous éclairant ainsi subitement au milieu de votre carrière, et quand vous ne pensiez plus à le chercher. Il faut qu'il y ait eu dans votre vie quelque circonstance particulière qui vous ait mérité une telle faveur.

« Je ne m'en rappelle aucune, répondit Donoso-Cortès, mais après avoir réfléchi un instant, il ajouta : « Peut-être un sentiment a pu y être agréable à Dieu. Je n'ai jamais regardé le pauvre assis à ma porte, sans penser que je voyais en lui un frère. »

* * *

« Lui-même écrivait à un ami, en lui envoyant le récit de sa conversion : « Comme vous le voyez, le talent et la raison n'y ont aucune part; avec mon faible talent et ma misérable raison, je serais arrivé à la tombe avant d'atteindre la vraie foi. Le mystère de ma conversion (car dans toute conversion il y a un mystère) est un mystère d'amour. Je n'aimais pas Dieu, il a voulu être aimé de moi, et je l'aime; et je suis converti parce que je l'aime. »

« Ainsi converti à trente-huit ans, il entre à la fois en pleine possession de la vertu et de la vérité, sans avoir été condamné aux longues luttes, aux fatigantes incertitudes, aux mortelles hésitations par où ont dû passer tant d'autres chrétiens de la dernière heure, et a-t-il mis le pied dans le domaine du catholicisme, qu'il s'y précipite en conquérant. Rien n'échappe à son ardeur, à sa soif de connaître la vérité, d'en jouir, de combattre pour elle. A peine assis sur les bases élémentaires du catéchisme, il se plonge dans la théologie mystique, dans les grands écrivains ascétiques que sa patrie a donnés à l'Eglise, surtout dans Sainte-Thérèse et Louis-de-Grenade. Il sort de ces profondeurs lumineuses comme pour reprendre haleine, promène un regard ferme et rapide sur l'Europe bouleversée, et prête l'oreille à ces terribles coups que Dieu frappait alors sur les constitutions de l'Europe; ils achèvent son éducation et commencent celle de ses contemporains.

« Alors il se recueille et s'examine; il se sent prêt à de nouveaux combats, abandonne pour un temps son poste diplomatique, va reprendre sa place aux Cortès, et le 4 janvier 1849, il prononce le célèbre discours *sur la Dictature et la Révolution*, qui fit franchir les Pyrénées à son nom, et le plaça du premier coup au rang des grands orateurs de l'Europe. »

Deux lettres rendues publiques dans le courant de cette année 1849, et une seconde et dernière harangue prononcée au commencement de 1850 sur la situation générale de l'Europe, lui servirent à la développer avec une hardiesse croissante et une éloquence magique. Elles consolidèrent l'édifice de sa réputation européenne et l'influence considérable qu'il exerça dès lors sur les catholiques du monde entier.

Voici sa profession de foi : « Je suis purement catholique, je crois et professe ce que professe et croit l'Eglise catholique, apostolique, romaine. Pour savoir ce que je dois croire et ce que je dois penser, je ne regarde pas les philosophes, je regarde les docteurs de l'Eglise; je ne questionne pas les sages, ilne pourraient me répondre; j'interroge plutôt les femmes pieuses et les enfants, deux vases de bénédiction, parce que l'un est purifié par les larmes, et que l'autre est embaumé des parfums de l'innocence. »

Ce fut le dernier acte public de sa noble vie. Dans cet acte, on l'a vu tout entier, aussi humble par la foi qu'il était grand par le génie, aussi docile aux moindres enseignements de l'Eglise qu'il était rebelle aux dogmes les plus suivis de l'orgueil humain. Lorsque, en présence de la mort, il a repassé ses œuvres, il s'est applaudi de cette soumission plus que de tous ses triomphes; il s'est plus réjoui d'avoir été l'humble enfant de l'Eglise que d'avoir été son défenseur admiré; il a béni Dieu non pas tant de lui avoir donné de vivre pour sa cause, que de permettre qu'il mourût accusé et obéissant.

.⁎.

Le monde lui avait prodigué ses dons; il occupait comme ministre plénipotentiaire à Paris le premier poste de la diplomatie espagnole; il était sénateur grand'croix de l'ordre de Charles III, gentilhomme de la chambre de la Reine, membre de l'Académie royale d'histoire. Il avait atteint bien jeune encore la plupart des dignités les plus recherchées de son pays.

Mais Dieu avait été plus prodigue encore envers lui. Outre le bienfait inestimable de la foi perdue et retrouvée, il lui avait conféré le don d'aimer et de se faire aimer. Ce sage, ce pénitent, ce fervent chrétien portait en lui le bonheur et le répandait au dehors à grands flots. Ceux qui ne pourront plus que le lire le connaîtront dans son éclat, mais ne se douteront pas de son charme. Jamais personne n'a rendu la religion plus aimable et n'a donné plus d'attrait à la vertu chrétienne. La paix et la félicité qu'il avait goûtées au moment de sa conversion à Dieu semblaient s'être gravées en traits ineffaçables dans son cœur, et se faisaient jour jusque dans son langage et dans son regard. Il avait le tendre et généreux élan d'une âme expansive, rajeunie d'avance par l'éternel bonheur de l'innocence.

Il était resté jeune de cœur plus encore que d'années. Ce prophète qui voyait tout en noir dans les révolutions de l'avenir, était d'un enjouement inépuisable et contagieux, toujours gai, toujours doux, enclin au bienveillant sourire. Il jouissait de tout, des saillies d'un petit enfant comme des merveilles de la nature. Il savait aussi pardonner à la fragilité humaine, et versait chaque jour je ne sais quel baume suave et salutaire sur les infirmités de son prochain.

C'est ce qui rendait son commerce si facile et si sûr, ce qui donnait à son être quelque chose de pénétrant et d'irrésistible. En un mot, c'était au suprême degré ce que les Italiens appellent un homme *sympathique*. Dieu lui avait départi deux dons qui sont le sceau des âmes élues, pendant leur passage sur la terre : l'autorité et la sérénité ! Il les retrempait sans cesse dans l'humble et généreuse ardeur de sa foi.

Il n'y avait point d'affaire qu'il ne laissât pour courir auprès d'un ami malheureux. Il allait toutes les semaines, et souvent plusieurs fois, visiter les pauvres. Il y avait entre la sœur Rosalie et lui un pacte de services mutuels pour les bonnes œuvres. Elle était son introductrice chez les pauvres du quartier Mouffetard ; il était l'un de ses ministres et de ses ambassadeurs auprès des riches et des puissants de ce monde. Les Petites-Sœurs des Pauvres n'avaient point de patron plus dévoué et plus généreux. Il avait comme ambassadeur toute la fierté de son pays, mais ce caractère ne l'empêchait point de tenir un enfant sur les fonts de baptême avec une petite fille du peuple, ni d'aller s'agenouiller au milieu de ses pauvres dans l'indigente chapelle de la rue Saint-Jacques, ni de visiter **les galetas de la rue Mouffetard.**

.˙.

« Il n'y avait pas encore deux ans, dit M. de Montalembert, que le marquis de Valdegamas occupait le poste de ministre plénipotentiaire à Paris, et déjà il y avait conquis des sympathies profondes, nombreuses et diverses. Tout annonçait qu'il était appelé à exercer parmi nous une de ces grandes et durables influences dont l'histoire offre quelques rares exemples; et voilà que Dieu le choisit pour donner à cette grande capitale, dans ses rangs les plus élevés, le spectacle admirable de la mort du juste. Tout Paris, le Paris religieux, politique, littéraire, suivait avec anxiété les progrès du mal mystérieux qui consumait trop rapidement cette organisation si pleine de feu et de vie. Grâce à quelques amis admis auprès de ce lit de douleur et de vertu, grâce surtout à la sœur de Bon-Secours qui veillait près du malade, on a su par quels traits de noble patience, de fervente piété, de forte et tendre résignation, ce grand chrétien a témoigné de sa foi et de sa charité envers Dieu et le prochain...

« L'un de ses derniers actes fut de veiller à ce que la distribution ordinaire de ses dons ne souffrît aucun retard par suite de ses propres maux, et de délivrer lui-même à des mains amies l'argent qu'il y destinait. Mais ce n'était pas seulement par l'aumône que se manifestait sa charité. Dans sa vie, comme à son lit de mort, il avait toujours témoigné une tendre et active sollicitude pour le bonheur et la renommée d'autrui. Louis Veuillot a dit avec une parfaite justesse : « Sa parole prompte, ardente et sincère était en même temps la plus inoffensive que l'on pût entendre, et c'était un charme de voir qu'il eût toujours innocemment tant d'esprit. »

« — Ce qui m'étonne le plus, nous disait la sœur qui a reçu son dernier soupir, ce que je n'ai encore vu que chez lui, c'est qu'il ne dit jamais du mal de personne. »

« Mais s'il aimait ainsi ses semblables, comment ne dut-il pas aimer son Dieu ! » Ainsi la même Sœur disait encore : « Il n'est jamais cinq minutes sans penser à Dieu, et quand il parle, ses paroles s'enfoncent dans le cœur comme des flèches. »

« Quand on vint lui annoncer que l'Empereur envoyait un aide de camp pour lui témoigner son affectueux intérêt, il remercia de la tête ; puis tournant son œil doux et profond vers l'image du Christ portant sa croix qui pendait à son chevet : « Pourvu, dit-il, que Celui-là s'intéresse à moi, c'est tout ce qu'il me faut. »

« La franche et entière humilité dont il était pénétré se révélait à chaque instant et se mêlait dans tout son être à la plus généreuse patience. Un jour, le pieux et savant médecin qui luttait contre le mal graduellement vainqueur, disait à la Sœur : « Vous soignez là un malade comme vous n'en avez pas souvent ; c'est un vrai saint. » Donoso

l'entendit ; il se dressa sur son séant tout indigné :
« Monsieur Cruveilhier, dit-il, avec de telles idées
on me laissera dans le purgatoire jusqu'à la fin du
monde. Je vous dis que je ne suis pas du tout un
saint, mais le plus faible des hommes. Quand je
suis avec de braves gens, ils me font du bien, mais
si je vivais avec des méchants, je ne sais ce que je
serais. » Puis se retournant avec un regard
enflammé et un geste inexprimable vers son crucifix : « Vous le savez, vous, mon Dieu, que je ne
suis pas un saint ! »

« La lutte douloureuse et admirable touchait à
sa fin. A l'extrême et séduisante vivacité de tout
son être avait succédé non pas l'affaissement de la
maladie, mais le calme du chrétien sûr de sa route
et de son maître. Ce calme demeura jusqu'au bout
le trait distinctif de sa figure et de ses paroles. Il
n'était interrompu que par les effusions de sa
piété !... Voici ses dernières paroles, les dernières
du moins qu'on ait pu entendre : « Mon Dieu, je
suis votre créature ; vous avez dit : J'attirerai tout
à moi, attirez-moi, prenez-moi. » C'est ainsi qu'il
mourut le soir du 3 mai 1853, avant d'avoir
accompli sa quarante-quatrième année (1). »

Ce fut un deuil égal pour l'Espagne, la patrie de
son cœur ; pour la France, la patrie de son intelligence ; pour l'Église qui voyait en lui un de ses
enfants qui la consolent et sur lesquels elle s'appuie.
Personne n'a pu infirmer le beau témoignage qu'il

(1) De Montalembert.

s'était rendu à lui-même en plein parlement le 4 janvier 1849 : « Lorsqu'arrivera le terme de mes jours, je n'emporterai pas avec moi le remords d'avoir laissé sans défense la société barbarement attaquée, ni l'amère douleur d'avoir jamais fait aucun mal à un seul homme. »

(1) Voir plus haut, dans la biographie de Raymond Brucker, les relations intéressantes qu'il eut avec ce romancier converti.

TABLE DU TOME PREMIER

	Pages
Au lecteur	I
Alexandre Ier	1
Ampère	14
Andigné (comte d')	23
Aubryet (Xavier)	30
Ariès (d')	37
Aveline	39
Avenel	41
Aymard	45
Babinet	49
Ballanche	52
Barante (de)	60
Barbier (Auguste)	64
Barraguey d'Hilliers (comte)	67
Barrot (Odilon)	70
Baudry (Paul)	74
Bautain	80
Barth	89
Beaumont (Elie de)	105
Bedeau	110
Becquerel (Antoine)	113
Bénezet	117
Berlioz	119
Bernard (Claude)	125
Bernardy (de) de Sigoyer	131
Berryer	134
Berthault	142
Biot	146
Bonald (de)	151
Bonjean	160
Bouet-Willaumez	165
Bouillé (Fernand et Jacques de)	169
Bouley	174
Bourmont (de)	177
Bradley (D^r)	181

Bréda (comte de)	185
Brucker (Raimond)	187
Bugeaud	208
Buloz	217
Butet	220
Carpeaux	223
Cassagnac (Granier de)	236
Cauchy	239
Caumont (de)	250
Cavaignac	253
Cécille	256
Cézanne	259
Chambord (H. de)	263
Champagny (comte de)	273
Changarnier	280
Chauteclair (de Vouges de)	285
Chanzy	287
Chareton	298
Chateaubriand	300
Chopin	311
Claubry (Dr de)	318
Clerc (Alexis)	320
Clinchant	329
Clot-Bey (Dr)	331
Cochin (Aug.)	334
Cohenn (P. Hermann)	339
Cornulier-Lucinière (de)	348
Corot	353
Courbet	359
Cousin	370
Cruveilhier (Dr)	380
Czartoryski	383
Damesme	388
Daumesnil	391
Déjazet	395
Délecluze	399
Delvigne	401
Donnadieu	403
Demetz	406
Donoso-Cortès	410

Paris. — Imprimerie Téqui, 92, rue de Vaugirard.

A LA MÊME LIBRAIRIE

Veilles devant le Tabernacle (Mes), par l'auteur de l'*Adoratrice du St-Sacrement*, in-12 .... 2 » »

Loin du bruit, par Marie Eymard, in-12 ... 2 » »

Lucile, par Mme A. de Theillet, in-12 ..... 2 » »

Drame aux antipodes (Un), par le Commandant Stany, in-12 .... 2 » »

Petit Joseph (le), par Marie Scheltema .... 1 » »

Miette, (roman populaire), par le Commandant Stany, in-12 .... 2 » »

Roman d'une année (le), Scènes de la vie actuelle, par C. Fyllières, in-12 .... 2 » »

Mère Madeleine (la), par C. de Beaulieu, in-12 .... 2 » »

Grande Plaie de l'Agriculture (la), par Roussel Saint-Georges, in-12 .... 2 » »

Sacrifices des Mères, par J. l'Ermite, in-12. 1 » »

Les Petites Sœurs de l'Ouvrier, par le R. P. Félix, in-12 .... » 40

Français (Les) au cœur de l'Afrique, par Alf. de Besancenet, in-12 .... 1 50

Naufragés (Les) de la Marie-Elisabeth, par A. Berthet, in-12 .... 2 » »

Paris. — Imp. Téqui, rue de Vaugirard, 92.

www.ingramcontent.com/pod-product-compliance
Lightning Source LLC
Chambersburg PA
CBHW070609230426
43670CB00010B/1468